二手房市场交易与管理

ERSHOUFANG SHICHANG
JIAOYI YU GUANLI

唐立军◎主编

旅游教育出版社

策　划：刘　权
责任编辑：巨瑛梅

图书在版编目(CIP)数据

二手房市场交易与管理/唐立军主编．—北京：旅游教育出版社，2010.3
ISBN 978 - 7 - 5637　1895 - 5

Ⅰ.①二… Ⅱ.①唐… Ⅲ.①房地产—交易—基本知识—中国
Ⅳ.①F299.233.5

中国版本图书馆 CIP 数据核字(2009)第 206704 号

二手房市场交易与管理
唐立军　主编

出版单位	旅游教育出版社
地　　址	北京市朝阳区定福庄南里1号
邮　　编	100024
发行电话	(010)65778403　65728372　65767462(传真)
本社网址	www.tepcb.com
E - mail	tepfx@163.com
印刷单位	北京中科印刷有限公司
经销单位	新华书店
开　　本	787×960　1/16
印　　张	18.125
字　　数	268 千字
版　　次	2010 年 3 月第 1 版
印　　次	2010 年 5 月第 2 次印刷
定　　价	36.00 元

(图书如有装订差错请与发行部联系)

编写组成员名单

主编 唐立军

成员 唐立军　李　俊　杨　靓
　　　　李夏霖　白　洁　周　佳

前　言

二手房市场是房地产市场的重要组成部分,并已成为影响我国房地产市场、推动经济发展、关系民生利益的重要因素。二手房市场的不断扩大有助于激活和发挥我国房地产市场的整体功能,促进我国房地产市场的整体发育和快速、健康发展。

二手房市场在我国起步较晚,但发展迅速。随着我国二手房市场的逐渐放开,进入市场的二手房数量不断增加,二手房交易规模也不断扩大。二手房交易相对复杂,涉及的相关政策较多,其市场体系也处于进一步发育与完善阶段,再加上二手房本身又具有不同于新开发房地产商品的许多特征,使二手房交易环节更多、程序更加复杂,风险也较大。同时,二手房市场作为房地产市场的重要组成部分,又有房地产市场的许多共性。二手房市场的交易,必须紧紧依托房地产整体市场,关注和掌握房地产市场的行情和大势,在准确把握房地产市场走势的情况下,充分运用二手房交易的方法和策略,才能有效驾驭二手房市场交易。

基于以上考虑,本书首先介绍整个房地产市场的基本情况、二手房市场的整体状况以及二手房经纪的相关内容;其次,围绕二手房交易过程中所涉及的二手房产权、二手房价格评估、二手房交易风险、二手房选购与销售、二手房交易程序、二手房交易谈判、二手房合同管理、二手房交易管理等内容,有针对性地介绍二手房交易的相关知识;最后,简单地介绍了国外及我国港台地区二手房市场交易与管理的情况。本书注重实用性和指导性,力求全面、翔实地介绍二手房市场及其交易程序、方法和技巧。本书可以作为房地产行业特别是二手房交易从业人员理论学习的读本,也适合参与买卖二手房的普通民众阅读与参考。

由于本书编写周期较短,加之编写人员对二手房市场发展变化情况认识和把握的局限性,难免有疏漏和不当之处,欢迎读者批评指正。本书编写过程中参阅了一些已经公开出版的专著与政策法规等相关读物,在此一并向原作者表示感谢。

编者

2009年8月

目 录

第一章 房地产市场 1
  第一节 房地产商品概述 1
  第二节 房地产市场构成 7
  第三节 房地产市场运行 14
  第四节 房地产价格 27

第二章 二手房市场 39
  第一节 二手房市场概述 39
  第二节 二手房市场构成与要素 45
  第三节 二手房市场运行机制 51
  第四节 二手房市场的发展与完善 57

第三章 二手房经纪 65
  第一节 房地产经纪市场 65
  第二节 二手房经纪业务 73
  第三节 二手房经纪人管理 83

第四章 二手房产权 90
  第一节 二手房产权界定 90
  第二节 二手房产权现状与问题 96
  第三节 二手房产权管理与规范 100

第五章 二手房估价 110
  第一节 二手房估价的基础原理 110
  第二节 二手房估价中房屋面积的计算 128
  第三节 二手房价格估算 135

第六章　二手房交易的风险 …… 142
 第一节　二手房交易风险概述 …… 142
 第二节　二手房交易主客体风险的识别与规避 …… 145
 第三节　二手房交易谈判陷阱的识别与规避 …… 150
 第四节　二手房签约陷阱的识别与控制 …… 152

第七章　二手房选购与销售 …… 158
 第一节　二手房市场信息 …… 158
 第二节　二手房选购 …… 166
 第三节　二手房的销售 …… 178

第八章　二手房交易的程序 …… 186
 第一节　房地产交易程序 …… 186
 第二节　个人私房交易 …… 189
 第三节　已购公房交易的程序 …… 194
 第四节　差价换房的程序 …… 197

第九章　二手房交易谈判 …… 202
 第一节　二手房购买谈判与交易 …… 202
 第二节　二手房销售谈判与交易 …… 206

第十章　二手房合同管理 …… 210
 第一节　商品房购销合同 …… 210
 第二节　二手房交易合同 …… 225
 第三节　二手房经纪合同 …… 230

第十一章　二手房交易管理 …… 235
 第一节　二手房交易行政管理 …… 235
 第二节　二手房交易税费管理 …… 237
 第三节　二手房交易改革与相关法律规定 …… 252

第十二章　国外及我国港台地区二手房市场交易与管理 …… 259
 第一节　国外及我国港台地区房地产管理制度概述 …… 259
 第二节　国外二手房市场 …… 276
 第三节　国外二手房经纪 …… 278

主要参考书目 …… 280

第一章

房地产市场

第一节 房地产商品概述

一、房地产商品概念界定

房地产商品实际上是针对房地产市场交易的核心产品而言的,就是通常所说的房地产。在实际生活中,讲到房地产,一般均指房屋建筑和建筑地块所组成的有机整体。习惯上也不把房地产与房屋、土地作严格的区分,房地产即房屋与土地。房地产一般又被称为不动产,但这只是不动产概念的狭义解释或通俗解释,不动产是指土地及其定着物,所以广义概念的不动产不仅包括房地产,还包括不能移动或移动后会损失经济价值的财产,如水坝、地下工程、港口等建筑。房地产是市场经济条件下最重要的财产形式之一,它在社会经济生活中的地位越来越突出。尤其在人类社会生活向城市形式集约化发展的今天,房地产已不仅仅只具有作为人们生产、居住、服务等活动场所的意义,而是逐步成为现代社会经济大系统的有机组成部分。

目前,关于房地产的理论定义,既有从商品角度来解释的,也有从财产或权利角度来解释的,但是其共同之处在于,房地产是一个由房屋和土地或称房产和地产所组成的综合物。主要定义有:

(1)房地产是房产和地产的合称,是房屋与土地在经济方面的体现。

(2)房地产又称为不动产,它是土地及定着在土地之上的建筑物、构筑物和其他附着物的总称。

(3)房地产是指土地和土地以上的永久性建筑物,以及由其所衍生的权利。

(4)房地产是在一定所有制关系下,作为财产的房屋及其所占用土地的总称。

但以上这几种表述是有差异的,房屋与土地反映着房地产在物质方面的属性和形态,而房产与地产则是房地产在经济方面商品形式的体现。在生活资料方面,房产与地产属于财产范畴;在生产经营资料方面,房产与地产属于资产范畴。从经济学意义上讲的房地产通常是指城市(或城镇)的房产和地产的合称,它不仅指土地、房屋、建筑物,而且还包括产权等经济权属的含义。

由于房屋、建筑物要依附于土地而存在,因而,房产和地产有着不可分割的联系,两者在经营上也总是结合在一起的。从实物形态上看,房地产是各种明确了权属关系的土地、房屋以及与之相连的建筑物,如水塔、围墙、烟囱、给排水设施等;从经济形态上看,房地产是不同产权所有者所拥有的不动产,它凝结着活劳动和物化劳动。

二、房地产种类

根据划分依据不同,房地产有很多种分类方式,但是在现实生活中,我们常常根据房地产的物质形态和用途对其进行开发、利用和管理,通常有两种划分方式。

(一)按物质形态划分

1. 土地

土地是房地产的一种特殊形态,因为单纯的土地并不能满足人们居住和生产的需要,必须通过对土地不断投资,挖掘土地潜在的开发价值,才可以最终达到为人类提供入住空间和活动场所的目的。另外,城市土地又可以分为具有开发建设条件的熟地和必须经过再开发过程才能用于建设的生地。

2. 在建工程

在建工程,是指已经开始工程施工建设但尚未竣工并投入使用的房地产,是房地产开发建设过程中的中间形态。由于受原有投资者融资能力、管理能力、投资策略、市场营销策略以及市场环境因素变化的影响,房地产市场上总是存在着一定数量在建工程的交易行为,如将在建工程转让、抵押等,这是房地产市场中的一种特殊交易行为。

3. 建成后物业

所谓建成后物业,是指已通过竣工验收,可投入或已经投入正常使用的房屋建筑物、构筑物及附属设施与场地。以不同的分类原则,建成后物业有以下两种分类方法:一种是按其当前的使用状况可以分为空置房和已入住或已使用(包括所有权人确定但尚未使用)的房地产两类;另一种是按照建筑用途的不同,建成后物业又可以分为:

(1) 居住物业：包括普通住宅、公寓、别墅，即通常所称的住宅；

(2) 商业物业：包括商业大厦、商场、购物中心、写字楼、酒吧、餐厅、饭店、宾馆、各种文化娱乐设施以及服务业用建筑等，它的购买者大多是以投资为目的，以物业提供的空间进行经营活动，靠物业经营或出租的收入来回收投资并赚取投资收益；

(3) 工业物业：包括标准厂房、车间、仓库、成品和材料堆放场地、高新技术产业用房、研究与发展用房等，是为人类的生产活动提供入住空间的房地产；

(4) 特殊物业：包括赛马场、高尔夫球场、汽车加油站、飞机场、车站、码头、高速公路、桥梁、隧道、开发基地等，是为人类的生产活动提供入住空间的房地产。

(二) 按用途划分

1. 农田

土地是不可再生资源，随着人口的增长和经济的发展，人类对农田的需求日益扩大，所以土地价格和租金呈上升趋势。随着现代科学技术在农业生产上的不断推广运用，农业生产率将日益提高，但由于存在投资报酬递减现象，以及单位面积农产品产量的极限，与其他行业相比，农业投资的利润通常是比较低的。农业是国民经济的基础，粮食是人类生存最基本的生产资料，因此各国政府都制定有明确的法律和政策对农田进行严格的管理。

2. 森林

森林的投资回收期很长，有时投资者需要投资60年以上方能有稳定的收入，因此，一片森林中必须有相当比重的成材树，而且各种年龄的树木应各占一定比例。由于世界上成材林面积不断下降，人类对木材的需求却日益增加，导致木材价格急剧上涨。鉴于木材是重要的生产、生活资料，所以许多国家对森林投资采取了各种优惠政策，如减、免税，甚至预付一部分利润等。

3. 住宅

住宅是人类赖以生存的基本条件之一，在现代城市中，住宅一般占到房屋总量的50%。住房与人们的生活息息相关，住房的供应量及价格的变化是一个关系到社会安定的大事。住宅房地产是一种十分复杂而敏感的商品，世界各国政府都对住房政策采取十分谨慎的态度。住宅房地产可以分为以下三类：

(1) 福利设施住宅。这类住宅由政府投资兴建，是靠国家大量财政补贴来维持的。承租户只需要象征性地缴纳少量的租金即可，这部分房租甚至不足以维持正常的房屋建筑物的维修、管理费用。住房制度改革之前，我国绝大部分住宅都是属于这一类型的。

(2)准商品住宅。这类住宅的买卖、租赁,通常是国家通过一定的财政补贴给以各种优惠政策,如控制最高租金水平、给予低息购买贷款等。说这类住宅属于准商品是因为它们的租金与价格已同建筑的成本、利润挂钩,并受房地产市场供求的一定影响,但它们的租金和价格不与市场供求、竞争直接联系。随着我国住房制度改革的不断推进,我国的住宅房地产已逐步向这种类型演变。

(3)商品住宅。这部分房地产与其他商品一样,其价格、租金,以及供求关系完全由市场决定。

4. 商业用房地产

商业用房地产是房地产市场中主要的商品,它包括店铺、购物中心、商业大厦、写字楼、宾馆、酒吧、餐厅、各种文化娱乐设施以及服务业用建筑等。商业用房地产由于装修等原因,地上建筑价值占整个房地产价值的比重较大,由于单位营业面积赢利率高,因而单位面积的售价和租金也相对比较高。商业用房地产对周围环境的反应特别敏感,在城市中的位置往往成为商业用房地产价值的关键因素。另外,商业用房地产在具体用途发生变化时不会有太大的困难,具有较强的适应性。

5. 工业用房地产

工业用房地产包括工厂、仓库成品和材料堆放场地码头等。工业用房地产是工业生产的重要生产资料,一般认为它们部分地参加产品的生产过程。工业用房地产装修一般都比较简单,总建筑成本相对比较低。工业用房地产对周围环境也有一定要求,主要是交通运输便利,有较大的发展空间。工业用房地产在结构设计方面技术性要求很高,有时一幢厂房就是专门为某一条生产线而设计的,进入市场的可能性很小,适应性较差。但一些标准厂房、仓库、码头等也可以用来开展租赁、买卖业务。

6. 开发基地

开发基地包括已购入或租入的预定用于开发的生地,已经完成三通一平(水、电、道路通,场地平整)、五通一平(上水、下水、供电、通信、道路通,场地平整)或七通一平(上水、下水、供电、通信、煤气、污水、道路通,场地平整)的熟地,以及已拆除和将要拆除旧建筑用于重新开发的土地,它是一种过渡形式的房地产。

此外,除了上面两种主要分类方式外,还可以按经营方式把房地产划分为用于出售的房地产和用于出租的房地产;按是否产生收益把房地产划分为收益性物业和非收益性物业;按开发程度把房地产划分为生地、熟地、期房和现房。

三、房地产特点

房地产是不动产形式的固定资产，是一种特殊商品。房地产具有其他财产和商品所不具有的特性：

（一）相对不可分割性

所谓"不可分割"，是指不能分离或虽能分离但分离后会破坏房地产的功能或完整性。不可分离的部分，包括为提高房地产的使用价值而种植在土地上的花草、树木或人工建造的庭院、花园、假山等；为提高建筑物的使用功能而安装在建筑物上的水、暖、电、卫生、通风、通信、电梯、消防等设施。但是地产是可以离开房产单独存在的，所以说房地产具有相对不可分割性。

（二）不可移动性

房地产位置的不可移动性也被称为房地产位置的固定性。首先，土地是不可移动的，土地是用地理位置来确定的，而地理位置是无法移动的；其次，人们对土地的投入也是不可移动的，水渠、管道、电缆、道路等都是土地（熟地）的组成部分，离开土地它便不成其为对土地的投入；第三，房屋是建筑在一定的土地之上的，房屋建筑物在一般情况下是不可移动的。因此，房地产的交易，只能是通过法定契约的方式对产权进行交易。

房地产位置的不可移动性，要求房地产所处的区位必须对于开发商、投资者、置业人或承租人具有吸引力。也就是说，能使开发商通过开发投资获得适当的开发利润，使投资、置业人能获取合理而稳定的经常性收益，使承租人能够方便地开展其经营活动以赚取正常的经营利润并具有支付租金的能力，或使承租人能够得到舒适的环境与方便的通达条件。此外，房地产价值的高低，在很大程度上取决于房地产所处地区的增值潜力。因此，无论是对于居住置业，还是投资置业，地段都是很重要的。

（三）异质性

在科学技术高度发达的今天，市场上绝大部分商品都具有多样化、标准化的特征。从食品、服装到各种商品，尽管每一种商品都有不同的规格、尺寸、款式、口味、功能等，但它们中的任何一种都存在着相当数量单位的完全一样，因为它们是批量生产的产物。但房地产不同，仅就土地而言，由于受地理位置、区域环境的控制不可能相同，即使在同一城市，甚至同一社区内，也很难找到两块品质完全相同的地块。至于建筑物，不仅在外形、尺寸、年代、风格、建筑标准上各不相同，内部附属设施、街景区位、物业管理等也存在差异。甚至在同一住宅区内的相同住宅，不同的朝向和层次差异也很大。因此，房地产作为商品不同于一般商品，具有异质性。房地产的异质性使得房地产市场较其他商品市场具有更多的中介经纪服务行为。

（四）耐久性

一般房地产的使用寿命年限都很长，土地是永久存在的，房屋附属设施的耐用期也很长。因此，在房地产商品流通中，不仅可以转移产权，而且也可以在不改变产权关系的前提下，只转移一定年限的使用权。同时，房屋虽然有自然损耗，但这种损耗的周期是很长的，少则几十年，多则上百年甚至于几百年，相对一般商品而言，它们完全可以被看做是耐久的、长期的商品，这也就是房地产业比较容易获得长期性融资的原因。根据我国有关建筑物安全的规定，房屋建筑物按照结构的不同，其寿命年限及使用年限，或称为折旧年限（房屋价值转移的年限）分别为：钢结构 70 年，钢混结构 60 年，砖混结构 50 年，砖木结构 40 年，简易结构 10 年。

（五）有限性

土地的有限性决定了房地产的有限性。土地是不可再生资源——土地的数量是由地球陆地表面面积所决定的，土地供应是有限的，所以，与土地直接相关的房地产同样也是有限的。

（六）保值增值性

房地产的增值性是一种规律性现象。一般来说，房地产会因房地产需求的增加、土地资源的有限性、基础设施的改善等原因使价格上涨、价值增加。当然，房地产升值不是直线式的，具体看每一年份，房地产的价格是上下波动的，但从长期看，房地产价格无疑是不断上升的。此外，房地产不同于一般商品，其使用价值不仅不因时间的流逝而消亡，相反由于其有限性和需求的不断增大却可以保值甚至增值。同时，房地产所处周边社区环境的改善也能显著地提高附近房地产的价值。

（七）效用多样性

我们可以从三个方面来看房地产效用的多样性：

首先，从土地的角度来看，土地既是人类赖以生存的空间，又是人类社会重要的生产资料。随着社会生产力的发展，土地的利用也在不断地发生变化，除可以作为农、林、牧、渔等农业生产资料外，还可以作为城市、工业、商业、交通、旅游、科教、文体等用地。

其次，从建筑物的角度来看，房屋的效用具有多层次性，同时具备生存资料、享受资料和发展资料三个不同层次的内容。房屋的数量和质量，决定其生存、享受和发展等效用的程度，质量好、设计独特的房屋还有观瞻的功能和美化环境的作用。

最后，从房地产参加经济活动的角度来看，它具有经济身份的多重性。房地产既是生产资料，如农田、森林、仓库、厂房、商场、办公楼、酒店等，人们占有它们是为了从事经营；房地产又是消费资料，如人们购买住宅房地产可以满足居住这一基本生活消费需求;另外,它还可以是公共事业的基础,如政府大楼、军队驻扎地、医院、学校以及其他公共设施等。

(八) 价值高且难变现性

房地产的异质性导致的房地产市场的信息不对称、房地产商品价格差异大、交易过程存在"物流"与"权属流"交叉、产权变更及相关手续烦琐等现象。这些原因导致房地产在交易过程中变现时间较长,变现方式变化多样,从而形成较大的资金风险。同时,由于房地产价值高,占用资金量大,建设周期长,房地产投资者资金回收时间也很长。

第二节 房地产市场构成

房地产市场,广义上可以理解为房地产交换关系,即房地产全部流通过程的总和。房地产市场是房地产经济运行的基础,是房地产经济纳入商品经济轨道的必然产物,它既包含有形的具体的房地产市场,也包含房地产的价格体系、房地产的供给与需求以及房地产的管理与中介等各种具体的交易关系。

狭义的房地产市场,是指进行房地产买卖、租赁、抵押等交易活动的场所。这个意义上的"场所"所包含的交易与劳动力以及其他类型的商品交易有所不同。因为房地产是不可移动的,它不能像其他商品那样可以运输、仓储、加工,然后集中到商场等交易场所,它的位移、集中只能是概念上的,它的交易主要是产权的买卖。

一、房地产市场的构成要素

房地产市场也应具有一般市场的五个要素:一群人或组织,特定的欲望及需求,购买能力,购买意愿,进行交易的诚意。具体讲,房地产市场由房地产市场主体、客体以及市场介质等基本要素构成。这些基本要素反映出房地产市场运行中的种种现象,决定和影响着房地产市场的发展状况和趋势。

(一) 市场主体

市场主体,是指进入房地产市场进行经济活动的企业、机构和个人等行为人,主要是指买方和卖方,由于房地产的特殊性,我们称之为供给人和需求人。

供给人,是指向房地产市场提供房屋和土地的经济行为人。我国房地产市场上的主要供给人有:国家、农村集体经济组织、房地产开发公司、企事业单位和居民等。

需求人,是指在房地产市场中用有偿方式要求取得房地产商品所有权或使用权的经济行为人。它是房地产市场上必不可少的参与者。没有商品需求,也就不存在生产和供给。我国房地产市场上的主要需求人有:居民、企事业单位、政府和军队以及外国驻华机构和企业代表处、外国公民及华侨、侨眷、港澳台同胞等。

另外,在房地产市场中还存在着两个比较重要的主体,即中介人和管理者。中介人,是指在房地产市场上帮助、协调和配合房地产交易双方进行谈判达成协议的专门机构和个人。主要有房地产交易所、经纪人以及其他中介机构和个人。管理者,是指为了理顺房地产交易各方的经济关系、维护正常的交易秩序而设立的专门对房地产市场进行管理的政府机构,主要是通过法律手段和行政手段来行使管理职能。我国房地产市场上的主要管理者是国有土地管理局和房地产管理局。此外,建设部、物价局、工商行政管理局、税务局也兼管房地产市场。

(二)市场客体

市场客体,是指房地产市场上的交易对象,包括各种具体形态的房地产及其权利。房地产权利从总体可分为:

1. 政府享有的权利

包括管理权、征用权、税收权、收归国有权、优先购买权、注册登记权。

2. 房地产持有者的权利

包括所有权、地上权、使用权、占有权、收益权、开发权(或发展权)、处置权、抵押权、租赁权、赠与权、继承权、典当权、留置权等。

3. 关系人的权利

主要包括相邻权、地役权、取利权等。

在我国,由于土地所有权归国家和农村集体经济组织所有,土地所有权的转让只能发生在国家与农村集体经济组织之间。而房屋交易的对象既可以是房屋的所有权,也可以是房屋的其他权利,房屋交易可以在公有与公有、私有与私有以及公有与私有之间进行。

(三)市场介质

市场介质,是市场运行的环境系统,如政府的有关法律、政策和制度体系,也包括交易中的约定俗成的规则。中介机构或组织的主要作用就是激励、激活介质系统,维护交易规则,以便为交易顺利进行营造一个良好的环境。我国实行的是社会主义市场经济,土地的公有制决定了我国房地产市场的运行机制是计划机制与市场机制相互配合,共同作用,对房地产市场进行调节。

二、房地产市场的分类

由于房地产的特殊性,我们通常对房地产市场作如下分类:

(1)从房地产运行的层次,特别是从土地使用权让渡关系层次上来划分,可分为一级市场、二级市场、三级市场。

房地产一级市场又称为土地一级市场,指土地使用权出让的市场,即国家通过其指定的政府部门将城镇国有土地或农村集体土地征用为国有土地后出让给使用者的市场。出让的土地可以是生地,也可以是经过开发达到"七通一平"的熟地。房地产一级市场是由国家垄断的市场。土地管理部门代表国家将土地使用权有期有偿地出让给房地产开发公司或其他企事业单位,用地者和管理部门要签订土地使用合同。房地产一级市场又分为三种类型:一是以协议方式出让土地使用权的市场;二是以招标方式出让土地使用权的市场;三是以拍卖方式出让土地使用权的市场。今后发展的重点将是以拍卖方式出让土地使用权的市场。因为这种方式最能体现土地管理的规范化和市场公平竞争的精神。

房地产二级市场是由房地产开发公司按土地使用合同条款的要求,建成地上建筑物(住宅、商店、写字楼等)后,将房地产出售或租赁的市场,一般是指商品房首次进入流通领域进行交易而形成的市场。房地产二级市场主要包括土地租赁市场、地产使用权抵押市场、房屋开发市场、土地使用权互换市场四方面内容。其中,房地产开发公司所从事的商品房预售市场,在房地产二级市场上占有最大的比重。

房地产三级市场是将房地产二级市场取得的房地产进行转让和租赁等各种交易活动的市场,即已获得房地产权的单位和个人,再次将房地产转卖或交换、转租的市场。三级市场通常是住房消费者之间的交易,常见的有房屋买卖、交换、租赁、抵押、典当、拍卖等流通形式。二、三级市场没有明确界线,呈互相渗透衔接状态。

中国的房地产市场是房屋和土地紧密结合后的一体化市场。房地产一级市场和二、三级市场是相互依赖、相互促进的。房地产一级市场的垄断经营和二、三级市场的自由竞争,构成我国现代房地产市场发展的基本特色与结构模式。

(2)按房地产市场客体结构不同,可划分为房产市场和地产市场、房地产金融市场、房地产信息市场和房地产劳务市场。

(3)按房地产市场标的物不同,可划分为住宅市场和非住宅市场。非住宅市场又包括写字楼市场、零售商业物业市场、工业物业市场、土地市场等。所分解成的市场通常称为副市场。有时也可以进一步按物业的档次和等级细分,如甲级写字楼市场、乙级写字楼市场等。

(4)按房地产交易方式不同,可划分为房地产销售市场、租赁市场、抵押市场、保险市场等。

(5)按房地产经济运行的时序结构,可划分为房地产开发市场、建筑市场、房地产交易市场、中介服务市场、物业管理服务市场等。

(6)按房地产市场覆盖的区域范围不同,可划分为全国房地产市场、省级房地产市场、市区级房地产市场等,如北京房地产市场、山东房地产市场。

三、房地产市场的特点

房地产市场的特点是由房地产商品的特殊性质决定的,主要体现在以下几个方面:

(一)房地产市场是区域性市场

房地产的不可移动性决定了房地产市场是一个地区性市场,不同国家、不同城市甚至一个城市内部的不同地区之间,房地产市场条件、供求关系、价格水平等都存在显著差异。

(二)房地产市场是房地产权益的交易市场

房地产市场交易的实际对象是附着在每一宗具体房地产上的权益,而不是土地或房地产本身。这种权益可以是全部所有权(包括占有权、使用权、收益权和处置权),也可以是部分所有权。这种权益一般要有明确的界定,而且往往还受到各种事先约定的条件的限制。

(三)房地产市场具有垄断竞争性

对于房地产市场而言,总的来说进入市场是自由的,也有足够多的买家和卖家,但是,易于出现市场的不均衡和垄断,这些情况包括:①房地产市场的区域性导致地区市场间的不完全竞争;②资本市场的不完全性阻碍了潜在的房地产投资者的某些购买行为,土地一级市场是通过国家制定土地利用规划和年度供给计划,并运用价格、税收及法律、信息等手段控制土地使用权的出让,承让方要通过竞争方式,才能获得土地使用权;③房地产空间位置的固定性,其属性信息量大,很难获得完全的房地产信息,容易使某些物业的持有者在房地产交易过程中处于比买家更有利的地位等。

房地产市场不可能是充分竞争的市场,而只能是垄断竞争性,但不是高度集中的行政垄断,而是基于规模经济、资源合理配置以及其他社会目标要求的经济性垄断。

(四)房地产市场投机与投资并存

房地产的保值增值性使其对社会上的闲置资金具有很强的吸引力。有一部分闲置资金持有者投资房地产市场,是将房地产视做其牟取暴利的工具,而非为了实现和创造房地产的有效需求,他们往往采取买空卖空等投机手段于房地产交易中赚取暴利。积极的投资是拉动房地产业乃至整个国民经济的基本动力,而过度的房地产投机,不仅会造成房地产占有和使用以及资金使用的无效率,而且还会扰乱房地产市场秩序,导致房地产市场运作的低效。

(五)房地产市场交易形式多样、交易费用高昂

房地产交易的形式是多样的,可以是一次性付款、银货两讫的现房买卖交易,也可以是分别支付阶段性使用权价格的长短期租赁交易,还可以是分期支付价款的按揭型交易,甚至还可以是抵押、典当、信托等部分权利的交易。由于房地产交易中涉及大量的专业、技术以及法律等知识,交易双方均需要聘请各类专家进行咨询,提供各种专业服务,而这些服务通常是要支付费用的,如广告费、代理佣金、法律咨询费、价格评估费、按揭契费、印花税等,这就导致房地产市场中的交易费用高昂。

(六)房地产市场交易额巨大,依赖于金融机构的支持与配合

我们知道,房地产商品具有价值高的特点,因此,房地产市场的交易额是巨大的。如上所述,房地产市场中存在现房买卖交易、长短期租赁交易、按揭型交易以及抵押、典当、信托等部分权利的交易等多种交易形式,这些交易常常都是离不开金融机构的支持与配合的。

(七)房地产市场中存在广泛的房地产经纪服务

房地产市场结构复杂、流通方式多样,房地产市场交易呈现主体多样化、政策多元化、程序多层化等特点,它涉及权属的变更、有关的政策法规、城市规划、交易程序和交易手续等一系列的问题,一般人会因为规范不明和手续繁杂而难以胜任,置业者或投资者很容易掉进人为的或非人为的陷阱,蒙受巨大的经济损失。只有通过经纪人对市场信息进行收集、反馈和分析,对投资项目进行精心策划,以及对推出的物业进行良好的促销代理,才能最大程度地降低置业者的投资风险。专业的房地产经纪人员可以根据所掌握的所有房地产交易价格信息,按照客户意愿去寻找地段、面积、价格等都符合其要求的物业,帮助或代理客户谈判、签约,为客户安排融资和保险等事宜。因此,在房地产市场中,经纪服务广泛存在。

四、房地产市场发展趋势

中国内地的房地产业经过二十多年特别是近几年的发展,已成为国民经济新的增长点、启动内需的消费热点,对拉动国民经济增长,保持国民经济持续、健康、快速发展起到重要作用。中国内地的房地产业的发展历经了三个发展期:1984年到1988年,实现了从无到有,从小到大的第一次历史性发展;1991年到1995年,房地产业经历了由弱到强,由不规范到理性发展的第二个发展期;从1998年起,由于国内市场的逐步完善和成熟,以及受加入WTO及举办奥运会、高科技与房地产业的结合等诸多因素的影响,内地房地产业实现第三次飞跃,房地产业进入了一个新的发展期。

根据近年来出台的房地产行业政策,以及从目前市场供需状况等方面的情况来看,我国房地产市场的整体发展将有可能呈现以下八大态势:

(一)房地产开发商向规模化、品牌化方向发展

在房地产过热时期,房地产业的利润率比较高,因而吸引了过多商家进入,但一些房地产公司规模较小,开发的楼盘规模偏小,配套设施不齐全。经过几年的调整后,房地产业的赢利能力已呈下降趋势,房地产开发商之间的竞争日趋激烈,在此情况下,规模优势、品牌优势越来越成为企业赢得竞争的关键。许多综合实力较强的房地产开发商将把发展成熟品牌管理体系、实现高效与科学管理、建设高品质服务体系作为提高自身竞争力的重要手段。

(二)房地产供给将继续向多元化方向发展

配合住房制度改革,中国城镇住房多渠道供应体系将逐步形成。房地产供给方面不仅有面向中高收入阶层的商品房,而且还有面向中低收入阶层的经济适用房,以及面向贫困阶层的解困房和低租金公寓等,房地产供给的多元化将大大改善中国城市家庭的居住状况。

(三)商品住宅价格将稳中有升

今后几年,商品房住宅价格不会有太大变化,应呈现出稳中有升的态势。主要是基于两个方面的因素:其一,是因为政策将使房地产产品的供给减少。从目前针对房地产的政策来分析,主要是两个目的:一是严格控制高端市场的发展;二是大力发展经济适用房。国家政策一方面规范了房地产业的发展,另一方面也会导致市场供给减少。其二,房地产市场的需求仍然处于快速增长的态势。城镇化进程加快,大量人口进城居住、就业,拆迁安置,消费者的消费观念发生变化等,这些因素都将增加房地产市场的需求。虽然房地产的价格会有上升趋势,但受市场机制的调节,也不会出现太大变动。

(四)融资多元化

2003年央行《关于进一步加强房地产信贷业务管理的通知》(以下简称《信贷通知》)的出台,对整个房地产业的发展格局开始产生重大影响,其中最直接的影响就是对房地产企业融资渠道的冲击,导致资金密集型的房地产企业被迫寻求新的融资方式与渠道,这意味着房地产融资将趋向多元化。

在新的融资渠道中,首先,上市融资成为最好的选择。对于房地产企业

来说,上市是理想的融资渠道,通过资本市场融资或再融资,可从容化解央行《信贷通知》的影响,缓解来自房地产项目资金需求方面的压力。可以预见,在央行房贷新政策的影响下,出于融资方面的考虑,会有越来越多的大型房地产企业加入到"买壳"上市的行列中。

其次,房地产信托将脱颖而出。自2002年底以来,央行房贷政策逐步趋紧,这一变化被敏锐的信托业嗅出商机,房地产信托随即脱颖而出。

其三,房地产基金的出现。对于房地产企业来说,房地产基金无疑提供了新的融资渠道,而对于投资者来说,不仅可以从该基金获得较高的投资收益率,还能有效地规避风险。这种融资渠道在美国十分常见,香港一些地产上市公司也已设立此类基金,并开始寻求上市。

(五)二手房市场升温

2003年上半年出台的已购公房上市取消审批手续、取消原单位参与收益分成、降低土地出让金征收金额、出售已购公房后买新房享受契税减免等政策将促进二手房市场的发展。"卖旧买新"将是大多数人改善住房条件的主要途径,很多人将卖掉手中旧房购买新的商品房,从而释放出大批的二手房房源。原来二级市场的房源大多以民宅为主,而在二级市场越发成熟的今天,二手房房源形式也将更加多样化。二手公寓、别墅将更多地加入到二级市场中来,其相对于新房的价格优势将受到需求层次相对较高人士的青睐。

随着房地产二级市场不断活跃,各大中介公司也将推出更多新颖的服务,如卖旧买新、押旧买新、租旧养新以及转按揭买新等业务。此外,代办过户、居间中保、网上看房、商业贷款和公积金贷款相结合的混合贷款、二手房投资理财服务等众多服务品种和集合化"一站式"服务,也为房地产二级市场消费者带来更多便利和实惠。这一切将会推动二手房市场的发展。

2005年出台的关于二手房买卖的新政策有效地抑制了炒房、倒房现象,但同时也使二手房市场交易量明显下降,相信这种影响应该只是暂时的,随着房地产市场的发展,二手房市场将继续升温。

(六)物业管理进一步走向规范化和产业化

早期的物业管理的问题层出不穷。现在新的物业管理法律规范已经开始实施,会慢慢对市场进行规范,在这一过程中,会有相当大的发展空间与商业机会。在市场经济条件下,激烈的竞争也要求物业管理企业向规范化、品牌化发展。

(七)房地产营销将回归到地点、产品、社区三个基本层面

随着各项政策、法规对市场的进一步规范,消费者维权意识的增强与消费选择的理性化,早期靠概念、点子或者商业炒作进行产品营销推广的局面

会逐渐成为历史。消费者获得信息的渠道增加,在专业的房地产经纪人的帮助下,对房地产的选择也更加专业与理性,这要求房地产的营销回归到三个基本层面:地点、产品与社区。

(八)市场行为和政府行为齐头并进

政府从土地购买、营销过程、直至内部管理的管理规范,会促使房地产市场化行为更加规范,使得市场行为与政府行为共同发展。政府的介入会促使市场化这方面更加规范,从土地购买,到前期过程,一直到销售,到管理,对开发商有更大的约束,同时规范化促使企业走向市场化。同时,市场的竞争会越来越激烈,大的公司会得到更大的发展机会,而一些小的公司由于经营不善或者是力量不足有可能生存不下去。

第三节 房地产市场运行

按照一般市场交易原则以及商品交易规律,市场上出现对某一特定商品的需求,并且存有供给,或者反向关系亦可,同时在交易双方达成共同认同的交易价格以后,市场便得以运行起来。房地产市场亦如此。其运行必须首先具备房地产这一商品的供需,除此之外,交易双方必须达成对房地产交易的一致价格,这也是房地产市场交易发生的前提条件。

一、房地产市场的供给与需求

房地产市场与房屋所处区域有着极大的联系,其运行与特定区域政策、制度等分不开,因而本部分主要以我国房地产市场供需为讨论重点。长期以来,我国主要靠国家和集体来建房分房,这种计划经济体制下的供给模式是中国城市居民居住环境差的主要原因。国家住房制度的改革,把建房与购房一同推向市场,从而使住房成为自由流通的商品。市场机制的引入,使建房者成为自负盈亏的法人,购房者用货币去选择适应个人需求的商品。这种产权的明晰化、个体化,拉动了我国巨大且日益增长的房地产市场的需求。市场机制主要是通过市场供求关系的变化而影响市场价格围绕价值上下波动的经济运动形式,而价格是调节市场的核心,供求机制和价格机制对房地产市场的兴衰具有很大的影响。房地产供需问题涉及地产的供给与需求以及房产的供给与需求,下面就从这两个角度来探讨。

(一)地产供给与需求

地产的需求与供给是土地利用、土地利用规划的核心问题。它可以从宏观和微观两个层面上进行研究。宏观研究通常采用总量分析法,主要研究地产总供给与总需求以及供需的平衡问题。微观研究则采用个案分析法,主要研究特定区域和单位的土地利用配置的设计。

1. **地产的供给**

地产供给其实就是土地供给,指土地满足人类生存和发展需要的可能性,即所能提供社会利用的各种生产和生活用地的数量。地产供给包括已利用和未利用的土地后备储量总和,包括无弹性的土地自然供给和有弹性的土地经济供给。

影响地产供给数量的因素主要有以下几方面:

①自然条件。包括土地地理位置、地质地貌、水文,适宜人类生产生活的气候条件、适于动植物生长存活的气候条件,以及可被人们所利用的生产生活资源、交通条件等。

②人类开发利用土地的能力。人类土地开发利用能力的提高,使得原来未被人类利用的土地可以经过开发以后加以利用,原来使用效益不高的土地被改造为效益较高的土地,从而增加地产供给数量。

③土地使用规划。大多数国家的政府都制定有关增加土地经济供给的计划,要求开发和利用新的生产力较低的、位置较不利和难以开垦的土地,这类规划的实施必然增加地产供给。

2. **土地供给曲线和供给弹性**

(1)土地供给曲线

土地供给曲线是用来表示土地供给数量与土地价格(地租)之间关系的曲线图。土地供给曲线按性质的可以分为自然供给曲线和经济供给曲线。无论土地价格(地租)是多少,土地的自然供给曲线 S_0 都是一条垂线。如图1-1所示,图中横轴 Q 表示土地的自然供给,竖轴 R 表示地租,$\bar{S}$ 表示土地的自然供给量。

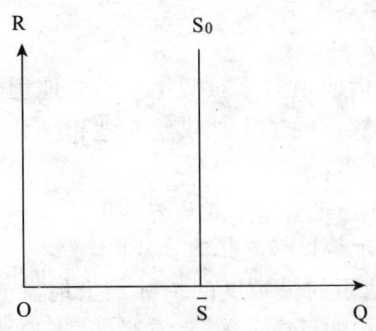

图1-1 土地的自然供给曲线示意图

同时,土地的经济供给是变化的,有弹性的,开发新土地、用地结构的调整等活动都影响到土地的经济供给。人们可以通过开发荒地、填湖造田、开发原始林地等方式增加土地的经济供给数量。土地开发者能够通过增加机械设备和所有成本来增加土地供给。土地开发者随着地租的升降而决定是否增加或减少投资量,或将原来投入的投资移向别的行业,新的投资者也将考虑是否进入土地开发行业等,这些因素将会引起土地经济供给的较大变动。

我们可以用图1-2来表示土地经济供给数量随土地价格(地租)变化的曲线 S_1,同样其中横轴 Q 表示土地的自然供给,竖轴 R 表示地租,$\bar{S}$ 表示土地的自然供给量。

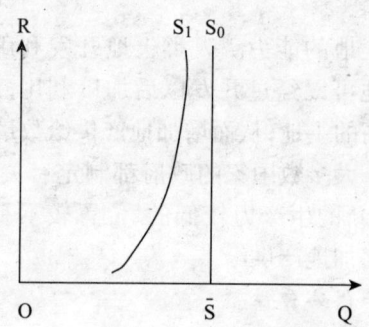

图1-2　土地的经济供给曲线示意图

从图1-2中我们可以看到,土地的经济供给数量与地租是呈正向相关的,当地租上升时,会引起土地供给数量的增加;地租下降,则引起土地经济供给数量减少。但土地经济供给数量由于受自然供给的限制,不能随地租的上升而无限制增加,当地租上升到一定水平后,土地供给数量不再增加,以自然供给的数量为最大限度。

(2) 土地供给弹性

土地供给弹性,是指地租的相对变化量与由地租变化而引起的土地供给相对变化量的比率,它反映了土地供给对地租变化的灵敏程度。土地供给弹性系数的计算公式为:

$$土地供给弹性 = \frac{土地供给量变化的百分比}{土地价格变化的百分比}$$

判断土地供给对地租的灵敏度的指标是土地供给弹性,当弹性大于1时,说明土地供给对地租的反应灵敏,富有弹性;当弹性小于1时,说明土地供给量对地租的反应不敏感,地租的变动不能引起土地供给量发生较为明显变化,缺乏弹性;当弹性为零时,表明地租的变动在瞬时间不能引起土地供给量发生变化。当地租不断上升时,土地供给弹性将趋近于零,因为土地经济供给是受自然供给限制的,不能无限地随地租上升而增加。

3. 地产的需求

地产需求其实就是指土地需求,是指人们为了生存和发展而利用土地进行生产和消费活动,用货币资金或其他有偿方式愿意承租和购买的土地数量。人类对土地的需求包括两大类:农业用地需求和非农业用地需求。影响土地需求量的有关因素主要有以下两方面:

①从长期来看,包括社会经济发展水平的提高、人口的增加、土地价格的上升、国家经济政策的变动等经济和社会因素。

②从短时期看,包括土地价格(地租)的变动、土地承租者收入的变动、其他与土地具有替代作用的生产要素或物品价格的变动、对土地价格的预期等。

4. 土地需求曲线和需求弹性

(1) 土地需求曲线

土地需求曲线是指在假定其他因素不变的条件下,用来反映土地价格(地租)与土地需求之间依存关系的曲线。这是一条向右下方倾斜的曲线,反映地租与土地需求之间的反向变动关系。如图 1-3 所示,图中横轴 Q 表示土地的需求量,竖轴 R 表示地租。

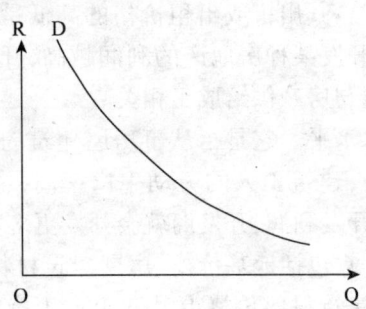

图 1-3 土地的需求曲线示意图

图 1-3 是在假定其他因素保持不变的条件下,土地价格与土地需求之间的关系。在完全竞争的市场经济中,在一定的数量范围内,房地产开发所需要的各类土地需求都与土地价格存在一定关系。在其他条件不变的前提下,土地价格上升,人们对土地的需求量会相应地减少;反之,土地价格降低,则人们对土地需求量会相应地增加。因为较低的土地价格带来新的土地开发商,土地价格的下降,会使原土地开发商可以承租更多的土地;反之,地价上扬,原土地开发商会减少土地的承租量。

(2) 土地需求弹性

土地需求弹性,是指反映地租相对变化与由地租变化带来的土地需求相对改变量之间的比率,它反映了土地需求对地租的敏感程度。需求弹性系数的计算公式为:

$$土地需求弹性 = -\frac{土地需求量变化的百分比}{土地价格变化的百分比}$$

弹性系数通常用正数表示。但由于土地需求与地租反向变动,所以上面计算公式前面加上一个负号。当弹性大于1时,说明土地需求对地租的反应灵敏,富有弹性;当弹性小于1时,说明土地需求对地租反应不灵敏,即地租的变动不能引起土地需求量发生较为明显变化,缺乏弹性;当弹性等于1时,地租的相对变化引起土地需求发生程度相同、方向相反的变化。

(二) 房产供给与需求

1. 房产的供给

房产供给,是指房地产开发商和拥有者在特定时间、以特定的价格所愿意且能够出售的所开发或拥有的房产的数量。形成供给有两个条件:一是开发商或拥有者愿意供给,二是开发商或拥有者有能力供给。影响房产供给的主要因素有:

①房产的价格水平。房产出售或出租是房产供给者向房地产市场上提供房产的两种主要形式。其出售或出租价格的高低是影响房产供给数量的主要因素。一般来说,开发某种房地产的利润越高,开发商愿意开发的数量就会越多。售价或房租与房产供给成正相关。

②房产的开发技术水平。它是指从事房屋建筑的人的劳动生产率以及生产技术。一般情况下,建筑工人的劳动生产率高,生产技术先进,可以降低房产开发成本,增加开发利润,开发商就会开发更多数量的房地产。

③房产建设成本。它包括地基价格、房屋建筑材料价格、建筑工人的工资等。土地价格上升、建筑材料价格上升和工人工资的增加会增加房屋造价成本,从而房屋开发经营者的利润减少,他会相应地减少对房屋开发的投资,从而减少市场上的房产供给量;反之,房屋建设成本下降会带来更多的利润,从而刺激房屋开发经营者进行投资。

④开发商和房产拥有者对未来的预期。如果开发商对未来的房产市场看好,就会增加开发量,从而会增加未来房产的供给量;另外,对于现存房产,房地产开发商或拥有者会待价而沽,从而会减少现期房产的供给量。反之,开发商或房产拥有者对未来市场不看好,预测房产价格将下降,将会导致现期供给量增加,未来供给量减少。

2. 房产的供给曲线和供给弹性

(1) 房产供给曲线

房产供给曲线,是指在假定其他因素不变的条件下,用来反映房产供给数量与供给价格(房租)之间的依存关系的曲线。由于房产对土地的依存性,导致房产的供给曲线与土地的供给曲线基本相同。用图1-4简单表示如下,图中横轴Q表示土地的供给量,竖轴P表示房产价格。

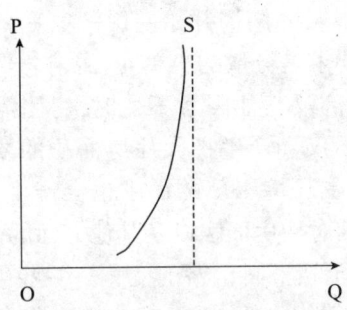

图1-4 房产的供给曲线示意图

由于价格上升刺激供给增加,因此供给曲线向右上方倾斜。由于受土地供给的限制,房产的供给也不能无限上升。

(2) 房产供给弹性

房产供给弹性主要有供给的价格弹性和供给的要素成本弹性,其中房产供给的价格弹性简称供给弹性。

房产供给的价格弹性用来表示在一定时期内一种房产供给量的相对变动对于该种房产自身价格的相应变动的反应。其计算公式是:

$$房产供给的价格弹性 = \frac{房产供给量变化的百分比}{房产价格变化的百分比}$$

房产供给的要素成本弹性,是房产供给对土地、建筑材料、建筑人工等要素价格变动的反应,其计算公式是:

$$房产供给的要素成本弹性 = \frac{房产供给量变化的百分比}{要素价格变化的百分比}$$

3. 房产的需求

房产需求,是指消费者在特定的时间内,按特定的价格所愿意且有能力购买的房产的数量。它是一种有支付能力的需求,形成需求有两个条件:一是消费者愿意购买,二是消费者有能力购买。房产需求是房地产经济运行的一个重要的方面,它是房产供给的出发点和归宿,同时房产需求创造房产供给。影响房产需求的主要因素有:

①房产价格水平。房屋出售、出租价格对房屋需求的影响是很明显的。

价格上升,人们的需求下降;价格下降,房屋需求增加。

②人口的数量。住房是人类最基本的需求之一,人口的增加会产生新的住房需求。此外,人口的增加要求经济有所发展,从而产生了经济发展对房屋的需求。

③家庭结构。以前我国家庭结构大多数是二代、三代甚至四世同堂的大家族,住房需求是大单元,住房的总体需求量较小。而随着经济发展和人们思想观念的变化,我国家庭结构开始向由一家三口所组成的小家庭结构发展,小家庭结构住房要求是分散的小单元,需求总量也就相对增大。

④收入水平。当房价及其他因素不变时,房屋需求者收入水平的提高会增加对房屋的需求,不仅会产生扩大住房面积的要求,而且对房屋质量、室内设备、配套设施、周围环境等新的需求也会产生。反之,收入水平下降时,房屋需求者会缩减其对住房面积以及其他方面的需求。

⑤其他生产资料或消费资料价格的变化。一些生产资料和消费资料在一定程度上与房屋具有替代作用,因而其价格变化会引起房屋需求发生相应的变化。

⑥消费者对未来的预期。现实消费者的房产需求不仅取决于其现在的收入和房产现在的价格水平,还取决于他们对未来收入和未来房产价格的预期。当预期未来收入增加或房产价格上升,就会增加现期需求;相反,当预期未来收入减少或房产价格下降,就会减少现期需求。

4. 房产的需求曲线和需求弹性

(1) 房产需求曲线

房产需求曲线,是指在假定其他因素不变的条件下,用来反映房产需求与房产价格依存关系的曲线。同土地需求曲线一样,房产需求曲线也是一条向右下方倾斜的曲线,反映房产价格与房产需求之间的反向变动关系,房产价格上升,房产需求则下降;房产价格下降,则房产需求上升。如图 1-5 所示,图中横轴 Q 表示房产的需求量,竖轴 P 表示房产价格。

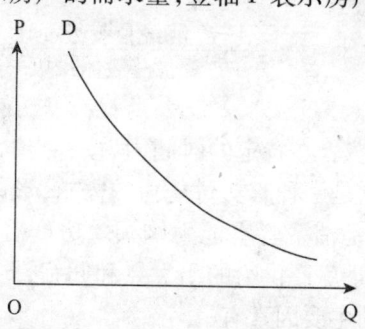

图 1-5 房产的需求曲线示意图

(2) 房产需求弹性

房产的需求弹性主要有需求的价格弹性、需求的收入弹性、需求的人口弹性和需求的交叉价格弹性四种。其中房产需求的价格弹性简称为房产需求弹性。

①房产需求的价格弹性,是用来描述在一定时期内一种房产需求量的相对变动对于该种房产自身价格的相对变动的反应。其计算公式是:

$$房产需求的价格弹性 = \frac{房产需求量变化的百分比}{房产价格变化的百分比}$$

当房产需求弹性大于1,即房产需求富有弹性时,房产需求曲线趋于平坦;如果弹性系数小于1,房产需求缺乏弹性,则房产需求曲线趋于陡直。

②房产需求的收入弹性,是建立在房产的需求量与消费者的收入量变动之间关系上的一个弹性概念。其计算公式是:

$$房产需求的收入弹性 = \frac{房产需求量变化的百分比}{消费者收入量变化的百分比}$$

③房产需求的人口弹性,是房产需求对人口变化的反应。其计算公式是:

$$房产需求的人口弹性 = \frac{房产需求量变化的百分比}{人口数量变化的百分比}$$

④房产需求的交叉价格弹性,是指某种房产因另一种房产或商品价格变动1%所引起的其需求量变化的百分比。消费者对一种房产的需求也会受到其他房产或商品价格的影响,如某种房产的替代品价格的下降,会使该种房产的需求减少,而如果是它的互补品价格下降,有可能会使该种房产的需求增加。

二、房地产价格形成机制

房地产价格,是指房地产市场上房产和地产的成交价格,它是在供给与需求共同作用下形成的。供给与需求按照市场运作规律自发地由不均衡转向均衡状态,供求双方达成交易价格。同样,房地产价格也有地产价格与房产价格之分。

(一) 地产的均衡价格和供求均衡

土地资源的稀缺性与人类对土地需求的无限增加性,决定了土地供应和需求之间的矛盾是不可避免的。将整个市场的土地供给曲线与向右下方倾斜的土地的市场需求曲线结合起来,即可决定土地的均衡价格。参见图1-6,需求曲线 D 与供给曲线 S 的交点是土地市场的均衡点,该均衡点决定了土地的均衡价格 R_0,横轴 Q 表示土地的数量。由土地均衡价格决定的土地供给和需求数量称为均衡数量。

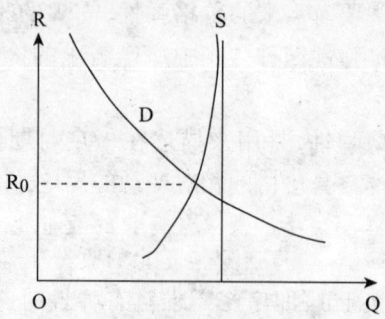

图1-6　地产的均衡价格示意图

(二)房产的均衡价格和供求均衡

房产的均衡价格,是指当房产的市场需求量与市场供给量相等时的价格,也就是房产的市场需求曲线和供给曲线相交时所确定的价格。如图1-7所示,P_0即是房产的均衡价格,E点是房产的供求均衡点。

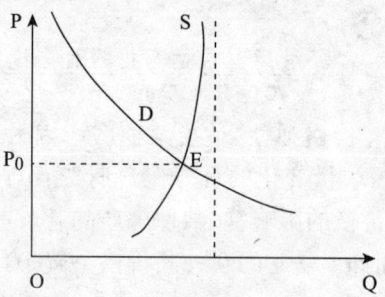

图1-7　房产的均衡价格示意图

总的来讲,均衡是市场价格运行的必然趋势,也是市场价格运行的正常状态,如果市场价格由于某种因素的影响而脱离了均衡价格,就必然形成短缺或过剩,导致买方或卖方竞争,产生价格上升或下降的压力和趋势,并最终趋于均衡价格。

三、房地产市场交易

房地产市场交易,是指城市各类房屋及其附属设施连同相关土地使用权依法转让、租赁、抵押的行为。房屋的交易形式主要有买卖、置换、租赁、抵押等,城市土地使用权的交易形式主要有出让、转让、出租和抵押等。

(一) 房屋买卖

1. 房屋买卖

房屋买卖是房地产交易的重要形式,是指房屋的有偿转让、房屋产权的交换、以房屋作价投资、以自有房屋作价与他人合作扩建、改建房屋等。按照有关规定,下列房屋不准买卖:

- 无合法证件的房屋(包括违法建设的房屋)。
- 有产权争议的房屋。
- 经批准征用或划拨的建设用地范围内的房屋。
- 经人民法院裁定限制产权转移或经市人民政府批准代管的房屋。
- 市人民政府规定其他不得出卖的房屋。

2. 房屋买卖关系与房屋买卖合同

房屋买卖是一种法律行为,买卖双方应订立买卖契约,按约交付房价款和交付房屋,并在办理契税和过户手续后,方能认定买卖成立、有效,这是认定房屋买卖关系有效成立的基本条件。实践中,经常出现将房屋买卖关系等同于房屋买卖合同的事例。为了区分二者关系,我们通过一个案例进行说明。

张某在一家房屋中介公司看中李某出让的一套别墅,别墅面积 250 平方米,房价 200 万元人民币。通过中介公司介绍及实地观察,张某均感到满意。于是张某与李某在中介公司签订了房屋买卖合同,双方约定了付款及交房的日期,张某又付给中介公司中介费人民币 5 万元。但张某在房屋交易中心被告知,该套别墅由于被某法院查封,不能办理房产证。张某又了解到该房屋中介公司没有中介房产的资质。

案例中张某与李某虽然订立买卖合同,付清房款,但是由于房屋被查封而无法过户,且李某明知房屋被查封而出售,因此双方签订的合同是无效合同,双方应返还各自取得的钱、物;中介公司无证经营是违法行为,且其收费又高于市政府有关文件规定的 1% 的收费标准,应受到工商部门等的查处。

由此可见,房屋买卖合同成立与房屋买卖关系成立并不是一回事,房屋买卖合同成立是房屋买卖关系成立的基本前提条件,房屋买卖关系成立是房屋买卖合同所追求的法律后果。作为房屋买卖合同来说,一般只要出卖人是房屋所有权人,双方自愿订立合同的,房屋买卖合同就成立。而房屋买卖关系是否成立,虽然也要看出卖人是否具有产权证,双方是否自愿,但主要看房屋买卖合同约定的条件的履行情况,以及契税办理、产权过户手续是否已经落实,产权所有人是否过户给买入人。在本案中,双方虽然订立房屋买卖合同,已经交房、交款,李某也是房屋所有权人,但是该房已被查封,未经查封单位同意解封,李某是不能处分房屋的。由于合同是无效的,双方应各自返还钱、物,同时过错方李某也应承担因此给张某造成的直接损失。

(二) **房屋置换**

房屋置换在通俗含义上包括一般人们常讲的"**差价换房**"、"**差价调房**"等房屋流通形式,是不同房屋价差交换或等价交换的房屋交易形式。在目前情况下,房屋置换是改善住房条件的一种较好途径,是目前比较受欢迎的住宅消费服务方式。与房地产买卖不同的是,房屋置换不仅是一种货币和实物的交换方式,而且在房屋置换中有实物与实物间的交换,即房屋置换是"货币——实物"和"实物——实物"两方面内容的交换方式。

通过房屋置换可以减轻购房者的付款压力。房屋置换通过原有房屋价值的一部分资金、单位补贴一部分资金、个人储蓄拿出一部分资金、银行借贷一部分资金的"1+1+1+1"的方式,提高购房人改善住房条件的能力。

房屋置换服务实质上是买和卖的双向服务,一次置换成功,相当于两种交易概念,即卖掉购房者的住房,再买进一套其需求的住房。因此,房屋置换可以解释为买卖的双向服务,购房者的房屋的成功置换必须是其原有房屋有下家接受并且其看中了另一套房屋。

(三) **房屋租赁**

1. **房屋租赁的形式**

根据现行法规的规定,结合具体情况,房屋租赁主要有以下七种形式:

(1) 承租

承租是房屋租赁最普遍的形式,即房客以支付租金为代价向房东租用房屋。目前,除城市居民承租居住公有房屋采用"租用公房凭证"外,承租其他类型房屋均由当事人双方采用签订租赁合同的方式明确租赁关系。

(2) 预租

预租,是指开发商将尚未竣工但已拿到预售许可证的商品房租给他人,并与预租人签订预租合同和预收租金,之后按照约定日期把房屋交付使用的一种租赁关系。商品房预租有一些禁止性规定,如不得将已经预售的商品房预租,不得将预购的商品房预租,以及不得在商品房竣工并取得房地产权证前将预租的商品房交付使用等。

(3) 转租

转租,是指承租人在租赁期间将承租的房屋再租给他人的行为。房屋租赁合同约定可以转租的,承租人可按约定转租;未约定可以转租的,承租人转租房屋应征得出租人的书面同意。在公有居住房屋租赁关系中,承租人转租房屋不需要征得出租人的同意,但应在签订转租合同前书面告知出租人。

(4) 委托出租

委托出租,是指房屋所有权人委托他人或中介机构将房屋出租。目前,我国城市中的公有居住房屋的出租均属国家委托房地产管理部门下设的物业公司出租。委托出租应由委托人与受托人签订委托合同,明确双方的权利义务,以免产生纠纷并便于受托人向有关部门办理相关手续。在委托出租中,由受托人享受房屋租赁关系中出租人的权利,承担出租人的义务。

(5)代理出租

代理出租与委托出租不一样,代理出租是代理人以被代理人即房屋所有权人的名义将被代理人的房屋出租。租赁关系建立后,由房屋所有人履行租赁合同的权利义务,代理人仅代为办理房屋出租的有关手续。目前,我国城市中的房地产中介机构除代理买卖房屋外,也代理房屋出租业务。代理出租的代理人在房屋出租成功后有权收取一定比例的租金作为中介费,但不享有房屋租赁合同的权利,也不承担义务。

(6)承租权转让

承租权转让是我国房地产租赁市场中一种较新的形式,是指在房屋租赁期间,承租人将其在房屋租赁合同中的权利、义务一并转移给第三人,由第三人取代自己的地位,继续履行房屋租赁合同的行为。承租权转让虽最早仅见于《关于贯彻实施〈上海市房屋租赁条例〉的意见(一)》中,但实践中早已普遍适用,并主要存在于公有非居住房屋租赁关系中,由此也产生了不少纠纷。承租权转让是房屋租赁市场中值得有关部门重视的一种租赁形式。需要说明的是,可售公有居住房屋不得进行承租权转让。

(7)承租权交换

承租权交换是指在房屋租赁期间,承租人将其承租的房屋与第三人承租的房屋交换使用,并各自履行交换对方房屋租赁合同的行为。承租权交换的特点是,租赁合同的承租人主体发生变化,而租赁合同的权利义务照旧履行。法律法规允许承租权交换,主要是为了保障出租人的利益,同时又满足承租人灵活租用房地产的需要。与承租权转让一样,可售公有居住房屋不得进行承租权交换。

2. 房屋租金

房屋租金可分为成本租金、商品租金、市场租金。成本租金是由折旧费、维修费、管理费、融资利息和税金五项组成的。商品租金是由成本租金加上保险费、地租和利润等八项因素构成的。市场租金是在商品租金的基础上,根据供求关系而形成的。目前,我国未售公有住房的租金标准是由人民政府根据当地政治、经济的需要和职工的承受能力等因素确定的,仍具有较浓的福利色彩。

1994年全国人民代表大会通过的《中华人民共和国城市房地产管理法》规定:"以营利为目的,房屋所有权人将以划拨方式取得土地使用权的国有土地上建成的房屋出租的,应当将租金中所含土地收益上缴国家,具体办法由国务院规定。"1995年6月1日起施行的《中华人民共和国城市房屋租赁管理办法》中规定:"土地收益的上缴办法,应当按财政部《关于国有土地使用权有偿使用征收管理的暂行办法》和《关于国有土地使用权有偿使用收入若干财政问题的暂行规定》的规定,由市、县人民政府房地产管理部门代收缴。"

(四)房屋抵押

1. 抵押的定义与特征

(1)抵押的定义

抵押是一个法律术语,我国的《担保法》将抵押定义为:债务人或第三人不转移对所拥有财产的占有,将该财产作为债权的担保;债务人不履行债务时,债权人有权依法以该财产折价或者以拍卖、变卖该财产的价款优先受偿。

房屋抵押就是一种具体的抵押方式,是指债务人或者第三人为了保证债务履行而将自己所有的房屋或享有处分权的国有房屋提供出来作担保,如债务人不能履行债务,则债权人有权依法处分抵押房屋,并在处分抵押房屋所得价款中优先受偿。

提供抵押房屋的当事人称为房屋抵押人,接受抵押房屋的原债权人称为房屋抵押权人。房屋抵押人必须具有完全的民事行为能力,无民事行为能力和限制民事行为能力的人不得设定房屋抵押;凡他们已设定的抵押,当为无效。

(2)抵押的特征

从法律角度分析,房屋抵押是一种担保方式,也是一种法律关系,有下列特征:

① 房屋抵押是原债权债务关系的担保,原债权债务关系是主合同,房屋抵押是从合同,它以原主合同的合法有效存在为前提条件,本身不能独立存在。

② 抵押的房屋可以由抵押权人保管,也可以由抵押人保管,通常情况下由抵押人保管。保管人应谨慎保养所抵押房屋。

③ 负有清偿债务义务的一方不履行义务时,房屋抵押权人可以直接行使房屋抵押权,不依靠债务人的行为即可实现其权利。

④ 抵押物须是房屋。房屋抵押人可以是债务人,也可以是第三人,抵押人必须对抵押的房屋拥有所有权,如果抵押房屋是国有房屋,则抵押人必须对该抵押房屋享有处分权。

⑤ 房屋抵押权的设定一般采用书面形式,并应明确规定担保的范围。

⑥ 房屋抵押人将房屋抵押后,并不丧失房屋的所有权,因此,抵押人应自己承担房屋意外灭失的风险。

⑦ 房屋抵押权是一种担保物权。如果房屋抵押人未经房屋抵押权人同意,将抵押房屋转给第三人时,房屋抵押权人对抵押的房屋享有追索权,房屋受让人因此受到的损失,由房屋抵押人承担。

2. 抵押人的权利与义务

房屋抵押人是法律关系中的一方当事人,既享有权利,也须承担义务。

(1) 抵押人的权利

房屋抵押人享有如下的权利:

① 房屋抵押人对抵押的房屋享有所有权,并有权取得抵押房屋的各种收益。

② 房屋抵押人对抵押房屋享有处分权,但若想转让抵押房屋,须事先征得房屋抵押权人同意。

③ 可以对抵押房屋多次出抵,但须保证数个房屋抵押权所担保的债权总额不大于抵押房屋的价值。

④ 可以将抵押房屋出租。

(2) 抵押人的义务

房屋抵押人承担的主要义务是保管义务,即妥善保养,维护抵押房屋。由于抵押人对抵押房屋的侵害行为,致使抵押房屋的价值减少时,房屋抵押人应恢复抵押房屋的原状或提供与减少的价值相当的担保。如果抵押的房屋毁损灭失,抵押人应以其他财产充抵抵押的房屋;在抵押房屋因不可抗力等不能归责于抵押人的事由而毁损灭失时,抵押人可以以赔偿请求权向房屋抵押权人提供担保,也可将赔偿请求权让与给抵押权人而获免责。

第四节 房地产价格

按照房地产市场运行的一般规律,房地产商品供需间的作用,形成交易价格,并促成买卖双方交易的完成。而房地产商品的多样性以及复杂性,使得房地产价格同样具有多种类型与特征。此外,房地产价格也有着自有的构成体系,根据房产与地产的划分不同,而呈现不同的内部结构。

一、房地产价格的类型与特点

(一) 房地产价格的类型

房地产是一个巨大的产业体系,房地产经济和房地产市场运行极其复杂，因此房地产价格有着不同的种类。根据不同的标准，可以把房地产价格划分以下几种类型：

1. 地产价格、房产价格和房地产价格

房地产价格按其物质形态不同可分为：地产价格、房产价格和房地产价格。

房地产在物质形态上是由地产和房产构成的。在物质形态上，城市房产和地产是不可分的。但是，在价值形态上，房地产可以分为地产价格、房产价格、房地产价格。

（1）地产价格

地产价格是指土地价格，简称地价。在一定的情况下，即使在城市，土地也是可以单独存在的，比如新开发出来还未建筑房屋的土地。

（2）房产价格

房产价格是指房屋本身的价格，这种价格的原始形态就是房屋的造价，即由建筑房屋花费的劳动所形成的价格。房产价格与地产价格之间有密切关系，人们可以对土地进行单独估价，但在进行房屋交易时，房屋交易价格中往往包含房屋所占用土地的价格，这时土地价格是房产价格的一部分。

（3）房地产价格

房地产价格又称房地混合价，是指建筑物连同其占用的土地的价格，往往等同于人们平常所说的房价。

2. 买卖价格、租赁价格、抵押价格、典当价格、课税价格和征用价格

房地产价格按其具体表现形式不同可以分为：买卖价格、租赁价格、抵押价格、典当价格、课税价格和征用价格。

（1）买卖价格

买卖价格是以买卖方式支付或收取的货币额、实物或其他有价物，简称买卖价或买价、卖价。

（2）租赁价格

租赁价格常称租金，在土地场合称地租，在房地混合场合俗称房租。中国目前的房租有市场租金（或称协议租金）、商品租金、成本租金、准成本租金和福利租金等。

（3）抵押价格

抵押价格，是指房屋所有者将所拥有的房屋产权作为抵押物以取得银行贷款时，银行对房产所估定的价格。房屋抵押价格取决于贷款时房产的现行价格和抵押贷款的期限。

（4）典当价格

典当价格，是指在进行房屋典当交易时，房产承典人支付给出典人的价款。房屋典当交易是指房产所有人在不能转移其所有权条件下,将房屋以商定的典价交给承典人使用和管理。典期内,产权人所出典的房屋不收租金,承典人支付的典价不收利息。典当期满后房产所有人退回原收取的典价并收回房屋的使用权,如房产所有人不能退回典价,则房屋产权转移到承典人手中。

(5) 课税价格

课税价格是政府为了课征房产税而对房产估定的价格。房产课税价格的确定可以参照房产市场交易价格或政府公布的房产标准价格。如果土地税与房屋税分别课征,则可参照房屋建筑造价来确定房屋课税价格。房产课税价格一般低于房产交易价格或造价。目前,我国房产课税价格是按房屋造价的70%~90%确定的。

(6) 征用价格

征用价格是政府为了特定的目的,对被征用的房地产进行补偿的一种价格形态。

3. 所有权价格、使用权价格和其他权利价格

房地产价格按其交易的产权不同可以分为:所有权价格、使用权价格和其他权利价格。

(1) 所有权价格

所有权价格,是指交易房地产所有权的价格。在房地产买卖过程中,不仅转移了房地产的使用权,而且转移了房地产的所有权,这样形成的价格就是房地产所有权的价格。在现实生活中,房地产所有权价格即是房地产的买卖价格。房地产所有权价格还可依据所有权是否完全再细分。如根据"权利束"理论,所有权为占有权、管理权、享用权、排他权、处置权(包括出售、出租、抵押、赠与、继承)的总和,但若在所有权上设定了他项权利,则所有权变得不完全,其价格因此而降低。

(2) 使用权价格

使用权价格,是指交易房地产使用权的价格。在房地产买卖过程中,不转移房地产所有权,只转移房地产使用权,这样的价格就是房地产使用权价格。在现实生活中,房地产使用权价格即是房地产的租赁价格。在中国,由于城市土地属于国家所有,所以在土地市场上交易的只是土地的使用权,这种土地价格也是使用权价格。《中华人民共和国城市房地产管理法》第七条规定:"土地使用权出让,是指国家将国有土地使用权在一定年限内出让给土地使用者,由土地使用者向国家支付土地使用权出让金的行为。"

(3) 其他权利价格

泛指除上述所有权价格和使用权价格以外的权利价格,如地上权价格、

永佃权价格、地役权价格、典权价格、采伐权价格、采石权价格、耕作权价格等。

4. 理论价格、评估价格和市场价格

房地产价格按其形成依据不同可以分为：理论价格、评估价格和市场价格。其中房地产理论价格和评估价格是房地产市场价格形成的依据和运行的基础。

(1) 理论价格

理论价格就是经济理论中所说的由房地产的价值决定的价格。这种价格是由生产房地产商品时消耗的社会必要劳动时间决定的。房地产价值的货币表现就是房地产的价格。这是房地产所有价格形态的本质规定，或者说是所有房地产价格运行的基础。

(2) 评估价格

评估价格是根据一定的估价理论和估价方法，依据一定的估价程序，评估出来的房地产的价格。由于估价者的经验、知识、爱好、利害关系等的不同，所以对同一宗房地产评估出来的价格可能是不一样的，甚至还可能存在着很大的差别。所以为求评估价格客观合理，必须建立健全估价制度，制定估价技术标准和估价人员的职业道德准则。

(3) 市场价格

市场价格是房地产商品在市场交易中形成的价格。这种价格通常随着时间、供求关系的变化及交易双方的心态、偏好、素质的不同而经常波动。房地产市场价格可以分为公平市价和非公平市价。公平市价是交易双方在正常的情况下，即在没有外力影响和干涉下形成的价格。公平市价又可以说是卖方只按其要求的价格出售，买方只按其愿付的价格购入；卖方认为是最高价而买方认为是最低价，双方均认为该项交易对自己有益而自愿成交所形成的价格。非公平市价是在外力的干涉和影响下形成的价格。外部的因素主要是指不了解市场行情、垄断以及外部强制力等。

5. 基准地价、标定地价和房屋重置价格

房地产价格按其功能不同可以分为：基准地价、标定地价和房屋重置价格。这是《中华人民共和国城市房地产管理法》中提到的三种价格。该管理法第三十二条规定："基准地价、标定地价和各类房屋的重置价格应当定期确定并公布。"

(1) 基准地价

基准地价，也称为土地出让的底价。国家为了发展房地产经济，发展房地产市场，以及对房地产市场进行有力的调控，在对城市土地分等定级的基础上，对各级土地确定一个最基本的价格，就是基准地价。城市基准地价是在某一城市的一定区域范围内,根据用途相似、地段相连、地价相近的原则划分地价区段,然后调查评估出的各地价区段在某一时点的平均水平价格。

(2)标定地价

标定地价,是指一定时期和一定条件下,能代表不同区位、不同用途地价水平的标志性土地的价格。标定地价是在基准地价的基础上,考虑了每块土地的具体情况,也就是说考虑了影响土地价格的其他因素而确定的土地的价格。标定地价接近于土地的市场价格。

(3)房屋重置价格

房屋重置价格是假设房屋在估价时点重新建造时,必要的建造费用加平均利润所形成的价格。具体地说,是指按照估价时点当时的社会正常的建筑技术、工艺水平、建筑材料价格、人工和机械费用等,重新建造同类结构、式样、质量及功能的新房屋所需要的费用加平均利润所形成的价格。

另外,在房地产经济运行中还有其他一些价格形态,如最高限价、最低限价以及计划价格、指导价格、平均价格、成本价格、销售价格等,这里不再详细介绍。

(二)房地产价格的特点

房地产作为一种特殊商品,其价格与普通商品的价格相比,具有以下几个特点:

1. 复杂性

房地产商品具有使用时间长、价值大、地理位置固定、整体性强等特点,而且人们对房地产的需求又各不相同。由此产生了许多不同的房地产交易形式,每一种交易形式又产生不同的交易价格,因而房地产价格形式多种多样。

另外,房地产价格受影响的因素繁多,它不仅受供求、利率、资金状况以及社会经济发展水平等多种经济因素影响,而且还受到一个国家政治体制、社会心理、文化传统等社会因素的影响,地理位置、气候条件等一些自然环境因素对房地产价格也具有很大影响,因而房地产的价格确定相对其他商品更为困难。

2. 地域性

房地产价格的地域性主要反映在不同城市区域之间的房地产差价。一般来说,同质房屋,其价格大城市高于中小城市,沿海城市高于内地城市,市场经济发达城市高于发展中的城市。同时,房地产价格即使在同一城市,因为处于不同地段,也有明显的差别。

3. 趋升性

房地产价格的长期趋升性主要是由土地的增值性带动的。地产之所以具有长期增值性的原因之一,就是土地与一般物品不同,一般物品可随时间延续其折旧累加额不断增加,价值量递减,而地产一般则不存在折旧,其价值也不会因而减损;其二是土地供给是有限的,人口及其生活质量要求的提高,会进一步使人地矛盾趋于尖锐,地价会因此而提高;其三是随着科学技术的发展,人类利用土地的能力会逐步提高,土地也就有了较强的产出能力。地价的趋高加大了房地产开发建设的成本,从总体上会使房地产价格有一个长期攀升的趋势。

4. 扩散效应性

房地产价格水平的高低,不仅会直接影响到人民的实际生活水平,而且还将影响其他行业的生产经营状况、市场物价价格体系、政府税收和其他财政收入、社会福利、公用事业以及安全保障体系等社会各方面。

5. 较强的调控性

房地产特别是住宅,是人类最必需的生活资料和消费资料。人类通过对房地产的消费,实现生命的各种机能,促进社会文明的进步和发展。同时,房地产又是国民经济各部门形成与发展的物质前提条件之一。出于公共福利和社会保障的考虑,政府可能会出资兴建住宅,无偿提供或低价租售给低收入居民。另外,政府还会利用金融和税收甚至行政手段等管理房地产市场,加强对房地产价格的调控。

二、房地产价格的构成

和其他一般商品价格一样,房地产商品的价格也是由生产成本、利润、税金和流通费用四个方面构成的,不过由于房地产的特殊性,其价格具体内容要更复杂一些。我们先从地产价格和房产价格两方面介绍房地产价格的构成,之后再进一步了解我国综合开发形式下房地产价格的构成。

(一)地产价格的构成

土地具有资源和资产两重性质。土地是一种自然资源,没有价值,其价格是资本化的地租,但在土地利用中已凝结了人的劳动,并且有生产费用,就有了价值因素和价值价格,因而土地是一种资产。从理论上讲,地产的价格构成包括以下两个部分:

1. 土地所有权价格的构成

土地所有权价格就是拥有土地所有权能获得的收益。这种收益包括绝对地租和级差地租。在中国,土地所有权属于国家,土地所有权是不能买卖的,现实中的土地价格实际上是土地使用权价格亦即"土地租金"。

2. 土地价值价格

土地价值价格是由土地投资成本和土地投资利润构成的。土地投资成本即指为使用某一定面积的土地而投入的资金及利息。具体讲,包括土地征用费(含土地补偿费、土地投资补偿费和安置补助费三部分)、拆迁安置费和土地开发费。

在具体的经济生活中,土地价格的构成可以用下面的公式来表示:

地价 = 土地取得费 + 土地开发费 + 税费 + 利息 + 利润 + 土地增值收益

其中土地取得费分为两种:一是国家征用集体土地而支付给农村集体经济组织的费用,包括土地补偿费、地上附着物和青苗补偿费及安置补助费;二是为取得已利用城市土地而向原土地使用者支付的拆迁补偿费用,这是对原城市土地使用者在土地上投资未收回部分的补偿。

土地开发费用,是指各土地级别宗地红线外达到"五通"(通路、通上水、通电、通下水、通信)或"四通"(通路、通上水、通电、通信)和宗地内达到"一平"(平整场地)的开发水平的平均开发费用、土地基础设施费、地质勘察费、开发管理费、利息和税金、利润。土地开发费用由于各地区的经济发展程度不同而存在差异。

(二)房产价格的构成

房产价格按取得所有权或使用权分为房屋销售价格和房屋租赁价格两种形式,对于它们的构成要素我们将分别讨论。

1. 房产销售价格构成

房产销售价格,是指房产所有权转移时买卖双方实际成交的价格。房产买卖时,买房人购买的是房产的所有权,卖房人将房产所有权出让,同时要获得房产所有权出让的价值补偿。房产销售包括商品房销售、公房销售和私房销售三部分。在具体的经济生活中,房地产销售价格的构成可以用下面这个公式表示:

房价 = 土地取得成本 + 开发成本 + 管理费用 + 投资利息 + 销售税费 + 开发利润

其中土地取得成本相当于地价;开发成本是在取得开发用地后进行土地开发和房屋建设所需的直接费用、税金等,可以分为土地开发成本和建筑建造成本,包括勘察设计和前期工程费、基础设施建设费、建筑安装工程费、公共配套设施建设费和开发过程中的税费;管理费用包括开发商的人员工资、办公费、差旅费等,一般为土地取得成本和开发成本之和的一定比率;投资利息包括土地取得成本、开发成本和管理费用的利息;销售税费,是指销售房地产所需的费用及由开发商缴纳的税费。我们可以看出,房价是由土地取得成本即地价、开发成本、销售费用和开发利润所决定的。

2. 房屋租赁价格构成

房屋租赁价格,是指房屋的所有人出租房屋而取得的实际租金。在此种流通形式中,房屋所有权不变,承租者支付房租,获得一定时期内的房屋使用权;出租者放弃或出让一定时期内的房屋使用权。房产租赁包括住宅租赁、办公用房租赁、商业用房租赁和厂房仓库租赁四部分。

理论上,房产租赁价格由以下几部分构成。

● 折旧费。房屋在长期使用过程中,其价值因自然或人为的损坏而逐渐减少,这部分逐渐减少的价值需要以提取折旧的方式计入房租,以便房产所有者收回投资,补偿价值损耗,实现房屋简单再生产。

● 维修费。是指房屋在出租期间,由于自然或人为损坏,需要修理更换部分设备和材料以保持房屋完好和正常使用所发生的维护修理费用。它包括正常大修费和经常维修费两部分。维修费具体包括工具材料费、维修工人工资、维修机器折旧以及相关的各项开支等内容。

● 管理费。是指房产出租企业对出租房屋进行管理和服务所发生的各种费用,包括管理人员工资、奖金、办公费、业务费等。

● 利息。是指房产出租企业为从事房屋租赁业务向银行贷款支付的利息。

● 保险费。是指房屋出租人将房屋投保而向保险公司支付的费用。它属于房屋使用过程中房主追加的开支,理应计入房租。

● 地租。是指土地使用者向土地所有者缴纳的土地使用费。由于房屋与土地相连,使用房屋的同时必须使用土地,因此房屋使用者(租房人)所支付的房租中要包含对房主付出的地租的补偿。

● 税金。是指房产出租企业应缴纳的房产税、营业税、城市建设维护税、教育费附加等。这部分税金由房地产经营企业缴纳,但计入房租内由房屋使用者负担。

● 房屋租赁经营利润。是指房产出租企业在租赁业务中应取得的合理利润额。允许房产出租企业取得一定数量的合理利润额,是调动企业生产经营积极性,开发出更多的房用于出租,以满足房地产市场上对房屋租赁的巨大需求的前提条件。

但是,在实际的房地产市场上,房地产经营企业或个人房屋出租者在确定房租价格时,不会具体考虑如上所述的这些构成要素,而主要是根据一定时期的所在地区的经济发展状况、市场行情、供需情况、居民生活水平以及相关政策法规等来确定的。

(三) 综合开发形式下房地产价格的构成

目前,中国城市房地产的建设都是以综合开发形式进行的,房地产的价格一般也都是以综合开发造价的形式出现的。我国规定商品房价格的构成因素有:土地费用、前期工程费用、建筑安装工程费用、商品房的经营费用、小区内的配套费、开发企业的财务费用、利润和税金等费用。开发商将开发成本加利润分摊到单位建筑面积上,再通过绿化、小区配套朝向、户型设计等相关指标的优劣比较,就确定出了具体的商品房价格。目前,中国房地产的综合造价大体上可以分为以下五个构成部分。

1. 土地费用
- 征地补偿费:土地补偿费、青苗补偿费、集体财产补偿费、超转人员补偿费、农转工人员级差补贴、菜田基金、安置劳动力补偿、平地补助费、私人财产补偿费。
- 拆迁安置补偿费:私房作价、地上物补偿费、搬家费、拆房费、渣土清理费、临时设施费、周转房费、农户住房原拆原建费、单位拆迁费、安置用房费。
- 其他土地开发费:三通一平费、勘察设计费、拆迁征地管理费。
- 土地出让金。

2. 建筑安装工程费
- 住宅建筑安装工程费:住宅建筑安装工程造价。
- 附属工程费:煤气调压站、热力点、开闭所、变电室、锅炉房、高压水泵房等。
- 室外工程费:小区红线内的上水、污水、雨水、电力、电信、热力、煤气、天然气、庭院、围墙、人防出入口等工程。

3. 配套工程费
- 公共配套工程费:幼儿园、文化站、中小学、卫生站、门诊部、副食店、蔬菜店、书店、小饭馆、浴池、街道办事处、居民委员会、派出所、工商税务所、房管所、市政管理用房等。
- 环卫绿化工程费:绿化费、绿地、公共厕所等。
- 政府性收费及"四源"费:煤气厂、热力厂、自来水厂、污水处理厂。
- 大市政费。

4. 税费
- 两税一费:营业税、城市建设维护税、教育附加费。
- 限制黏土砖使用保证金。
- 管理费。

5. 利润

三、影响房地产价格的因素

房地产与其他商品在本质上并没有多大区别,其价格主要受供求关系和开发商的成本影响,但是由于房地产产品的特殊性,其定价方式与其他商品比较,又有很多不同之处。

简单地讲,影响价格的因素主要有一般因素、市场因素和项目因素三个方面。

(一) 一般因素

一般因素包括土地价格水平、经济、环境、社会、行政和政策、心理和国际状况等宏观因素,它是影响房屋价格的一般的、普遍的、共同的因素,对房屋价格的总体水平产生影响。

1. 土地价格水平

房价中包含地价,地价隐含在房价中,是房价的基础。土地价格作为商品房价格的构成要素之一,对商品房价格产生影响。但土地价格与商品房价格并不存在绝对的相关关系,相反商品房价格在很大程度上也影响着土地价格。

2. 经济因素

影响房地产价格的经济因素,主要有经济发展状况,储蓄、消费、投资水平,财政收支及金融状况,物价水平特别是建筑材料价格的水平、建筑人工费用,居民收入、银行利率,房地产投资,特别是房地产的供求等。大体来说,经济发展速度越高,储蓄消费和投资水平越高,财政和金融状况越好,对房地产的需求就越大,房地产的价格也就越高。居民收入的真正增加意味着人们的生活水平将随之提高,其居住与活动所需的空间会扩大,从而会增加对房地产的需求,也会导致房地产价格上涨。

3. 环境因素

影响房地产价格的环境因素,是指那些对房地产价格有影响的房地产周围的物理性状因素。这方面的因素主要有声觉环境、大气环境、水文环境、视觉环境、卫生环境、交通环境等。

4. 社会因素

社会状况对房地产价格也有重大的影响。社会因素主要是政治安定状况、社会治安程度、房地产运行的状况、城市化的人口状况等。

(1) 政治安定状况

政治安定状况是指不同政治观点的党派、团体的冲突情况,现行政权的稳固程度等。一般来说,政治不安定,意味着社会可能动荡,影响人们投资、置业的信心,会造成房地产价格低落。

(2) 社会治安程度

社会治安程度,是指房地产所处地区小偷、抢劫、强奸、绑架、杀人等方面的刑事犯罪情况。如果经常发生上述犯罪案件,则意味着人们的生命财产缺乏保障,因此会造成房地产价格低落。

(3) 房地产运行状况

这里主要是指房地产投机问题，房地产投机是指利用房地产价格的涨落变化，通过在不同时期买进或卖出房地产，从价差中获取利润的行为。当房地产价格节节上升时，那些预计房地产价格还会进一步上涨的投机者纷纷抢购，哄抬价格，造成一种假需求，促使房地产价格进一步上涨。而当情况相反时，那些预计房地产价格还会进一步下跌的投机者纷纷抛售房地产，则会促使房地产价格进一步下跌。

5. 行政和政策因素

行政和政策因素主要是指影响房地产价格的制度、政策、法规、行政措施等因素。如土地制度，住房制度，城市规划、城市发展战略、土地利用规划等，房地产价格政策，房地产税收，行政隶属变更，特殊政策等。

6. 心理因素

人们的心理状态对房地产价格也有重大的影响。影响房地产价格的心理因素主要有：购买或出售心态、个人喜好、欣赏品味、时尚风气、接近名家心理状态、讲究门牌号码和土地号码的心态、讲究风水的心态、价值观的变化等。

7. 国际因素

现代社会，国际交往频繁，使得一国的政治、经济、文化常常影响有关的国家和地区。影响房地产价格的国际因素主要有国际政治状况、国际经济发展状况、国际军事状况、国际竞争状况等。

（二）市场因素

市场因素，是指对房屋价格产生重要影响的整体市场的供求状况、租售水平、目标客户的心理价格水平以及销售策划的策略把握和销售控制等因素。市场因素包括销售临近阶段的市场环境、周边楼盘及同质楼盘的供应和销售状况、楼盘自身客观条件、销售战略及销售进度安排、客户偏好和发展商的营销目标等因素。在房地产价值一定的情况下，房地产的价格取决于房地产的供求。在房地产供给一定的情况下，如果需求增加，房地产价格就会上涨；如果需求减少，房地产价格就会下降。在房地产需求一定的情况下，如果供给增加，房地产价格就会下降；如果供给减少，房地产价格就会上涨。由于房地产位置的固定性，使用方向变更的困难性，由此决定的房地产供求对价格的影响，主要是由地区内房地产的供求状况决定。

（三）项目因素

项目因素主要是指房地产自然或物理的性质等因素，即项目本身条件和特征对房屋价格有影响的因素。包括项目所处的位置、地质、地势、地形、土地面积、土地形状、日照、通风、温度、自然周期性灾害、交通状况、配套设施状况、建筑密度、自然环境、人文环境、建筑外形、车位、户型、朝向、结构、施工质量、物业管理、发展商品牌等因素。

另外,由于房地产不同的使用功能可给使用者带来不同的经济收益,其价格的主要影响因素也有差别。

1. 住宅房地产价格的影响因素

影响住宅价格的因素主要有:建筑结构、类型和等级,装修,设施与设备,质量,朝向,楼层,地段,环境,住宅楼的公用面积数,交易时间,交易情况。

2. 商业房地产价格的影响因素

商业房地产包括商场、购物中心、商铺和市场、旅馆、写字楼、餐馆和游艺场馆、娱乐城、歌舞厅、高尔夫球场等。影响商业房地产价格的主要因素有:地段繁华程度,交通条件,临街状况,内部格局,楼层,面积,净高,储存空间,装修和结构构造,转租的可能性,使用年限和折旧情况。

3. 工业房地产价格的影响因素

工业房地产主要包括厂房及工厂区内的其他房地产、仓库及其他仓储用房地产。影响工业房地产价格的主要因素有:交通条件,基础设施(电力供应、生产用水、排污及污染治理、通信条件等),地理位置、用地面积、用地形状、地势,地质和水文条件,厂房面积、结构、高度与设备安装情况。

第二章 二手房市场

二手房市场是伴随着房地产市场的发展而形成的。由于二手房种类的增多以及交易的日趋活跃,逐渐形成有规模的二手房市场。简单地理解,二手房市场即是二手房买卖的场所。二手房市场交易的基本原理以及运作程序与一般房地产市场有着共通之处,故本章在房地产市场有关理论基础上,进一步探讨二手房市场交易与管理的原理、原则以及二手房市场发展与完善等问题。

第一节 二手房市场概述

一、二手房商品

二手房是耐用品,有时需要购房者付出其一生的积蓄,因此购房者综合考虑各种因素后才能决定购买。我国开展二手房交易时间较短,对二手房的基本概念仍没有统一认识。随着二手房市场的进一步发展,二手房商品的概念会逐渐清晰起来。

(一)二手房的基本概念

本书所界定的二手房主要是居民住宅用二手房。

对二手房划分的标准也不统一,主要包括三种观点:第一种是以房屋是否已经使用过,有没有人住过;第二种是房屋是否从房地产开发商那里直接得到的原始房;第三种是房屋是否办理分户产权后才进入市场进行交易的。

第一种观点主要是购房者对房屋新旧进行评价的标准,常常要考虑房屋是否住过人、是否有过装修记录之类的因素,从而使自己获得讨价还价的筹码。使用过的房屋容易给人造成房屋较旧的感觉,也就成为购房者讨价还价的突破口。但是在实际交易中以是否有人住过作为评判标准是不科学的,只在特定情况下可以成为评估房价的一种参考因素。

第二种观点考虑的是一种特殊的交易情况,是交易双方为了合法地避税和减少缴纳过户费用,在办理分户产权手续之前进行第二次交易,因此这种观点基于市场实际发生的某种特殊事件,并不是市场的常态。在此情况下,是否从开发商那里直接获得的房产就成为判断二手房的一种标准,即"原始房标准"。

第三种观点是一般观点,只要办理了分户产权再进行交易的房产,就属于二手房,这种房屋在交易的过程中需要变更房屋产权,要受到法律的监督和保护,因此是否办理房屋的分户产权是区分新房和二手房的最常见标准。只要房地产到房地产管理机构办理变更手续,不论是第一次转手还是多次转手,不论是新房还是旧房,都应该属于二手房的范围。由于办理了分户产权,房地产经过了法律的有效监控和认可,房地产管理机构能够实施有效的管理,需要在办理房屋过户手续时按照法律缴纳相关税款,所以在政府管理下的房地产交易中心交易二手房时就采取可控的标准进行认定,即"分户产权标准"。

"原始房标准"与"分户产权标准"在实际中都有其应用价值,明确各标准之间存在的差异有助于照顾交易各方的利益,为不同类型交易者提供有针对性的服务,促进二手房市场的健康发展。

我们采用最常用的分户产权的标准进行定义。根据该标准,二手房是指已经由房屋土地管理部门颁发房屋所有权的有效证件,可以在住房二级市场上流通,获得产权的买方具有完全处置权力的房屋,主要包括商品房、私房以及经批准允许上市交易的已购公房、经济适用房等。

(二) 二手房的来源

国内二手房的来源渠道广泛,这主要是由于我国房屋产权的具体状况复杂、房屋所有权所属的主体差别较大所致。有的是单位自己修建的住房,然后按照各种方法分配给职工的福利房;有的是单位购买土地,由职工出资建设的集资福利房;有的是单位直接向房地产开发商购买,然后分配、租借或者转售于职工的房屋;有的是个人向房地产开发商、房地产经营公司、中介公司购买的新房,用于房地产投资转卖于他人;有的是居民向其单位购买的旧房;有的是个人之间交易形成购买关系的私房;有的是自然人向其他自然人购买的具有交易资格的公房等。

在以上种种二手房来源中,房屋的状况有好有坏,有新有旧,需要购买者仔细鉴别。由于不同来源的二手房交易手续复杂程度不同,所涉及的政策、价格和税费等方面也就有较大差别,需要购房者根据实际情况进行判断。

（三）二手房的种类

国家对二手房交易实行分类管理，不同种类的二手房有不同的管理政策和措施。

1. 按照二手房来源分类

按照房屋来源进行分类是一种最常见的方式，即使结构、样式完全一样的房产也会由于来源不同，其售价、讲价谈判的空间以及涉及的交易限制条款和手续也就会不同。因此了解二手房的来源，并按照国家相应法规进行交易，可以避免不必要的纠纷和损失。

(1) 房地产开发商出售的二手房

从房地产开发商处购买的商品房即使是没有人住过的房屋也可能是二手房。因为市场上存在着这样一种交易现象：其他购房者购买房产后，委托开发商通过售楼处转售获得投资收益。这种情况常常在新楼盘的销售过程中出现。

此种二手房的出现主要有两方面原因：一是房地产开发商为了迅速地回笼资金、提高房地产项目的售房率，通过提供代为买卖的服务鼓励房地产投资者先行购买，然后再协助其高价卖出获利；二是我国部分城市房地产价格年均增长速度超过10%，进行房地产投资能够获得较高收益，部分投资者利用房地产保值增值性强的特点进行投机。此类二手房一般没有人居住过，与从开发商处购买的新房有着相同的使用价值，但需要注意此类房地产产权是否清晰（有无房地产纠纷或者抵押的情况）以及房地产开发商的"一房二卖"的欺诈行为。

(2) 房地产经营公司出售的二手房

房地产经营公司可以选择三种模式经营：一是自己开发房地产项目，进行自产自销，不做其他的开发商的代理；二是专做房地产转售业务，并不开发房地产项目；三是房地产开发和转售兼而有之。房地产经营公司的二手房一般来自于转售业务，通过购买全部或者部分房屋产权的方式先取得房屋所有权。

房地产经营公司购买某项房地产项目中全部或部分房产的产权，然后再在二手房市场上销售。房地产开发商考虑到快速地回笼资金、房地产销售的周期长、销售费用较高等因素，在保证一定利润的基础上把房地产项目直接销售给专业的房地产经营公司。由于房地产开发商省去了销售费用，故房地产经营公司能够获得较低的原始房购买价格，能够通过销售获得销售利润以及相应的增值收益。

(3) 中介公司出售的二手房

在二手房交易过程中，中介公司主要是为交易双方传递买卖信息，撮合买卖双方达成交易,并赚取相应的中介费用,有时也帮助交易双方办理相关的手续和提供咨询服务。随着房地产市场发展,房地产中介公司已经不满足仅仅赚取中介费用,有实力的中介公司会逐渐向房地产经营公司转变,通过代理房地产销售活动赚取收益。某些规模较大的中介机构甚至直接收购二手房,并利用自己的渠道优势向消费者转售,从而赚取房地产增值收益。

(4) 单位出售的二手房

单位建设房屋是中国特殊国情下的产物,是单位"办社会"体制留下的后遗症。随着各类企业和事业单位成为独立核算的经济主体,单位建设以及维修二手房的费用已成为其沉重的包袱。国家从政策上已经允许单位出售二手公房,随着政策进一步放宽,二手公房在二手房市场上的比重也会越来越大。单位出售的二手公房可能仅仅面向自己单位职工,即由单位内部出售;也可能是由保险公司、法院拍卖单位的房产;某些符合政策的二手公房可以直接通过二手房市场进行交易。二手公房走向市场的形式会随着房改的推进、按揭贷款业务的发展以及企业改制程度的深化而逐渐多样化。购房者在购买此类二手房时中注意:坚决杜绝从单位套购二手公房,这种做法是违反相关规定的,交易行为是无效的,会受到法律制裁,造成不必要的损失。

(5) 私人出售的二手房

私人出售的二手房是二手房市场交易标的物的主要来源,交易数量也最大。由于我国国情特殊,私人出售二手房的种类多而复杂,主要包括以下两种类型:

① 私有住房

私有住房是相对于单位公房和房管所直管公房而言的,包括祖传的私有住房和商品房。祖传私有住房是指改政策制定前就已经属于私人拥有的房产,属于继承财产的一部分;商品房是指直接从房地产公司或者房地产市场按照市场价格购买的、产权为个人所有的房产,包括从保险公司、法院拍卖所得的房屋。

② 房改房

近年来,房改房在二手房市场的交易最为活跃。房改房一般是国家机关、国有企事业单位在进行住房改革过程中,按照国家房改标准和一定的原则,出售给个人的分配或者即将分配的房屋。现在主要有四类房改房。

第一,全产权有交易限制的房改房。我国房改政策起伏性很大,各个地区之间的房改房政策也存在着差别,集中地体现在购买二手公房之后所获得的优惠不同,这主要是各个地区、不同单位之间的具体情况不同所导致的。由于二手房市场价格要随市场行情而定,为了减少损公肥私、国有资产流失、住房分配不公等改革中存在的缺陷和弊端发生,不得不对房改房进行一定的限制。虽然有些居民已经获得了公房的全部产权(包括所有权、使用权、出让权、收益权等),但是还不能在二手房市场上进行无限制的交易,要根据不同地区、不同时期出台的补救矫正政策和规章进行交易,因此要具体问题具体分析。

第二,全产权无交易限制的房改房。由于房改房的具体情况比较复杂,有的房改得到的优惠也有限。为了促进房改的顺利进行,激活房产二级市场,政策中明确规定部分符合条件的全产权二手公房交易没有任何限制,与二手私房或商品房交易的管理差不多。

第三,部分产权的房改房。在旧体制下,房屋作为一项单位的福利分配给职工,职工象征性地缴纳部分费用,职工和单位各自拥有部分产权,具体比例也由于不同单位的不同政策而有所差别。部分产权房改房涉及个人、单位、国家等多方面的利益,此类房产上市交易需要获得房屋产权各方的一致同意才能进行,具体的交易方式须按照各地出台的最新政策执行。

第四,集资房。集资房是依据国家相关政策,由单位补贴、职工部分出资合资修建或者购买的住房。此类住房视产权关系的具体情况而定,不同单位对集资房产权作了不同规定,有全产权的,也有部分产权的。

2. 二手房的其他分类形式

(1)按照二手房的成色进行分类

二手房可以按照其新旧程度——几成新来表示,这是一种直接说明房屋使用程度的分类形式,在交易中也比较常见,因为房屋的新旧程度影响居住者的心情和感觉,决定房屋的剩余使用寿命。对二手房成色的判断一般需要根据行业经验构建评价指标体系进行模糊评估,需要具体问题具体分析。一般情况下,建筑完工时间较短的二手房成色比较好。需要注意的是,同一时期完工的房屋也因当时的施工质量、装修程度、保养程度不同,成色有较大差异,需要综合各种因素全面评价。

(2)按照二手房所在的地理位置进行分类

可以分为城市中心区二手房、城乡接合部二手房、郊区二手房。按照地理位置进行分类有利于购房者根据自己的用途和经济状况进行选购。城市中心区的二手房交通便利、生活方便,但价格偏贵;城乡接合部和郊区的二手房则价格相对便宜,交通和生活设施却不如城市中心区便利。

(3)按照二手房的用途分类

可以分为商用二手房、居住用二手房、商住混合二手房。商用二手房主要用于经营,居住用二手房主要用于居民居住,商住混用二手房一般上部为居住、下部为商用。

二、二手房市场

(一)二手房市场的界定

对房地产市场进行细分,可以划分为房地产市场一级市场、房地产市场二级市场、房地产市场三级市场。一般将房地产开发商从政府直接购买土地用于房地产开发的市场为房地产一级市场;购房者从房地产开发商处购买房屋的市场称为房地产二级市场;购买房屋后对存量房产进行转让的房地产交易市场为房地产三级市场。存量房产包括已经购买的商品房、经济适用房以及已购公房。

对房产市场进行细分,可以划分为住房一级市场、二级市场、三级市场,每类市场包括不同的房地产市场范围。住房一级市场是指新建商品房的买卖市场,即购房者从房地产开发商那里直接购买房屋的交易市场;住房二级市场是指对存量房产的转让交易市场;三级市场是指存量房产的租赁市场,其交易对象包括产权住房的租赁、有使用权的公有住房的转租和转让(在有些地区,对于有使用权的公有住房的转租和转让已经开放,有些地区已经进行试点,有些地方仍然禁止)。

通过对房地产市场和房屋市场的定义,我们可以发现,房地产中的二级市场与住房一级市场的概念范围基本相同,房地产三级市场与住房二级市场的概念范围基本相同。二手房交易应该属于房地产三级市场、住房二级市场的交易范围。

(二)二手房市场的特点

1. 对二手房信息的需求量大

二手房市场交易是建立在充足信息的基础上的,供求双方都需要掌握尽可能多的信息,并结合自身经验以及交易原则,对信息进行筛选和甄别,确定候选交易对象。交易信息主要包括房屋信息(面积、建筑情况、地理位置、价格、产权等)、同类已交易房屋信息、历史交易信息以及政策法规信息等。

2. 交易周期长于普通商品

二手房买卖毕竟不同于一般的商品买卖,对于一般的商品而言,购买者只需要观看商品的性能、形态,在现场即可决定是否购买或者对商品进行评价,形成一定的主观印象。而二手房交易则不同,从一开始引起购买者关注到最终交易完成,买卖双方需要就有关问题进行反复的协商、谈判和调查,直到二手房产权过户、售房者收到足额房款时,交易才算完成,这一过程有时长达几年时间。

3. 消费群体的局部性

二手房并不是针对所有的消费人群,能够购买二手房的人群必须具备一定的条件。一般的二手房消费者多是具有一定经济实力但购买新房尚有难度的工薪阶层和外地务工人员,购房时也多考虑房屋的价格因素;有经济实力但考虑交通、居住等使用方面条件的购房者也是二手房重要的购买者。

4. 产品的"过时性"

二手房是相对于新房而言的,其房屋构造、建筑样式、建筑布局、装修理念和技术等都相对陈旧,已经不符合最新的消费观念,因而具有"过时性"的特点。

5. 房源的限制性

我国二手房市场的发展潜力很大,但到目前为止能够真正进入二手房市场的房源却不多,大量的公有住房还未允许上市交易,这也就限制了二手房市场的交易规模。随着二手房市场的发展以及政策的逐渐放开,进入二手房市场的房屋会逐渐增加,房源限制也会逐渐取消。

第二节 二手房市场构成与要素

一、二手房市场构成

二手房市场也是由不同的组成部分构成的,每一部分都有其主要的侧重点。

(一)按照二手房所处地理位置划分

按照二手房所处地理位置划分,二手房市场由城市、郊区和乡村三大市场构成。

二手房所处的地理位置有所差别也就形成了二手房市场内部也存在城市、郊区、乡村市场。地理因素使城市、郊区、乡村二手房市场有很大的差别。

1. 城市二手房市场

城市二手房市场,是指我国居民出售(或出租)的位于城镇地区范围内的二手房房产。其主要的特点是,位于城市区域内,能够享受城市所提供的各种卫生、市政、交通等服务设施,生活、经商、办公条件便利,但一般交易价格较高。城市二手房市场包括城市二手房销售市场和城市二手房租赁市场。二手房销售市场主要是以二手房产权买卖为目的的房地产市场,二手房租赁市场主要是以二手房在一定期限内的居住、办公、商用权为交易目的。

2. 乡村二手房市场

乡村二手房市场,是指我国居民出售(或出租)的位于乡村地区范围内的二手房房产,一般由房屋、院落等构成。其位置在乡村地区,一般用于居住,其他用途包括养殖、开店等。由于农村地区的交通、卫生等条件相对于城市有较大差别,生活水平较低,二手房一般在农村居民内部进行交易,价格相对于城市二手房价格较便宜。乡村二手房市场也有买卖市场和租赁市场的区分。

3. 郊区二手房市场

郊区二手房市场是指位于城市边缘的,处于城乡接合部的二手房房产。郊区二手房市场所提供的二手房一般处于城市延伸处,能够享受城市所提供的一定的城市市政、交通等便利条件。随着城市扩大化,这些处于城市边缘的区域就可能成为城市的一部分,其生活条件将与城市的生活条件几乎没有差异,所以具有较大的升值潜力空间。郊区二手房主要用于出租,主要面向城市中的外来务工者。

(二) 按照二手房的用途划分

按照二手房的用途划分,可以分为居住用二手房市场、办公用二手房市场、商用二手房市场。

房屋的用途一般要严格按照用途进行使用,按照用途使用房产是政策严格规定的,对于改变房屋用途的需要向房屋管理部门申请备案。

1. 居住用二手房市场

居住用二手房市场主要是交易以居民居住为主要目的的二手房市场。此类市场是二手房市场的主体,其交易量占二手房市场交易量的绝大部分。

2. 办公用二手房市场

办公用二手房市场主要是交易用于办公的二手写字楼、商务楼、办公区的市场。包括产权交易和租赁两种情况,一般以租赁办公用二手房为常见。办公用二手房的位置一般位于城市的核心商务圈内,价格较高。

3. 商用二手房市场

商用二手房市场主要是交易用于经营商业的二手房市场,也包括居民区内的用于商业用途的底商。一般以租赁为主,分布广泛。

(三) 按照享受的政策差别划分

按照享受的政策差别划分,可以分为二手商品私房、再上市的已购公房、再上市的经济适用住房。

二手房中有许多是在计划经济时期兴建的福利房产,享受国家优惠政策,这是我国特殊的国情所致。不同类型的二手房使二手房交易需要遵循不同的交易规则,二手房市场被划分为不同的组成部分。

1. 个人私房交易市场

个人私房市场的主要交易对象是个人或家庭购买、建造的住宅。在农村,农民的住宅基本上是自建私有住宅,因此,农村的二手房交易市场基本上是个人私房交易;在城市,个人私房交易市场是公有住房通过住宅消费市场出售给个人和家庭的转为私有住宅、个人自购商品房。随着住宅商品化的推进、城市私有住宅的比重将会随着房改的推进而不断提高,城市个人私房交易市场会逐渐扩大。

2. 已购公房交易市场

再上市已购公房交易市场的主要交易对象是首次上市交易的已购公房、危改回迁房、合作社集资建设住房、安居房、康居房、绿化隔离地区农民安置住房六类具有保障性质的住房。此类房产主要是城市内享受一定国家政策的房产。

3. 经济适用住房交易市场

再上市经济适用房交易市场目前交易对象的基本类型主要包括平价房、安居房、解困房等。经济适用房交易市场是供符合政策的交易双方买卖特定经济适用房的市场。

4. 房屋置换交易市场

房屋置换交易市场是由房产交换行为所形成的特定市场,交易规则有其特殊性。在该市场交易过程中,实际上交易双方同时实现了房屋卖出再买进新二手房的行为,将两种交易行为合并在同一市场内进行。

二、二手房市场要素

二手房市场是用来交换各种二手房的场所以及各种交换关系的总和,是一种引导社会二手房资源合理配置、正确处理二手房交易关系的一种机制。二手房市场的要素主要包括交换对象(二手房)、交易信息、供给主体(二手房卖方)、需求者(二手房买方)、中介机构(或独立经纪人)、运行规则和监管机制。优化和合理配置这些要素,使它们之间保持有机的联系和有效的合作,促进二手房市场的逐渐完善。

(一) 二手房市场的交换对象

二手房是在二手房市场上流通的交易对象,是买卖双方交易的标的物。二手房作为二手房市场的交易转移的对象主要具有以下几个方面的特征:

● 有形性。即二手房商品本身是以实物形态存在的,购买者可以直接通过感官直接判断其质量好坏。

● 私有物品性。二手房商品的产权应该属于私人,具有竞争性和排他性,商用、办公和居住用二手房都由个人或者法人持有。虽然我国曾经将房屋作为公共财产,但是近年来逐渐推行房产产权私有化进程,使房地产具有私有财产性质。

● 复杂性。二手房商品不仅仅包括其房屋本身,还包括其相应附带的权利、周边环境、人际关系等,二手房商品转移这些附带的也相应地转移。在二手房市场中,二手房是被用来交换的对象,也是最关键、最活跃的市场构成要素,二手房的特征决定二手房市场的特征。

二手房的特征决定了交易标的物是一种不可移动的,但是其价格是可以量化的,因此供需双方在交易时需要考虑其存在的时空范围,是一种有形物的交换行为;二手房作为交易对象允许竞争性的交易行为,即二手房的供给方与需求方并非单一对应,同一二手房可以允许众多需求者竞价购买,某一需求者可以有多处二手房可供选择,二手房市场是一种需求多元化市场;二手房的质量水准决定二手房的基本价格,同时,二手房的商品特性决定了二手房市场必须以按照价值规律为基本规律;二手房供需双方难以处于平等的地位,因此与供需双方可以反复讨价还价,二手房商品的交易价格很大程度上受谈判力影响;除了二手房商品所拥有的价值外,还包含环境、交通、市政等外部设施的其他因素的影响。

(二)二手房交易信息

二手房交易信息是二手房买卖双方寻求交易的意思表示通过一定的渠道传递出来而形成的信息。二手房信息是不对称的:二手房买卖双方分别拥有各自特殊的权利和地位,每一方都掌握相应的主动权,双方提供什么、提供多少信息以及如何提供信息基本由各自决定,而且二手房交易双方往往得不到全部、及时甚至是真实的信息;卖方掌握着二手房的基本信息,买方掌握着支付能力的信息,而且双方都有隐藏信息的动力。获得二手房信息的成本是不确定的,作为一种二手房商品的附加产品,信息在其生产和提供过程中,需要耗费各种人力、财力、物力,包括收集成本、加工成本、审查核对成本、报告成本等,它们都与二手房市场信息的生成和提供有关,提升或降低二手房信息的质量可以是隐秘的行动,因而无法准确计量信息的价值。

(三)二手房的供给主体

二手房的供给主体是拥有二手房产权(使用权)、取得完全处理二手房的权力的企业法人、自然人或者它们的联合体。二手房的供给主体是一种掌握权力的主体,其提供二手房实际上就是把二手房的占有、使用、处置权力推向二手房交易市场,以权力获取相应的利益。二手房的供给主体拥有制定二手房交易价格的权力,其心理预期影响二手房交易价格的形成。二手房供给主体提供二手房时是遵循成本效益原则的,也就是说,其提供二手房是有成本的(取得、维护、升值等),二手房的供给主体是经济人只能在边际成本(MC)小于、等于边际收益(MR)时才可能提供一定数量的二手房。

二手房的供给主体主要存在以下的交易动机:
- 套现需要。即需要出售二手房获得现金用于其他活动。
- 房屋升级需要。二手房居住条件不能满足所有者的要求,需要购买新房提升生活档次。
- 投资需要。在二手房交易价格较高时出售收回投资获得收益。

(四)二手房的需求者

二手房的需求者是对二手房有购买需求的法人或者自然人。需求者一般都持有相当的货币(房地产置换例外),具有购买二手房的能力。二手房需求者寻找其性价比满意的二手房进行购买,也具有其特定的心理预期。

构成二手房需求者的人群可以分为:普通住户与投资者,且基本住户的占比远远高于投资者。普通住户人群主要包括拆迁户(利用拆迁款另购)、准备结婚的年轻人(寻找稳定的居所)、调整楼层的老年人(生活便利)、工作久久的上班族(资金实力不雄厚)、外地经营生意者(经营便利、城中心位置),其主要购房动机是居住、办公、自己经营。

投资者的基本成分比较单纯,主要为经济宽裕者,其动机是投资获利,并不是以居住为主,而是保证所持资金的保值升值。二手房投资者中,短期投资者是二手房市场的交易的重要力量,尽管所占比例不大,但短期内获利的巨大性吸引了投资者的加入,这类人短期内房屋交易转换快,交易频繁,这些人利用市场机制并借助一些媒体的大肆渲染,直接造成部分甚至局部地区房价的攀升。

(五)中介机构(或独立经纪人)

在二手房市场上,二手房售房者是二手房的唯一提供者,中介机构是售房者发布信息或者交易的代理人,二手房出售必须经过所有者的授权。现在的二手房交易市场中,一般是通过经纪人作为二手房买卖双方沟通的主要桥梁。二手房经纪人从二手房交易的过程中获得佣金收益。中介机构实质上是一个独立于售房者和购买者的第三方,其目的是把受托人(售房者)的二手房向二手房市场传递,履行促进交易的义务。中介机构二手房交易服务质量是委托人对经纪人评价的主要尺度,而经纪人会按照交易标的额按比例收取佣金。经纪人会关心二手房的交易状况,基于权力方面和利益角度考虑,有可能干预或左右二手房售房者的行为,但是不能改变二手房的供给者是企业法人、个人的事实。

(六)运行规则

二手房市场的运行规则,是指二手房市场运行所应遵循的原则和规范,一般由市场交易过程中自发形成。二手房市场运行的基本规则包括：

1. 价值规律原则

二手房市场运行必须遵循价值规律，价值规律对市场具有调节、激励、分化的作用，形成了二手房市场价格波动。

2. 开放原则

二手房市场是开放的市场，各种交易者能自由地进入市场，形成真正的竞争。虽然我国二手房市场刚刚起步，某些二手房仍然是限制交易的，但是随着产权逐渐明晰，二手房市场的开放性会得到满足。

3. 平等原则

市场平等是市场运作的起码要求，保证市场实现平等竞争。在二手房市场中，买卖双方不论其所有制性质、规模大小、力量强弱，都应该有平等的竞争条件，享受大致相同的权利和承担大致一样的义务。

4. 诚信原则

这是参与二手房市场交易的基本原则。由于二手房交易所涉及的款额巨大，交易主体必须做到价格公平、服务周到、信守合同、诚实可靠，否则市场运行将受到道德危机威胁。任何随意毁约、欺骗交易对方的行为，都应受到法律的惩罚，受到舆论的谴责。

5. 合法竞争原则

二手房买卖各方、中介组织都应该严格遵守国家的有关法律、法令和政策、方针，在国家法律允许的范围内开展竞争，遵守财经纪律和物价、税收政策，否则将损害二手房市场的整体运行效率。

（七）监管机制

二手房市场是受政府监督与管理的，政府的市场监管机制保证了二手房市场的健康顺利运行。政府的监管机制主要从以下几方面发挥作用：

1. 政府间接干预市场

政府通过市场宏观调控控制市场失灵的发生，促进资源有效配置，防止二手房市场初创时期的过热现象造成资源的浪费，主要手段包括税收调节、规费调节等。

2. 法规监管

政府通过制定一系列法规，规范二手房市场的交易行为，保证二手房市场交易主体的正当权益。

3. 准则监管

通过制定二手房市场行为准则，规范二手房交易主体。重点规范二手房合同、产权、交易主体资质等方面。

4. 发挥政府的公共管理职能

二手房市场主要目的是帮助解决人们正常的居住需要,因此要限制投机性的投资,政府要稳定住二手房市场的价格,发挥满足普通居民需要的作用。

另外,二手房市场的监管也需要通过市场内部监管进行,市场内部监管信息来源广泛,容易了解市场真实运行状况,监管作用效果直接。过度的政府监管会增加全社会的管制成本,也会扼杀二手房市场提供准确信息这一功能,在适度的政府管制下,仍需进行适当的市场监管。二手房市场监管应由房地产行业协会承担,监管对象为交易双方所提供的信息,对信息的质量负责。监管时主要依据基本的二手房交易法规、准则、制度等,保证二手房市场的有效运作。另外,通过市场道德监管,通过对交易主体的道德建设发挥市场参与者的自律作用。

第三节 二手房市场运行机制

二手房市场也是一种商品市场,二手房市场的运行也是遵循一般商品市场运行的规律。二手房市场的运行是由二手房市场的供给与需求两方面的综合作用来支撑的,二手房市场运行是在不断地满足与被满足过程中实现的。

一、二手房市场的供给与需求

(一)二手房的需求

二手房的需求,是指购买二手房的消费者在一定时期内在各种可能的价格水平下愿意而且能够购买的二手房的数量。如果某消费者具有购买二手房的意愿却没有购买能力,就不应该属于有效需求,有效需求必须是既有购买欲望又有购买能力的需求。

1. 影响二手房需求的因素

二手房的需求数量是由许多因素共同决定的。主要的因素包括二手房商品的价格、购买者的收入水平、相关商品(一般指新房)的价格、购买者的偏好、购买者的价格预期、政府政策等。

(1)二手房商品的价格

一般情况下,二手房商品的价格越高,对于其需求量就越小。反之,二手房的价格越低,购买量就会相应放大。但是二手房商品价格一般不可能低于其成本,虽然此时的需求量会增加,但一般情况下不会出现,除非出现重大的市场萧条、售房者有重大的变故等。

(2)购房者的收入水平

对于二手房商品来说,属于大宗交易品,其价格一般是普通居民年收入的几倍到几十倍,但是随着购房者的收入水平提高,原来不能购买二手房的消费者会加入到购买者的行列,从而增加了对二手房商品的需求。相反,当购房者的收入水平下降,就会使一部分原来能够购买二手房的购房者放弃购买。

(3)相关商品价格

如果二手房商品价格保持稳定,而市场上提供的新房数量增加或者价格下降,原来一部分准备购买二手房的消费者转而购买新房,对于二手房的需求就相应下降。

(4)购房者偏好

随着城镇建设速度的不断提升,城市规模逐渐扩大,新房数量逐渐增加,但是新房的建设地点一般在城市的边缘或者旧城区改造后的地段,城市边缘的新房交通等生活设施不够完善,旧城区改造后的地段的新房价高且喧闹,而二手房一般都在交通设施便利的地段,缺点就是房屋结构等方面过时。购买者根据自己的喜好权衡利弊,选择自己所需要的房屋,对某一种偏好增强就会增加对某类房屋的购买量。

(5)购房者对二手房商品的价格预期

从整体上来说,随着我国居民生活水平的提高,居民换房的可能性逐渐增加,因此居民预期未来二手房商品价格有可能出现下降的趋势;从某一局部上来说,具有相当优越地理位置条件的二手房在未来周边环境逐渐完善的情况下,可能出现购买集中的现象,这样就促使购房者对未来可能升值的二手房进行投资性购买,从而扩大需求量。

(6)政府政策

二手房市场也存在着内部失灵的问题,需要政府加以宏观规范。政府通过出台一系列法律法规进行约束,提高或者降低交易门槛,从而调节二手房市场的需求。例如:2006年北京市实行了5年以内的房屋转让全额征收营业税的规定,6月份的二手房交易量相比5月份下降了24%,其中房龄在5年的二手房成交量下降幅度更为显著,环比下降幅度达到了32%,可见政策影响较大。

2. 二手房需求的基本特点

(1)价格与需求量呈负相关

在单纯考虑二手房价格与需求量的关系时,二手房价格的上升将引起二手房交易量的下降,反之,二手房价格的下降将引起二手房交易量的上升。

(2) 需求弹性较大

二手房商品是一种价格极高的商品,需要购买者花费多年的积蓄,因此购房者一般极其谨慎,一旦出现政策转向、未来预期趋恶的情况就会放弃购买,可能改为租赁房屋观望二手房市场的动向。此外,二手房价格即使提高很小的幅度,这增加的幅度也需要购买者进行长期的积累,因此,二手房价格的提升可能引起短时期内的需求量迅速下降。

(3) 需求可实现

不同购房者的心理承受力不同,从而在每一价格点上均能够寻找到合适的买方。只不过是总需求量上出现下降的趋势。

3. 二手房的特色需求

二手房作为一般商品也有其特殊性,购买者在购买二手房时对二手房本身的因素的考虑也是很重要的,这些需求是附加需求,主要包括便利的交通、方便的购物环境、优良的生态环境、和谐的人文环境和合适的商业氛围。这些需求对二手房的价格有一定的影响。

(1) 交通便利依然是购房需求者考虑的首要因素

由于购房者还要涉及未来上班工作、生活、子女入学等,交通便利一方面能够给人们在出行时带来极大的方便,另一方面能够节约人们大量的时间成本、交通成本等,同时还可带来巨大的升值机会。因此,交通是否便利仍然是购房人群的第一考虑因素。

(2) 生态环境日益受到重视

随着人们生活水平的逐渐提高,对居住生活品质的要求也在逐渐地形成,除了要满足基本的居住条件要求,还要达到居住舒适的要求,以保证身心健康。

(3) 购物方便和人文环境是重要的考虑条件

这是购房者对保值增值的要求所致。众多的购房需求者一般认为,生活便利和良好的生活氛围能够吸引其他的购房者的到来,从而使自己的房产具有良好的升值前景。

(4) 商业氛围要合适

作为居住需求,最主要的是能够有宁静的感觉,商业氛围较浓的地方其价格相对比较高且嘈杂,并不太适合居住的要求。

(二) 二手房的供给

二手房市场的供给,是指二手房售房者在一定时期内在各种可能的价格下愿意而且能够提供出售的二手房数量。如果某售房者具有出售二手房的意愿却没有提供出售的能力,就不应该属于有效供给,有效供给必须是既有欲望出售又有出售处置能力的供给。

1. 影响二手房供给的因素

二手房的供给数量取决于多种因素的影响,在这些因素的综合作用下形成了二手房的供给。其中的主要因素包括二手房商品的价格、二手房取得成本、房地产业建造技术水平、相关商品(一般指新房)的价格、提供者对未来的预期和政府相关政策。

(1)二手房商品的价格

一般情况下,二手房商品的价格越高,对于其供给量就越大。反之,二手房的价格越低,购买量就会相应缩小。二手房商品价格一般不可能低于其成本价格出售,除非出现重大的市场萧条、售房者有重大的变故的情况下少量出现。

(2)二手房取得成本

售房者的二手房要么是购买的新房,要么也是从其他人处购买的二手房,这些都需要花费取得者一定的成本。对于任意二手房的出售一般都是按照市价进行评估,如果二手房的评估价格低于二手房售房者的取得成本,那么售房者会选择观望。

(3)房地产业建造技术水平

房地产行业也是在不断进行技术改造的,如果新建商品房的建造成本、土地取得成本大幅下降,取得新的房屋的价格下降,更多的购房者将选择购买新房,而二手房的价格因新房的大量建造而失去市场。

(4)相关商品价格

如果二手房商品价格保持稳定,而市场上提供的新房数量增加或者价格下降,原来一部分准备购买二手房的消费者转而购买新房,二手房价格出现下跌,对于二手房的供给就相应地下降。

(5)售房者的预期

随着我国居民生活水平的提高,居民换房的可能性逐渐增加。居民预期未来二手房商品价格有可能出现下降的趋势,但是就某一具有相当优越地理位置条件的某二手房,在未来周边环境逐渐完善的情况下,可能出现现期出售降低的现象,以待未来该地区逐渐兴旺之时再出售。这样就促使售房者对未来可能升值的二手房进行投资性保留,从而降低供给量。

(6)政府政策

政府政策一般对二手房市场的冷热进行反向调节。当二手房市场出现过热的情况下,政府通过设置较高的交易规费减少售房者利润,减少供给量;当二手房市场出现过冷的情况下,政府通过一系列利好消息,扩大二手房来源。

2. 二手房供给的基本特点

（1）价格与供给量呈正相关

二手房价格越高，二手房的供给量越大。这主要是由于二手房价格的上升超过了某些售房者的心理底线，刺激了二手房售房者进入市场，从而增加了二手房的供给。

（2）二手房供给具有最低限价

二手房供给的价格在某一点以下时，二手房供给曲线将出现断点，即在某一价格以下市场无人愿意出售二手房，虽然市场上有需求，但是不会出现供给，售房者一般会等待价格回升之后再进行交易。

3. 二手房供给的特殊性

二手房的市场供给也因二手房本身的性质具有许多特殊性，主要包括以下内容：

（1）二手房供给转向迅速

由于市场交易价格、政策等因素限制二手房交易的发生，那么二手房售房者为了避免损失，可以将所持有的二手房转为出租房，当市场回暖后再进行出售。二手房售房者可以利用自己的权利选择是租还是售。

（2）个案交易仍然能够成交

一些逆市场而动的个案交易因售房者的个人原因而出售，主要是那些急转房。急转房是指业主由于某种特殊原因需要在极短时间内出手的房屋。

（3）不同区域二手房供给差别较大

在不同区域内可提供的二手房的数量和质量有较大的差别，在传统的老居民区内，可供转让的二手房相对较多，而在新房较多的城镇边缘，一般以出租房为主，可供交易的二手房数量不多。

（4）二手房市场形成多样化市场供给

二手房市场供给不仅仅有个人私房，某些符合政策的已购公房、经济适用房都允许上市交易，二手房的来源趋于多样化。

二、二手房市场均衡价格形成机制

在二手房市场上，价格是交易者之间相互联系和传递信息的方式，并且价格也是以一定的方法促使经济资源得到有效的利用。当某一类二手房是稀缺的、昂贵的，那么这种二手房所表现出来的价格也是较高的；作为二手房的提供者，他们会想方设法增加对此类二手房的供给，而作为此类二手房的需求者，则减少此类二手房需求或者对此类二手房持币观望。二手房的购买者和售房者的经济行为的相互联系表现为二手房供给市场和二手房需求市场供求关系的相互作用,正是这种关系相互作用形成了二手房市场的均衡价格。任何二手房商品价格都是由需求和供给两方面因素共同决定的。

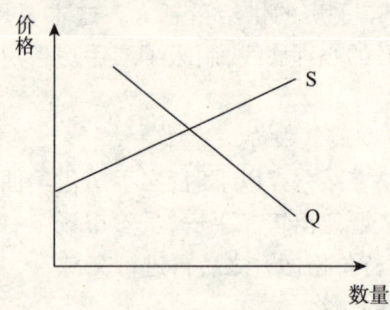

图 2-1　二手房市场均衡价格形成示意图

二手房均衡价格是二手房商品在市场中由一定的条件的相互作用下而达到的相对静止的状态。二手房市场的均衡价格形成是由市场上买方力量和卖方力量两种相反力量综合作用的结果。需求线(Q)说明了购房者对二手房在每一价格条件下的需求量,供给线(S)说明了售房者对二手房商品在每一价格下的供给量,两种力量相互作用和抵消使在二手房市场中的各个方面的愿望都能够得到满足。在二手房市场上也存在着整个市场的一般均衡和区域市场的局部均衡,前者是整个二手房市场的供求与价格之间关系的均衡状态,后者是单个市场或者部分市场的供求与价格之间的关系的均衡状态。一般均衡的实现是各个局部二手房市场都达到均衡才可能实现的,因为各个二手房局部市场之间也存在供求和价格相互影响的情况。

二手房市场均衡价格的形成是二手房的市场需求量和供给量相等时候的价格,在此价格下相等的供求数量就是市场均衡数量,此时二手房市场呈现出清状态。均衡价格是二手房市场上两种相反力量共同作用的结果,是市场供求力量自发调节下而形成的。当市场偏离均衡价格时,市场就会出现需求量和供给量不相等的非均衡状态,但随着市场机制的调整,这种非均衡状态会逐步消失,实际的市场价格就会自动恢复到均衡价格水平。在其他条件不变的情况下,需求变动分别引起均衡价格和均衡数量的同方向的变动;供给变动能够分别引起均衡价格的反方向变动和均衡数量的同方向的变动。需求变动和供给变动都是在二手房价格不变的前提下由于其他因素变动所引起均衡数量的变动。

我国现阶段二手房市场呈现很明显的需求大于供给的状况,二手房市场的供给量和需求量出现很大的缺口。这不是市场因素造成的,而是由于市场健全度不够、二手房政策仍不允许某些二手房上市交易等因素造成的。

二手房市场现阶段的价格仍然有所失真,需要二手房市场完全放开之后,实施市场主体完全按照市场运作方式运作。

第四节　二手房市场的发展与完善

一、二手房市场发展的主要特点

同前几年相比,近年来中国的二手房市场明显呈现出以下几个新特点:

(一)二手房源趋于丰富化

首先,全国主要城市的二手房市场都出现了较大程度的放量;其次,二手房源在房屋类型、样式、品质方面都比以前丰富,大量二手商品房、二手公寓和二手别墅通过各种途径流入市场,改变了以往普通民宅、老式居民楼一统天下的局面。这一变化反映了随着人们生活水平的提高,"置业升级"的新消费观念正在形成,同时也反映了宏观调控对房产投机的挤压开始见效,部分投机者因收益空间缩小或资金压力而提早将手中的房屋出售套现。以北京为例,虽然已购公房依然占据市场主导地位,但二手商品房、经济适用房也开始占据市场的重要份额。

(二)购房人群趋于多元化

丰富多彩的二手房源充实了存量房市场,扩大了消费者的选择空间,同时也带动了购买人群的多元化。根据全国二手房市场的交易情况看,购房人群除了拆迁户、外来人口和低收入家庭外,一些中等收入甚至较高收入的潜在新房购买者也因为受新房价格上涨的影响或改善居住、置业投资等需求被吸引到"物美、质优、价廉"的二手房市场中来,而且其比重随着市场变化和消费心理的日渐成熟还有不断上升的趋势,购房人群日益多元化。

(三)消费需求趋于升级化

当前二手房市场的另外一个明显特征,就是房产消费正在从基本需求型向追求舒适型过渡,使原来以低端需求为主的二手房市场出现了中、高、低端市场需求并存的局面。首先,表现为人们对所购房屋需求面积的扩大。以北京为例,2008年在购房户型的选择上,二居室和三居室的比重达到了82.06%;其中供应总量丰富、使用性价比高的二居室依旧为市场的主打产品。其次,购房者对住房品质的要求也越来越高。日前北京市房地产业协会对北京市居民居住状况的调查结果显示,在受访家庭当中,有53.7%的有房者在5年内有再购房以改善住房条件的打算。另外,社区的人文环境、生态环境日益成为影响购房者作出购买决定的重要因素。出现这一现象的原因,一方面是因为生活水平提高后人们对生活质量的自然追求;另一方面,也是因为随着新房价格的大幅上涨,带高消费者对二手房的心理价位。

(四)热点区域趋于扩大化

二手房交易的热点区域正从传统的老城区向新城区扩散、从城市中心区向城市边缘区扩散。如北京除朝阳和海淀这两个老的交易热点外,丰台、通州、昌平和大兴也都有不俗的表现;上海除了以往的浦东、徐汇、闵行依然是成交的主力区域外,杨浦、宝山、闸北都正在成为新的热点区域;杭州除了西湖区、拱墅区继续占据成交绝对比重外,滨江区的成交量也蹿升强劲。随着城市建设步伐的加快、基础设施的完善、居住环境的提高,特别是交通条件的日益改善,一些位于城市郊区的综合条件好、价格相对低廉、低密度、环境优美的二手房将越来越受到市场的青睐和追捧。

总体来说,我国正处于加速城市化的进程当中,城镇人口不断增长、住房需求持续扩张,而人民整体收入水平又比较偏低是我们未来必须面对的问题,因此大力发展二手房市场对经济社会发展的意义巨大:一是它为快速解决中低收入阶层的居住问题、加快城市建设改造步伐提供了一条有效途径,如当年上海浦东新区建设时,上海市政府就是通过"旧房卖掉得一点、个人积蓄拿一点、银行贷款贷一点、政府补贴补一点"这种房地产二、三级市场联动的策略使上海百万市区老居民在很短时间内喜迁新居;二是它可以满足不同阶层梯度购房的需要,使住房消费结构更趋合理,有助于形成市场的良性循环;三是二手房市场的发展,将会对平抑目前房地产价格虚高、稳定房地产市场发挥重要作用,有利于房地产事业的整体健康发展。因此可以预见,未来二手房市场必将在房地产市场中发挥越来越重要的作用。

二、二手房市场存在的问题

尽管近年来中国二手房市场取得了令人瞩目的发展,但其问题也同样突出。主要有以下几个方面:

(一)市场不规范,鱼龙混杂

中国的二手房市场十分不规范,如2004年就出现了坚石公司卷款私逃、家园公司挪用客户房款、"华晨公司"造假骗贷等一系列恶性事件。就连在西方发达国家中被公认安全系数很高的二手房贷款,到了上海,在中介公司的暗箱操作下,不良贷款率竟然也高达70%。难怪人们在走进中介公司时总是抱着怀疑的目光和不信任情绪。鱼龙混杂、市场不规范、诚信危机成为影响中国二手房市场健康发展的最大隐患。

(二)政策不到位,实施效果差

在中央宏观调控背景下,各地政府纷纷出台了一些相应政策。2004年4

月,上海在推出了"停止个人住宅期房转让"政策,其目的原本是为了有效抑制市场投机需求,防止房价进一步虚高,但由于该政策提前半年放风,反而导致大量期房抛售,该政策也因此被业界评为"炒作时间最长,实际效果最不理想的政策";北京同一个月内通过的"经济适用房5年上市"政策,同样引发市场"赶集式"抛售,而经济适用房的买卖也一直在地下暗中进行。杭州自2004年1月1日起开始对个人出售自有住房(包括商品房、房改房)征收20%的"财产转让"个人所得税,然而这项本是抑制炒房行为、制止房价过快上涨的政策,反因中间商的市场转嫁行为成了杭州房价攀升的助推器,最终不得不在9月被迫流产。2008年,各地实施的二手房税收优惠政策在刺激楼市需求的同时,也在客观上导致房地产炒作行为的发生。政策不到位,实施效果差,非但不能达到政府的预期目标,反而在一定程度上阻碍了二手房市场的正常发展。

(三)监管不完善,二手房贷款不规范

二手房贷款的不规范,主要表现在两个方面:一是房贷政策盲目放宽,脱离了住房消费的实际情况,这既给金融机构留下了隐患也给消费者带来了负担;二是金融机构执行房贷政策不到位,不规范行为较多,使许多不符合放款条件者,特别是炒房者获得了住房贷款,从而埋下了金融风险。

(四)二手房源未能充分释放,有效供给不足

中国二手房市场的潜在供给很大,但到目前为止真正进入市场的房源却不多。以北京为例,已购公房是北京存量房市场的供给主力,占整个市场供应的七成,北京现有具备上市条件的已购公房约100万套,加上100万套的央产房,这部分市场的潜在供给约在200万套,但目前真正上市成交的却仅有1.3万套。造成这种状况的原因很多:首先,房屋产权关系复杂,交易环节过多,手续烦琐,权证过户的流程过长,耗费时间、精力巨大;其次,一手商品房价格一路飙升,拉高了二手房主的心理预期,使部分房主持房观价,产生了"惜售"心理;最后,二手房主保守落后的观念以及租赁市场的高位坚挺等都对二手房的正常释量产生负面影响。房源是二手房市场充分发展的前提和必要条件,没有二手房源的有效释放就不可能有二手房市场"质"的飞跃。

三、影响二手房市场发展的因素

二手房市场在快速发展的同时必定存在着上述的一些问题,但制约二手房市场发展的原因是什么呢,我们可以从以下几个方面来分析:

(一)政策制定存在不足,制约了二手房市场的发展

随着形势的发展和经过实践证明,有些政策因缺乏严谨的房地产理论

体系支撑,多属于过渡性、探索性质而显滞后,特别是在政策制定的及时性、连续性和前瞻性等方面存在不足,使二手房上市束缚太多,手续繁杂,交易受到限制,在一定程度上制约了市场的发展。

公房上市的交易程序烦琐,直接制约着二手房交易市场的发展。交易便捷度低,交易成本偏高。要出售一套公房就得先过五关:第一关,房改房卖家先向房地产交易中心领取房改房上市交易登记表;填写表格后,到原产权单位、物业管理单位盖章;交易中心审核没问题的,在15个工作日内做出批准答复;第二关,自己寻找买家,进行交易谈判,签订交易合同;第三关,买卖双方将登记表和交易合同交给交易中心审核,25个工作日内得到批准与否的答复;第四关,缴纳各种税费,办理房契过户手续;第五关,到房屋权属部门申办房产证。房管部门在60个工作日内办理完毕。按这个程序,非常顺利的一般也得忙碌一个多月。如果单位不同意出售,或者审核有以前的遗留问题需要先解决,那就不知道要花多少时间了。

在北京,还存在区(县)两级交易管理模式,各区县交易登记部门的要件、格式不完全统一,机构设置存在交叉职能现象,简化交易流程,提高交易效率压力较大。信息联网滞后,无法实现远程和跨区交易。目前虽已建立新建商品房、二手房买卖和租赁指导价格的发布制度,但其影响力还不够广泛深入,缺乏具有权威性的市场信息发布机制。

造成房改房上市交易程序烦琐的原因,主要有以下几个方面:

1. 二手房交易本身的复杂性

房屋毕竟是老百姓最大宗的生活用品,价值很高,有的事关一家人的长年积蓄,买卖双方都很慎重,这是难免的。交易过程伴随着很多的打听、实地查看、盘算,还得签合同,甚至向银行贷款。也正是由于房屋买卖比较复杂,在国外和我国香港地区,房屋买卖往往都是通过专业的中介公司和律师进行的。

此外,二手房还涉及政府对房屋产权和产籍的管理问题,与户口管理之类的事情也有关系。所以,以为二手房买卖很简单,在很大程度上是对房屋交易的复杂性认识不足。

2. 市场交易技术手段落后

目前,住房档案的数字化程度低,数据资源不完整,没有建立全市联网的交易平台,无法为便捷交易提供技术保证。在房源、价格等信息流通不畅的情况下,房地产二级市场的投资消费主体很难做出清晰的判断,这在很大程度上影响了住房二级市场的发展。

3. 房地产业在我国总体上还是一个新生事物

严格地讲,我国的房地产业发展远远落后于西方,房地产业涉及的历史和新问题又太多,种种问题都得摸石头过河,一步步探索着解决,难度自然很大,进展有限是在所难免的。实际上,我国房地产业下属的几乎所有具体领域都在探索之中,都不足够完善。

4. 政策面的理论水平、政策水平还有待提高

改革开放是前所未有的伟大事业,难免经常遇到很多新问题、新情况,各级领导干部都要加强理论学习,提高执政水平,提高政策的可操作性,提高驾驭宏观经济的能力。房改本身也是新事物,本身也很复杂,改革中也同样经常遭遇新问题、新情况,这也要求政策面提高理论水平、决策水平。

(二) 供需结构不对应,买卖双方价格差过大,影响了二手房市场的发展

由于二手房的市场化程度不够,二手房交易买卖双方的角度和心态各异,卖方总拿同地区商品房来类比,开价与商品房差价不大;而买方则要强调一个"旧"字。卖房人对二手房定价过高,超出需求者希望支出的范畴,已成为影响二手房市场发展的一个重要因素。

公房上市程序烦琐,是制约公房上市的一个重要方面,属于"贸易壁垒"之类的制约因素。制约二手房交易活跃的另一个重要方面则是普通居民的住房消费能力太低和消费愿望不强,这是属于供求关系方面的制约因素。

造成居民住房消费能力低、消费欲望不强的主要原因:一是即使是经济适用住房,房屋这个大宗商品的基本性质,加上我国地少人多,都决定了房价不可能很低;二是在以前的计划经济体制下,居民的储蓄十分有限,改革开放30年来,也不是所有居民都积攒了很多钱;三是公房分配不公使得一些居民的住房收入方面的利益受到一些损害,后来又由于一些住房国有资产不合理私有化了,这些居民的损失没有得到补偿,国家财政又失去了相应的补偿资金,补偿难度越来越大;四是近年来经济疲软,下岗的多,就业难度大,一些家庭的收入水平还有所下降,而随着改革的推进,需要花钱的地方却越来越多,如教育、医疗可能涉及的开支都不少,因此在收入预期下降、支出预期上升的情况下,不论是从改善居住环境还是从投资的角度讲,居民购买二手房的动力都比较有限。

(三) 市场服务水平低,中介服务不规范,良莠不齐,使二手房市场难以有序发展

目前还没有建立针对二手房买卖的便捷、有效的住房金融体系,银行认为与新建房贷款相比,二手房贷款每次批量小,花费高,因此只有少数银行开办了二手房个人贷款业务,而且在实际操作过程中,又困难重重。

另外,房产中介服务机构达不到合理的经营规模,资金实力不强,缺乏高素质专业人员,行业整体信誉度不高。从事房屋交易的中介公司"两证齐全",既有工商管理部门核发的经营执照,又有房产局审发的资格证书的,只有很少的一部分。其中一些中介公司,尤其是规模小的中介机构,在管理上缺少有效的约束,人员素质良莠不齐,经营中存在着一系列违规甚至非法行为,如广告虚假、定金圈套、合同欺诈、收费无章等,在一定程度上干扰了二手房房产中介市场的健康发展。

(四)二手房贷款条件过于苛刻,制约了住房信贷事业的发展

银行推出二手房贷款,深受工薪阶层购房者的欢迎,但在实际运作中,银行出于谨慎和稳健原则,对于二手房交易的贷款审查程度,比商品房按揭贷款还要严格得多。目前,向二手房交易提供商业贷款、公积金贷款的机构也并不多,而且清规戒律多,如规定抵押房屋建造期限、贷款额度低、贷款期限短、过于烦琐的贷款审批程序等,严重挫伤了广大二手房购买者的贷款积极性,导致二手房市场资金周转困难,制约了住房信贷事业的发展。

(五)交易税费偏高,阻碍了二手房上市交易

目前,居民购买一套二手房,除支付房价款外,明确规定由买卖双方承担的相关税费也是一笔不小的支出。由于交易税费偏高,阻碍了市民手中的二手房上市交易。目前房产市场商品房交易量明显高于二手房,这对平抑房价不利,客观上制约了整个房产市场的发展。

不论复杂与否,客观国情就这样,是实实在在的,逃避、抱怨、讳疾忌医、病急乱投医都不是办法,形势对房改取得突破的要求与日俱增,不能老是像一团乱麻——剪不断,理还乱。努力提高理论和决策水平,是房改政策面临的当务之急。

四、二手房市场管理的完善

有关专家认为,在由计划走向市场的转轨过程中,完全依靠市场自身发育难以在短期内建立有效的住房二级市场,因此,应该由计划、房管等部门牵头,与规划、土地、税务、金融等相关职能部门协同配合,为住房二级市场发展提供有力的支持。

通过激活住房二级市场使房地产市场升温,进而刺激国民经济复苏,是当前形势的迫切要求,也是中央和各地政策面临的工作重点、努力方向。各项房改政策的效果都受到密切的关注。现有的政策既然不够用,人们就必须尽快探索出更加有效的措施。房地产市场管理部门要进一步加强依法管理,规范服务行业,增强行业自律,有效保护消费者权益,积极扶持具有良好品牌的中介机构,实行社会承诺服务,让老百姓在合法、公正、公平的氛围里放心方便地进行交易。盘活存量、活跃市场必须有宽松的社会环境和完善的服务支撑体系。这些探索迟早会成为未来的房改政策,并对二手房交易市场的发展产生重大影响。下面对与二手房交易政策关系比较密切的一些理论前沿和政策动向予以简要介绍。

(一)放宽政策,培育市场

大力培育二手房供给,减少政策限制,降低税负,增量与存量联动,使潜在供给变为现实供给,实现梯度消费。为了进一步开放和激活二手房市场,政府应把台子搭起来,放宽政策,培育市场行业主管部门要改进工作作风,简化交易过户、权属登记程序,为百姓卸掉包袱,轻松上市,盘活手中的房屋。同时,随着二手房市场的进一步发展,行业主管部门认真调研,做专题研究,掌握二手房交易中遇到的问题,了解不同需求层次的多重选择,分析二手房市场的潜在需求,激活住房三级市场,为二级市场的开发提供可借鉴的依据。

积极简化交易程序。二手房交易中的集中办公、一站式办公模式,正在被作为改革方向推广,像北京这样还没有实行这种制度的城市,可能将向这个方向发展。此外,在一些城市新近出台的房改房上市政策中,有这样一条较重要的政策:不再要求房改房上市前必须单位签字同意。如成都、北京都先后实施了这样一条。这是一条力度很大的措施,一方面将大大简化房改房上市的程序,促进住房二级市场的发展。另一方面,也将对二手公房的日后管理影响深远。

(二)促进商品房降价、提租促销

促进商品房降价,是当前政策面的一个重点方向。经济适用房政策,对积压商品房降价促销的政策优惠等措施,都有这个目的。一方面,激活二手房市场有利于商品房市场活跃;另一方面,商品房价格居高不下又反过来制约二手房市场的发展。因为很多人出售二手房是为了购买新房。如果新房价格太高,即使卖了旧房也买不起,人们只好继续住旧房。因此,我们要大力培育有形市场,树立交易者信心,为买卖交易提供价格引导。

现在已经在一些城市开始实施的提高公房租金的措施,也有通过提高租金来促进居民购房的目的,进而也有利于公房上市。

(三)加强服务管理,取信于民

二手房市场应不断完善市场服务体系,进一步拓展住房消费服务领域。规范房产中介面临的工作:一是完善市场服务体系包括信息服务体系,实行登记、发布、查询等微机化一条龙服务,大力推进住房数字化,提升市场服务水平,根据市场需求制作各类宣传材料和刊物,传播信息,分析行情,释疑解惑,引导消费;完善交易服务体系,办好大众喜闻乐见的春秋两季的房展会、拍卖会,组建房屋转换服务中心、租赁中心等;改善权属登记服务体系,实行限时办公、权属登记备案制度;建立金融服务体系等。二是拓展住房消费服务。有关部门应针对消费需求,对房源品类做近期与远期的调查统计,采取房展会或特别推荐等方式,定期向群众公示,让住房需求者能及时了解各类二手房房源情况。三是规范房产中介服务行为。房产中介是搞活市场流通的桥梁纽带,如何让市民买房放心找中介,是规范房地产市场的重要课题。

同时,加强房地产市场机制建设。房地产业市场机制的一些重要方面,如交易信息网络、测量、评估、中介、拍卖、住房消费信贷、住房保险等,近年来发展比较迅速,但是仍不足够健全,有关工作正在加快进行之中。

此外,为二手房买卖提供金融服务,便于购房人贷款买房,在此基础上,调动企业、银行、中介机构和市民的积极性,培育成熟的市场供需和服务主体。

(四)加大二手房信贷力度,提高市民的购房能力

住房贷款部门应降低门槛,搞好服务,拓展业务,扩大信贷,加大对二手房交易的信贷支持力度,为市民购房贷款带来方便,分散和化解个人贷款风险,使更多的群众通过信贷方式早圆住房梦,使市民的潜在购房需求转化为现实购买能力。具体措施包括:推进货币化分配、发展二手房按揭、发展二手房按揭担保。

在努力降低房价的同时,政策面还在努力提高住房消费水平。具体政策主要有:推行住房分配货币化政策;提高住房公积金的缴纳范围、比例和使用效率;通过征收储蓄所得税等办法对中低收入者进行转移支付。

在提高住房消费能力的措施中,一个很重要的方面是发展二手房消费信贷,其中一个重要措施是银行开展对二手房提供按揭业务。二手房消费信贷的另一个重要方面是按揭担保问题。这一措施对住房按揭体制和保险体制产生了较大的影响,对二手房按揭业务发展十分有利。此外,住房公积金用于二手房交易也已经是大势所趋。有关方面为改变居民由于收入预期降低、消费预期增大而不愿意消费的心理,在努力转变人们的消费预期。很明显的措施有:对人们进行物价上涨的舆论导向;用诸多措施促使物价小幅上涨。

(五)制定扶持房地产市场发展的税收政策,让利于民

为鼓励居民购房、卖房、出租自有住房而提供多种税收优惠是世界各国通行的做法。政府应积极实行"低门槛"税收政策,合理降低税费,为群众进入住房三级市场交易减轻负担,促进成交。

综上所述,只有抓紧制定计划,大力培育和增加二手房供给,着手建立有形的二级交易市场,才能改变二手房供不应求、交易滞后的现状。只有二手房市场真正"火"起来,才能满足广大中低收入家庭的住房需求,尽快形成完整有机的梯级消费体系,促进整个房地产市场的健康发展。

第三章 二手房经纪

第一节 房地产经纪市场

一、房地产经纪人概述

（一）房地产经纪人的特点与类型

1. 房地产经纪人的特点

按国家工商行政管理局颁布的《经纪人管理办法》的规定，经纪人是指在经济活动中，以收取佣金为目的，为促成他人交易而从事居间、行纪、代理等经纪业务的自然人、法人和其他经济组织。房地产经纪人也称不动产经纪人，它是指在房地产经济活动中，受客户委托，为客户提供房地产居间、行纪、代理等服务并收取佣金的中介人。

房地产经纪人作为房地产中介服务活动的主体，具有区别于其他商人活动的特点：

（1）房地产经纪人以信息为生存资本

房地产经纪人本身并不占有商品，也无须垫支大笔的资金，只需要掌握房地产的供需信息，就可以为供求双方提供服务，通过中间撮合促成交易的实现。通过中介活动，赚取佣金。

（2）房地产经纪人与客户之间无连续性的关系

房地产经纪人服务的对象十分广泛，可以利用大量的信息同时为多个客户服务，也可以提供多种经纪服务。因此，房地产经纪人与客户之间一般不存在固定的、长时间的协议关系。

（3）房地产经纪人应该是具有高素质的专业人才

房地产经纪人要提供各种经纪服务，应有广泛综合性的交叉学科知识背景，不仅要掌握经纪方面的基本知识，还要精通房地产商品知识、交易知识和相关学科如金融、保险、营销、计算机等方面的知识以及促成交易的谈判技巧等。

(4) 房地产经纪人具有地域性

房地产的不可移动性使房地产实体在空间的流动成为不可能,导致了某一地区的房地产经纪人常常只能掌握该地区的房地产商品和市场信息,从事该地区的房地产经纪活动。对于跨地域的房地产经纪机构,其在不同地域的经纪业务,一般只能由不同的经纪人员来具体从事。

2. 房地产经纪人的类型

按照不同的划分标准,房地产经纪人可以划分为不同的类型:

(1) 按经纪人的组织形式划分

按经纪人的组织形式划分,房地产经纪人包括法人房地产经纪人和个人房地产经纪人两种类型。

① 法人房地产经纪人

法人房地产经纪人,又称单位房地产经纪人、房地产经纪机构。它是由具有专门房地产经纪业务知识的人员组成的经纪实体,是在国家工商部门注册登记的房地产经纪机构。它具有独立的法人资格,可以独立享有民事权利和承担民事义务。我国房地产经纪法人大体有以下几种类型:

第一,专营房地产经纪业务,只提供房地产开发项目转让、房屋买卖、租赁交换等交易信息服务的法人,如房地产咨询公司或房地产咨询中心。

第二,专营房地产价格评估业务,指提供房地产价格评估、房地产开发项目可行性研究服务的法人,如房地产价格评估公司或房地产价格评估所。

第三,专营商品房经销业务,只提供房地产新建或存量商品房经销代理或营销策划的法人,如商品房销售代理公司或顾问公司。

第四,全面经营房地产中介业务,既提供房地产咨询和交易信息服务,又提供房地产价格评估与代理代办服务的法人,如房地产咨询评估公司或房地产服务中心。

② 个人房地产经纪人

个人房地产经纪人,是指取得房地产经纪资格的个人,以个人名义从事房地产经纪业务的经纪人。根据我国《房地产管理法》规定,个人房地产经纪人只能以房地产经纪机构工作人员的身份出现,而不能以独立身份开展经纪活动。

(2) 按经纪人的活动形式划分

按经纪人的活动形式划分,房地产经纪人可以分为居间房地产经纪人、行纪房地产经纪人和代理房地产经纪人三种类型。

① 居间房地产经纪人

在房地产商品交易中,房地产经纪人以自己的名义为他人提供交易机会,或促成他人之间进行交易的,称为居间房地产经纪人。其活动形式主要是以提供信息、牵线搭桥为主。

②行纪房地产经纪人

房地产经纪人受委托人的委托,以自己的名义与第三方进行交易,并承担相应的法律责任的,称为行纪房地产经纪人。这种房地产经纪人由于受房地产自身价值量大、投资风险大等因素的影响,因而数量很少。

③代理房地产经纪人

房地产经纪人受委托人的委托,以委托人的名义与第三方进行交易,由委托人承担相应的法律责任的,称为代理房地产经纪人。

(3)按业务性质及获得报酬方式划分

按业务性质及获得报酬方式划分,房地产经纪人可以划分为佣金经纪人、差价经纪人和两美元经纪人三种类型。

①佣金房地产经纪人

佣金房地产经纪人是房地产交易市场上数量最多、最为活跃的经纪人,是各种交易所中的主要成员。他们根据客户的委托完成交易后,按成交额收取一定比例的佣金作为报酬。

②差价房地产经纪人

差价房地产经纪人,又称为房地产自营商。它既为客户进行交易代理,也自营买卖,自担风险。当这种类型的经纪人代客户进行交易时,不收劳务费,卖主告诉经纪人底价,经纪人以高于底价出售房地产,从中获取差价作为经纪活动的报酬。

③两美元经纪人

两美元经纪人,最初得名于证券市场上按每一百股收取两美元手续费而形成的经纪人,后来又引申为专指那些接受佣金经纪人委托,代佣金经纪人完成其未完成的或不易完成的经纪业务的经纪人。这类经纪人的产生加快了交易成交速度。房地产交易手续繁杂,牵涉面广,环节多,单靠佣金经纪人是难以尽快促成交易的,因而使得受佣金经纪人委托、专门收取手续费的"两美元经纪人"大量存在。

(4)按房地产经纪人的资历和素质划分

按房地产经纪人的资历和素质划分,可分为专家房地产经纪人和一般房地产经纪人两种类型。

①专家房地产经纪人

专家房地产经纪人,是指具有一定学历,取得一定法定资格,具有多年从事房地产经验的房地产经纪人,其素质高,享有很高的社会声誉。经纪人自身素质的高低直接影响着经纪业的发展,大力培养和发展专家经纪人队伍,是经纪业发展的一种趋势。

②一般房地产经纪人

一般房地产经纪人,是指那些非专门进行房地产经纪业的经纪人。这类经纪人一般都是没有法定资格,没有进行登记注册的兼职人员。目前,在我国房地产市场上极为活跃的大多是这类经纪人,当我国房地产业充分发展起来后,这类经纪人只能作为经纪业的一种补充形式而存在。

(5)按房地产经济活动的阶段划分

按房地产经济活动的阶段划分,可分为房地产开发经纪人、房地产交易经纪人和房地产销售经纪人等类型。

①房地产开发经纪人

房地产开发经纪人,是指在房地产开发过程中,以介绍项目、咨询服务、产权调查、办理过户、协助贷款等内容为活动事项的房地产经纪人。

②房地产交易经纪人

房地产交易经纪人,是指收集、加工房地产市场信息,熟悉房地产市场行情,并代顾客进行房地产交易,以取得佣金的经纪人。房地产交易经纪人必须具备较高的法律素质。由于房地产的买卖、出租、抵押、继承等活动必然要伴随着房地产产权的转移问题,因此,房地产交易要涉及许多有关产权的法律法规,要遵循一定的交易程序。在房地产交易中,稍有不慎,极容易产生产权纠纷。这就要求房地产经纪人必须通晓有关的法律法规,只有这样,他们才能成功地为交易双方服务,完善房地产市场,规范房地产市场秩序。

③房地产销售经纪人

房地产销售经纪人从广义上来说属于房地产交易经纪人的一种,然而从狭义上来说房地产销售经纪人是指作为交易当事人的代理人,因此也可以称之为房地产销售代理人,他不仅为卖主寻找买主,同时也为其安排贷款、财务报告分析等事务,甚至直接参与处理有关法律事宜。此时,房地产卖主与房地产经纪人之间是书面合同确立的委托与被委托的关系。

(二)房地产经纪人的权利与义务

1. 房地产经纪人的权利

(1)依法开展经纪业务活动的权利

房地产经纪人取得房地产经纪人资格证后,受聘于某房地产经纪机构,或领取营业执照以个体房地产经纪人的身份从事房地产经纪活动,均属合法行为,应当受到国家法律保护,任何单位和个人都无权阻碍和妨害经纪人从事合法的经纪业务活动,更不得随意取消经纪人资格或吊销其营业执照。

在合法权益受到不法侵害时,房地产经纪人可以要求侵害方做出补偿,甚至向侵害方进行诉讼与索赔。

(2)请求和获得报酬的权利

房地产经纪人所提供的服务是有偿服务,当经纪人促成房地产买卖的双方达成了交易,或为顾客提供了咨询服务等,他便有权要求支付合理的佣金,作为他提供劳务的报酬。

(3)请求支付成本费用的权利

房地产经纪人在开展经纪活动时,不可避免地要支出一些费用,如为寻找买主而支付的通信费、交通费、广告费,带客户看房时所支付的展示费等。经纪人在完成受托的任务后,有权要求支付这一类在经纪成本范围内的有关费用。甚至即使经纪人未完成受托的任务,但确实支付了经纪成本费用,也可请求支付。双方可以在委托合同中就成本费用事宜事先做出约定,以约束双方的行为。

(4)获取或要求协助获取必要信息的权利

房地产经纪人在开展经纪活动过程中,可以向房地产交易管理部门查询房地产开发和商品房地产销售信息,了解房地产市场行情和有关房地产政策、法规,并可参与房地产市场的展示、交易活动,以及交流、交换房地产经营的信息、资料。可以根据业务内容的需要,向客户查阅有关资料和文件、查看现场,并要求客户予以协助。

(5)特殊情况下终止经纪服务的权力

房地产经纪人若发现委托人不具有履约能力时,可以立即终止经纪活动。当委托人存在故意隐瞒事实真相或有欺诈行为时,房地产经纪人同样有权拒绝继续为其提供服务,并追究委托人责任。

(6)法律、法规和规章规定的其他权利

2. 房地产经纪人的义务

(1)合法经营的义务

房地产经纪人在开展经纪业务时,必须遵守国家的有关法规、法令,严禁违法经营。例如,不得超越经营范围,套购开发公司商品房出售;不得为国家法律禁止流通的房地产进行中介,如代售宅基地上的合资房,为行政划拨土地的转让做中介等;不得收取佣金以外的额外报酬或好处费等。

(2)诚实介绍的义务

在占有房地产信息方面,客户处于弱势地位,房地产经纪人在进行经纪业务活动时,必须对信息的真实性负责,提供全面、及时、准确的信息服务,如实详尽地将有关房屋的质量、年代、位置、真实价格、城市规划的情况、权属情况等问题加以介绍,以利于客户做出正确的决策。对于由于房地产经纪人提供虚假信息或未尽到事先约定的职责而使客户遭受意外损失的,客户有权要求经纪人承担赔偿责任。

(3)尽忠职守的义务

房地产经纪人无论是作为买方还是卖方的代理人,均应对委托方尽忠职守,遵从委托方的意旨行事,履行合同。如作为买主的代理人,经纪人的职责就是以尽可能低的价格为买主物色到理想的房源。若房地产经纪人有对委托人不忠、违背委托人意旨、隐瞒委托人、违反合同等行为的出现,将有可能得不到佣金,甚至遭受其他额外损失。

(4)保守商业机密的义务

在房地产经纪人与客户的双向信息流动中,可能涉及客户的商业秘密,如果客户要求对其约定的商业秘密进行保密时,房地产经纪人就应当严格遵守职业道德,为客户保守商业机密。对于由于房地产经纪人故意泄露客户商业机密而对客户造成损失的,客户同样有权要求赔偿。

(5)公平中介的义务

房地产经纪人从事居间介绍活动时,对于双方当事人必须保持其公平的地位,不偏袒任何一方,更不能为了一方利益而损害另一方的利益。房地产经纪人在从事经纪活动时经常具有双重代理的身份,即既是买方代理又是卖方代理。由于买主代理人的职责是以尽可能低的价格物色卖主,而卖主代理人的职责则是以尽可能高的价格物色到买主,所以双重代理的职责往往是相互抵触的。因而经纪人充当双重代理人时,应分外小心,妥善处理好双方当事人的关系,公平对待双方当事人,并最好能将其双重代理的身份告知当事人。在美国,法律严格规定,代理人在没有告知双方的情况下,不得充当双重代理角色,否则,除了可能得不到任何佣金之外,还可能受到取消经纪人资格、赔偿受损一方经济损失的处罚。

(6)接受管理监督并依法纳税的义务

房地产经纪人应服从当地房地产经纪主管部门的管理,向主管部门报送业务统计报表,并按经纪业务收入的一定比例缴纳管理费。房地产经纪人也应接受财政及税务部门的监督,依法向国家缴纳规定的税费。

(三)房地产经纪人的职业规范

房地产经纪人的职业道德,也是房地产经纪行业的道德规范,是房地产经纪行业从业人员应该拥有的思想观念、情感和行为习惯的总和。房地产经纪人职业行为的特点,决定了房地产经纪人要特别强调提高自身的职业道德修养。

在思想观念上,它指的是房地产经纪人对工作过程中出现的一些基本问题的是非、对错的判断,它主要涉及职业良心、职业责任感和职业理念三个方面。其中,职业良心涉及对执业活动过程中的公正、诚信、守法等基本原则的认识;职业责任感涉及房地产经纪人对自身应尽责任的认识;执业理念涉及对同行之间竞争、合作的认识。

在情感上,它指的是房地产经纪人对职业荣誉感的认识以及在执业活动中形成的心理习惯等。一个优秀的房地产经纪人,应该客观认识到房地产经纪人行业工作的重要性,产生职业自豪感,拿出自己全部的真心和热情为顾客服务。

1. 诚实、守信

房地产经纪人员提供的服务是促成他人交易,这种服务实质上是一个信息沟通的过程。因此,要想使买卖双方达成交易,首先要取得双方的信任。诚实、守信的原则要求房地产经纪人提供的房地产信息要真实、可靠。房地产经纪人要如实向客户介绍房产的实际情况,不能夸大产品功能、掩盖产品不足。同时,房地产经纪人对买卖双方负有同等的信用义务,在交易过程中对买卖双方的情况要实事求是,不得为一方利益而损害另一方的利益或他人利益。

2. 守法经营

遵纪守法是每个公民的基本道德修养,作为房地产经纪人,更应该牢记于心,要学法、懂法、用法和守法。在执业过程中,房地产经纪人必须严格遵守各项法律、法规,认真贯彻落实国家政策和行业规定,保证经纪活动的合法性;公平地从事房地产中介业务,不以压价、回扣等不正当竞争手段揽取生意,实行平等协商、自愿委托的原则,坚持在法律允许的范围内为买卖双方提供服务,杜绝一切有悖法律的行为。

3. 爱岗敬业

每一种职业活动都是社会经过职业分工后向某一特定职业人群分配的任务。房地产经纪人的职业活动特点,要求其在执业过程中尽职尽责地为客户提供服务,把客户的满意程度视为检验经纪工作的标准,并把这种思想贯穿到整个经纪活动中,促成双方交易,通过自己的职业活动赢得良好的信誉,实现自身价值。

4. 对客户负责

房地产经纪人一旦接受了客户的委托,就要自始至终对客户负责。具体包括以下几个方面:

（1）依法收费

房地产经纪人应当本着合理、公开的原则接受自愿委托,提供相关服务,合理收取客户费用。房地产经纪人在房地产中介活动中不得索取、收受委托合同以外的酬金或财物。不能履行房地产中介服务合同的,不得收取服务费;部分履行的,应减收服务费。

(2)为客户保密

房地产经纪人由于受到客户委托,掌握者客户的大量材料甚至商业秘密,一旦秘密泄露,会给委托方造成难以估计的损失。所以,房地产经纪人必须妥善保管委托方提供的文件、资料,未经委托方许可,不得将相关信息擅自公开或出售给他人。

5. 公平竞争

市场经济遵循的是优胜劣汰的基本法则,在房地产行业中,也存在着激烈的同行竞争。房地产经纪人员不仅要不怕竞争、勇于竞争,而且要以坦荡的胸怀,公平、公正、公开地参与竞争。

6. 团结协作

房地产经纪人之间,应当相互尊重、团结协作。要提倡房地产经纪人之间跨地区、跨部门的联合协作、优势互补、利益共享,共同推动房地产经纪行业向更高层次迈进。

二、房地产经纪人与二手房经纪业务的关系

二手房经纪人是房地产经纪人参与二手房领域的业务所形成的,是房地产经纪人的一种特殊的组成部分。在我国房地产市场逐渐放开之后,房地产产权明晰化。随着居民生活水平逐渐提高,居民对改善居住环境的要求使大量的二手房地产进入房地产市场交易。房地产经纪人中的某些经纪人凭借其对房地产买卖活动的程序和过程的熟悉,不仅进行新房的中介业务,而且还进行二手房的中介业务,甚至出现了某些经纪人专业从事二手房的买卖业务,即形成了专业的二手房经纪人。二手房经纪人实际上是房地产经纪人的一部分,是房地产经纪人在二手房领域专业化经营的表现,二手房经纪业务专业化经营是房地产市场经营专业化的重要标志。

1. *房地产经纪人可以兼营二手房经纪业务*

房地产经纪人主要从事为房地产买卖双方进行牵线搭桥的业务,而二手房经纪业务与新房经纪业务存在的差异是由于房产来源不同造成的,这丝毫不影响房地产中介业务的性质,中介的标的物仍然是房地产商品,属于房地产经纪人经营的范围。至于房屋来源的差异所产生的经纪业务过程和手续上的一定差异,房地产经纪人在实际从事二手房经纪业务的过程中注意即可。

2. *房地产经纪人具备从事二手房经纪业务的基本技能和素质*

二手房经纪业务中所包含的重要工作和项目与房地产经纪人日常工作的主要内容具有高度的相似性,如在开展二手房经纪业务的过程中所进行

的发布信息活动、业务咨询活动、纳税咨询活动等工作也是房地产经纪人工作的重点。二者仅仅是在具体操作内容上有一定差异,在操作技巧、对经纪人自身的工作能力要求上具有通用性,对房地产经纪人的基本要求也适用于二手房经纪业务操作。

3. 二手房经纪业务是房地产经纪人利润的重要来源

随着二手房市场快速发展和逐渐完善,二手房经纪业务数量逐渐增加,房地产经纪人通过二手房经纪业务所获得的佣金数额随着二手房交易数量的上升而提高,占经纪人佣金比例也在逐渐提高。此外,关于二手房交易中所发生的项目咨询业务也逐渐增加,这也是房地产经纪人的一项重要营业收入来源。

4. 二手房经纪业务有利于加强二手房市场的管理

对于二手房经纪业务来说,二手房交易市场刚刚兴起,需要通过专业化的、具有国家资格认证的房地产经纪人进行规范,将已经成熟的开展房地产经纪业务的规律、规则、惯例等引入二手房经纪业务,是加速二手房经纪业务成熟的捷径,有利于保护二手房经纪业务的健康发展,减少开拓成本,少走弯路。通过具有资质的房地产经纪人的管理,政府对新兴的二手房市场进行有效的渗透,可实现政府对不良交易、中介行为的管制,提高政府对新市场的管理力度和效率。

第二节 二手房经纪业务

一、二手房经纪业务的基本方式

房地产经纪人开展二手房经纪业务也需要遵循开展经纪业务的一般规律和方法。

房地产居间、房地产代理和房地产行纪是房地产经纪人开展业务的主要方式,这些方式在二手房经纪领域同样适用。二手房居间,是指居间方向委托人报告订立二手房交易(买卖、租赁等)合同的机会或者提供订立合同的媒介服务,委托人支付佣金的经营行为。委托人甲是指委托居间方出售或出租房屋的当事人;委托人乙是指委托居间方买入或承租房屋的当事人;居间方是指为委托人提供居间服务、具备二手房经纪人资格的二手房经纪组织或者二手房经纪人。二手房代理是指二手房经纪人在委托权限内,以委托人的名义与第三方进行交易,并由委托人承担相应的法律责任的经纪活动。二手房行纪是指经纪人接受委托方的委托,以自己的名义进行买卖或其他业务而取得报酬的活动。

此外,按照二手房经纪业务所促成的二手房交易的不同形式,又可以分为二手房买卖经纪、二手房抵押经纪和二手房租赁经纪。二手房买卖经纪,是指二手房经纪人与委托人通过约定为委托人的二手房买卖活动提供劳动服务。二手房租赁经纪,是指二手房经纪人与委托人通过约定为委托人的二手房租赁活动提供劳动服务。二手房抵押经纪,是指二手房经纪人与委托人通过约定为委托人的二手房抵押活动提供劳动服务。

二、二手房经纪业务的程序

(一)信息收集与传播

经纪人必须不断地收集大量的二手房信息并加工成为具有系统性和连续性的信息。二手房经纪人正是掌握了大量的二手房供求信息,并通过有效的筛选、分析、整理,及时、有效地为买卖双方牵线搭桥,促成交易,活跃二手房市场的。这些信息在经纪人的经营活动过程中又以不同的方式及渠道传播开来。信息传播的主要内容是委托标的物和委托方的信息。信息传播方式可以通过报纸广告、电视广告、经纪机构店铺招贴、人员推介、网络、邮发函件等方式,更先进的信息收集与传播方式更重视运用信息高速公路及互联网技术进行信息的采集及传递。将信息这种知识财富转化为实际经营能力,已成为各二手房经纪机构及执业人员提高自身竞争能力的有效途径。

(二)房源与客源开拓

1. 房源

房源就是业主(委托人)及其委托出售或出租的房屋。房源信息应该包括以下内容:房源的房屋自身及其周边环境的物理状态,如房屋的区位(地段)、建筑外观、面积、朝向、空间格局、新旧程度等;房源的合法用途及其权属状况等,一般由特定的法律性文件反映;房源的使用方向和价格,业主(委托人)的出租和出售的意愿,一般由业主(委托人)在委托过程中的心理状态决定。

物美价廉的房子不仅是消费者所追求的,也是二手房经纪公司寻找房源的基本准则之一。充足的房源是二手房经纪公司生存的基本条件之一。随着二手房经纪竞争的日趋激烈化、正规化,众多经纪公司不断创新房源开拓策略。

2. 客源

客源管理的对象就是买方或租房的客户。客源管理是以潜在客户的个人信息和需求信息为中心。按不同的方法,可对客源作不同的分类。按客户的需求类型,可分为买房客户与租房客户。按客户需求的物业类型,可分为住宅客户、商铺客户和工业厂房客户。按客户的性质,可分为机构客户和个人客户。按与本二手房经纪机构打交道的情况,可分为新客户、老客户、未来客户和关系客户,或曾经发生过交易的客户及正在进行交易的客户、即将进行交易的客户。不同类型的客户需求特点、方式以及交易量都不同,对客源的获取、记录、储存、分析和利用的一系列活动的管理要点也不同。

(1) 客源管理原则

有效原则。客户需求的信息量大、内容杂,而且通常有些模糊。二手房经纪人只有对客户的信息及时进行处理,留下真实、有用的信息,才能确保客源内容的准确和有效。

合理使用原则。客源是二手房经纪人和二手房经纪公司的宝贵资源,只有合理使用才能发挥其价值,促成交易。客源的合理使用包括:恰当地保存和分类;信息共享和客户跟进;保守客户秘密,不得滥用。

重点突出原则。面对数量庞大的客源信息,二手房经纪人要通过对客源资料的分析找出重点客户,挖掘出近期可以成交、需求意向强烈的客户作为近期重点客户,对那些潜在的、创收潜力大的客户可作为中期重点客户,而对于有长期需求的意向客户作为未来重点客户来培养。

(2) 客源管理要素

①基础资料:客户姓名、性别、年龄、籍贯;家庭地址、电话、传真、E-mail;家庭人口、子女数量、年龄、入学状况、职业、工作单位、职务;文化程度等。

②需求状况:所需房屋的区域、类型、房型、面积;目标房屋的特征,如卧室、浴室、层高、景观、朝向;特别需要,如车位、通信设施、是否有装修;单价和总价、付款方式、按揭成数;配套因素的要求,如商场、会所、学校等。

③交易记录:委托交易的编号、时间;客户来源;推荐记录、年房记录、洽谈记录、成交记录;有无委托其他竞争对手等。

(3) 客源开拓的策略

①将精力集中于市场营销。二手房经营应从销售为主导转变为以市场营销为主导。市场营销和销售之间的根本区别是:市场营销是吸引客户,而销售是留住客户。

②致力于发展和客户之间的关系。交易从客户开始,以客户结束。不同的客户因为不同的需求和兴趣而有所区分。探询客户的兴趣,帮助他们解决问题,帮助他们节约时间和金钱,避免不必要的错误,是二手房经纪人的吸引力和价值所在。

③培养敏锐的观察力与正确的判断力,养成随时发掘潜在客户的习惯,并且每日记录新增加的潜在客户。

④客户培育。运用二手房经纪人的知识使潜在客户变为真正的客户。客户培育是客源开拓中的重要策略,是指二手房经纪人将一个陌生的客户转化为一个积极的购买者和接受二手房经纪人服务,达成交易的过程。

⑤以直接回应的拓展方法吸引最有价值的客户。直接回应拓展方法是市场营销方法,是通过提供一个诱人的价位或某一种好处,如减免某种费用,或制造某一吸引力,从预先希望获得的客户那里得到一个直接的回应,从而获得客户的策略。

3. 客源和房源的关系

一项交易的成功取决于有需求的买方,一个愿意以适当的价格接受的卖方,再加上二手房经纪人的撮合。客源为交易解决了需求的前提,房源为交易提供了供给的前提。

房源和客源都是一项交易促成的不可或缺的条件。在市场营销活动中,房源开拓和客源开拓有共同的手段,也有不同的做法。在二手房经纪人的活动中,某些时候是有了房源需要去找客户,有时候有了客户需求去寻找合适的房源,客源和房源都可以成为经纪活动的起点。

(三)业务洽谈

业务洽谈为二手房经纪人和客户进行良好沟通提供了机会和方式。面对面的谈话十分有助于经纪人了解客户的真实需求,了解买卖双方的真实意愿以及对信息和资源的掌握情况。业务洽谈是经纪业务进入实质性阶段的标志。顺利的洽谈过程是成功实现交易的重要保证,也是对前面信息收集与传播、房源与客源开拓的真实性和有效性的检验。因此,二手房经纪人应当十分重视与客户的洽谈过程,以礼貌友好的态度对待客户,以客观公平的态度对待交易,以积极审慎的态度对待信息和决策。二手房经纪业务可以遵循以下基本流程:

(1)倾听

经纪人通过倾听客户陈述,以充分了解委托人的意图与要求,提高自身接受委托、完成任务的能力。

(2)了解

如果委托人是购房者或承租者,则需了解客户的经济能力、需求的时间、需求的原因等具体情况;如果委托人是售房者或出租者,则应通过查验有关证件来了解委托人的主体资格、生产经营状况及信誉等。

(3)检查

通过查验有关证件如身份证、公司营业执照、产权证、土地使用证、新建工程规划许可证以及施工许可证等了解委托人的主体资格,生产经营状况及信誉。

(4)告知

向客户告知经纪机构的状况以及经纪人自身的职业情况。

(5)协商

经纪人要就经纪方式、佣金标准、服务标准以及拟采用的经济合同类型及文本等关键事项与客户进行协商,达成委托意向。

(四)标的物检查

1. 标的物查验的主要内容

(1)标的物检查

标的物检查即对二手房的基本状况进行核查,其内容主要包括标的物所处地块的具体位置和形状、朝向、房屋建筑的结构、设备、装修状况,房屋建筑的成新等。由于二手房标的物质量具有一定的隐蔽性,在进行检查时应仔细核查,必要时可聘请或咨询相关专家。

(2)二手房的权属状况

二手房交易的实质是所有权的转让,二手房权属的真伪以及合法性成为检查的核心内容。对于产权有争议、未取得房权证、房屋被司法或行政部门依法限制和查封等各种原因而造成二手房产权不完整的,都不得转让出租、抵押,因而涉及此类标的物的经纪业务不能成立。这一点也是二手房经纪活动中的主要风险之一。检查二手房的权属状况应从以下几方面着手:二手房权属的类别与范围、二手房其他权利设定情况、二手房的环境状况,包括标的物相邻的标的物类型、周边的交通、绿地、生活设施、自然景观、污染情况等。

2. 标的物查验的基本途径

(1)书面资料

可以获取二手房情况的文字资料有很多,如产权证明、房地产管理机关备案等。在查阅这些文字资料时,首先应明确具有法律效力的文件(如产权证、项目批准文件)与非法律文件(如售楼说明书)的区别,以具有法律效率的文件为准,非法律文件只能作为参考,不可作为确认标的物的依据。

(2)实地勘察

实地勘察是直接了解、认识二手房的有效途径。实地勘察的内容包括了解房屋新旧程度、外形、房屋的质量、房屋的平面布置、公用部位情况、楼宇周围环境等。

(3)调查询问

现场实地观察虽然直接,但看到的可能只是标的物表面的情况,实际使用中会出现哪些问题仅仅通过现场察看是不可能了解的。因此,通过向已入住的业主了解房屋使用情况,向邻近楼盘的开发商或代理商了解有关楼盘情况可以更加深入地了解标的物的具体情况。

(五) 签订经纪合同

签订经纪合同的过程就是明确委托关系。二手房经纪人接受放盘委托时,应与业主签订书面委托协议或直接以房屋资料表格向业主索取其委托的书面确认,并明确服务范围、委托条件及佣金。签订经纪合同分为签订临时合同和签订正式合同,根据不同情况的需要进行使用。通过居间成功洽商,业主和客户在各项条件及价款方面均达成一致意见,便需要将各重要条款落实到临时买卖合同中;进入产权过户手续之前,双方必须签订正式买卖合同。正式合同通常由政府管理部门提供。

(六) 买方(承租方)看房

由于二手房是不动产,现场看房就是二手房交易中必不可少的环节。二手房经纪人有义务引领买方(承租方)全面查验标的物业的结构、设备、装修等实体状况和物业的使用状况、环境状况,并充分告知与该物业有关的一切有利或不利因素。在中介机构经纪人联系房主和买方,约定看房时间和会面地点后,由经纪人引领买方一同前去看房。在此过程中,买卖双方分别需要作一定的准备工作。

(1) 卖方

卖方需要准备房屋产权证明资料、身份证、物业交费清单等资料,便于买方查阅;对标的物进行一定的整理、修葺,保证标的物的完整。

(2) 买方

买方需要把身份证等资料准备好,以便于经纪人和房主查阅;调查标的物的周边环境,查阅标的物的治安、交通等状况;向房主了解水电气、小区物业等费用交付结算的时间和方法。

(七) 代理(或协助)交易达成

当买方对二手房经纪机构所代理的二手房达成初步购买意向时,就要由经纪人员同买方进行价格谈判,签订合同。二手房经纪人以专业的身份和经验来协调双方的认识,以市场客观价值和评估结果为基准充分考虑各自可接受的价格,撮合交易。

(八) 协助签订二手房买卖合同

签订交易合同是成交的标志。由于二手房交易合同是比较复杂的经济合同,客户因受自身知识、经验的局限,常常不能把握合同的各个细节,经纪人应代理(或协助)委托方与交易对象签订合同。二手房经纪人要特别提醒客户注意许多容易忽视的细节,必要时应建议客户委托律师进行协助。

(九) 代理(或协助)办理产权过户与登记

签订临时合同后,二手房经纪人可协助填写正式买卖合同和租赁合同,并代为奔走二手房管理部门和税务部门。

(1) 转移登记

签订正式买卖合同后,可协助将合同正本连同原房产证提交给产权登记部门,并填写转移登记申请书,附上当事人身份证明文件复印件。

(2) 租赁登记

可协助业主办理租赁许可证、缴纳租赁税项及管理费、正式签约鉴证、租赁登记。

大多数情况下,二手房经纪人需代理客户办理产权登记手续。有时客户要亲自办理这类手续,二手房经纪人也应进行协助,如告知登记部门的工作地点、办公时间及必须准备的资料等。

(十) 标的物交接

交房日之前,二手房经纪人应该先向卖方(出租方)确认交房时间,然后书面通知买方(承租方)。二手房经纪人必须充分发挥自己的专业知识和经验,协助买方客户进行校对。由于标的物交接与签订成交合同之间常常有一个时间过程,难免有一些因素会在其间发生变动,因此,如何就这些变动达成解决方案也是避免纠纷的重要环节。在与房主交割房屋钥匙时,房主应当把以前的有关费用一并结清,以免发生纠纷。

(十一) 佣金结算

佣金结算是二手房经纪人获得应得报酬的过程,是对经纪人工作成果的承认。交易过程完成后,二手房经纪人应及时与委托人(或交易双方)进行交易结算。佣金金额、结算方式、收取佣金的标准,由经纪人与委托方协商确定并落实在经纪合同中。

在佣金结算过程中以及结束后有如下问题仍需注意:①佣金问题。对于二手房经纪人的劳动报酬,一方面要保证其合法收入,另一方面要加强对经纪人的监管力度,改进监管方式,坚决杜绝非法回扣的存在。②像普通商品的销售有售后服务一样,二手房经纪业务在完成佣金结算后,应不忘其后续服务。

三、二手房经纪业务的技巧

开展二手房经纪业务也有一定的技巧,只要抓住关键的环节,使用恰当的方法和技巧,交易就容易达成。

(一) 扩展客户的技巧

1. 注意利用人际关系

即根据顾客之间的社会联系,通过顾客之间的连锁介绍来寻找更多的新顾客。经纪人可以利用现有顾客介绍有可能成为顾客的朋友之方法,使销售人员从每一笔业务中都能获得更多的准顾客。可以使用的方法包括利用现有的顾客代转送资料、样本、名片、书信、信笺等,从而间接地与准顾客建立一定的联系。使用这种方法的前提是经纪人要取信于现有顾客,也就是要培养最基本的顾客,通过现有顾客与被介绍者的共同社会联系和利害关系实现客户开拓。因此,经纪人必须树立良好的服务品牌和口碑,实现与现有顾客的互信互利,从而取得源源不断的新顾客。

2. 利用核心人物的影响

利用核心人物的方法,就是经纪人集中精力对核心人物攻关,与核心人物交朋友,使核心人物成为自己推销的商品的使用人或者介绍人,从而使核心人物范围内的个人或组织都成为经纪人的准顾客。这个方法,实际是连锁介绍的推广运用,使用得当,往往能得到事半功倍的效果。利用核心人物,关键在于要取得核心人物的信任与合作。为此,经纪人要努力使对方了解自己的工作,使对方相信自己的人格和自己所推销的商品。利用核心人物的难度,在于核心人物往往很难接近,并且如果处理不当,核心人物不合作,经纪人就有失去更多顾客的可能。

3. 加强个人观察

个人观察是最基本的方法,是指经纪人根据自己对周围人行为的直接观察和判断,寻找潜在的顾客。二手房商品的不可移动性和销售价高的特点,更使有购房意向的人会反复到现场察看。这种方法使经纪人直接面对市场,排除中间干扰,直接获得与潜在客户相接触的机会。但是它也会因为经纪人个人见闻的局限,而使准顾客名单受到局限,并因为事先完全不了解顾客,容易陷入空洞的可能性里,失败率较高。

4. 经纪人个人形象宣传

经纪人个人广告是推销经纪人形象的重要手段。近年来经纪人通过广告媒体向潜在购房者传递信息,主要的广告方式是报纸、信件邮寄、传单、广播等方式,偶尔也可见电视广告的形式。经纪人一般受到费用的限制,不大可能采取花费较大的方式,一般采取简便、易于得到的方式宣传。香港的经纪人宣传方式值得我们借鉴,其做法是把经纪人有关资料悬挂在大街上,任人取阅,潜在顾客可以根据自己的需要索取,并可以进行简单的经纪服务比较。

5. 积极查阅名录

经纪人通过查阅现有的各种情报资料来寻找顾客。可能查阅的基本是公开的资料,主要有:工商企业名录,着重把法定代表人作为自己的准顾客选择对象;产品目录介绍,从中去发现该产品是否适销对路,效益如何,从而确定该单位是否具有购房可能性;工商登记公告,新单位成立都会在报上刊登工商登记公告,经纪人可以从中看出这些新单位是否需要购买办公用房;专业团体成员名册,如各种学会、协会、联合会等,很多知名人士均在名册中,他们具有的很强的购买能力,等等。

寻找顾客的技巧是多种多样的,同时经纪人在工作中,也决不能单一运用一种方法,而是要把各种方法综合运用在一起。只要经纪人能努力地、熟练地应用各种技巧,自己的顾客队伍一定会越来越大,这样才能把自己的商品更多地推销给别人,才能使他人从自己销售的商品中获得利益,使经纪人自己的利益也得到提高。

(二) 考察客户的技巧

经纪人要有正确的判断力,要能寻找到具有潜力的客户。经纪人一般运用自己的评估方式进行评估,对客户考察评估主要从以下方面做起:

1. 热情接待查询

广告发挥效力后,客户会电话查询或登门造访,经纪人应持热情、专业、忍耐、有礼有节的态度。

2. 了解客户需求

在接待过程中,及时把握机会,了解客户租购需求和资金预算,以便推荐合适的房屋,提供真实、准确的资料,同时展示二手房经纪人的专业知识。

3. 索取客户资料

二手房经纪人应以合适的方式留下客户的姓名、地址和联络电话,方便跟进服务,但谨记切不可强留。

4. 尽早告知佣金标准

二手房居间的佣金是提供服务及赖以生存的基础,免佣或减佣均可能影响自尊和服务质量,甚至人为制造差价,损失客户利益且败坏行业声誉。

(三) 二手房经纪人的签约技巧

二手房经纪人在经纪活动中获得交易成功,在签约环境中要注意掌握相关专业技巧。二手房经纪人应该根据不同的客户类型和需求选择签订不同类型的经纪合同。

根据经纪人对二手房经纪业务的控制程度,可以分为排他性独家代理、独家代理、开放型代理的形式,并且代理权是逐渐分散的。排他性独家代理控制性最强,委托人无权与其他经纪人另行签订代理协议;开放型代理委托人有权就一项委托与多方经纪人签订代理协议,其中能够成功完成代理业务的经纪人,将获得佣金。对于二手房经纪人来说,要在市场上占据优势应该力争与委托人签订排他性独家代理协议,既保证有稳定的客户也可以保证佣金安全,在完成代理业务后即可拿到代理佣金。而对于委托人来说,要尽快卖出二手房获得资金并且支付尽量少的佣金,签订开放型代理协议是比较经济的,在经纪人之间发生竞争关系,谁先代理成功,谁将获取佣金。二手房经纪人在签约时候要注意协议各条款的严密性,本着互惠互利的原则明确双方的权利和义务,遵守协议条款规定,争取交易成功。

(四)二手房经纪人的谈判技巧

在二手房交易过程中,二手房经纪人作为提供交易中介的一方,往往需要与二手房商品的供需双方进行多次反复的交易谈判,目标是为了促使交易成功。在谈判过程中,谈判的焦点大多是交易价格,一方面委托人授权给经纪人的价格下调幅度十分有限,一方面消费者一味要求价格下调,经纪人只有与委托人一起计算成本,分析市场行情。国外资料表明,二手房商品价格固然十分重要,但不是交易成败的唯一决定因素,交易谈判的失败除了价格上谈不成(占20%)以外,还有就是对经纪人的谈判技巧表示不满(占60%~70%)而中断交易谈判。还有15%左右的委托人因售后服务缺乏保证而中断交易谈判。因此,这就对房地产经纪人或经纪代理机构的谈判能力和技巧提出了更高的要求。二手房经纪人可以使用一般的房地产经纪人的谈判策略进行谈判,但要注意灵活机动。

(五)其他技巧

1. 善于推销自己

二手房经纪人给客户的第一印象至关重要,需要能够吸引客户,并且令客户产生相应的信任感,感觉到非常真诚,而不是夸夸其谈。所以,作为经纪人应该以良好的形象展示自己,使客户感觉容易接近和产生信赖感。

2. 带给客户高附加值

客户买房不仅仅是满足基本居住功能的需要,是因为他还看到了除此之外附带的高附加值。经纪人在介绍二手房的时候,应该清晰无误地告诉客户房产的真实价值以及未来的升值前景,将这些信息融入二手房经纪业务过程中将有效地促成协议的达成。

3. 适当的价格策略

二手房经纪人在推荐房产时,尤其是对客户的财务状况或购买预算不甚了解的情况下,一般应先推荐低价位的房产,以免因不必要的误会和心理感觉而吓跑或赶走了顾客。

4. 异议处理策略

一个成功的经纪人不应对客户提出的异议表示害怕或不满,而应把它看做是一个更能争取潜在客户的机会。客户针对经纪人的业务提议或成交条件提出不同意见或相反看法,这可能造成交易无法达成,主要包括产品异议、需求异议、价格异议、时间异议等。对客户的这些异议处理得好则促使双方交易成功,处理不好则会浪费时间和精力。一般来说,不提任何异议的客户,往往是没有欲望做成交易的客户。客户的异议多种多样,处理这些异议的策略与技巧也不尽相同。但最基本的策略是:对客户提出的异议表示欢迎;不要夸大客户的异议也不回避无关的异议,同时注意避免与客户发生冲突。

第三节 二手房经纪人管理

一、二手房经纪人应具备的基本素质

(一) 职业道德素质

对于二手房经纪人来说,职业道德素质是其生存、立业、发展的基本素质,是其执业的基本准则。这种职业道德是二手房经纪行业从业人员应该拥有的思想观念、情感和行为习惯的总和。经纪人职业的特点结合二手房经纪业务的行为特殊性,决定了二手房经纪人要特别强调提高自身的职业道德修养。

二手房经纪人的道德素质是经纪人对工作过程中出现的一些基本问题的是非、对错的判断,它主要涉及职业良心、职业责任感和职业理念三个方面。其中,职业良心涉及对执业活动过程中的公正、诚信、守法等基本原则的认识;职业责任感涉及二手房经纪人对自身应尽责任的认识;执业理念涉及对同行之间竞争、合作的认识。此外,二手房经纪人职业荣誉感也是其道德素质高低的体现。二手房经纪人执业活动中形成的心理习惯等可以影响经纪人的工作状态和工作效率。一个优秀的二手房经纪人,应该客观认识到二手房经纪人行业工作的重要性,产生职业自豪感,拿出自己全部的真心和热情为顾客服务。

(二) 知识技能素质

二手房经纪人的知识技能素质决定二手房经纪人能否有效地承担其工作,决定其工作质量与效率,是经纪人品牌的重要的构成,是开展经纪业务的基础。经纪人的知识技能素质包括知识要求和技能要求。

1. 知识要求

从事二手房经纪工作,特别是为顾客提供顾问咨询服务的时候,二手房经纪人所具有的房地产专业及相关知识起着关键的作用,是从事二手房经纪工作的基础。

(1) 专业知识

二手房作为一种特殊的商品,有其显著的特殊性。因此,只有充分了解

房地产商品本身的特性以及二手房经纪的特点,才能胜任二手房经纪人的工作。专业知识是二手房经纪人知识的核心,具体包括:

①房地产商品知识。二手房经纪人应该对房地产商品的性能、用途规格、档次、价格、优劣等方面达到精通的程度,这是开展房地产业务的出发点。

②房地产交易知识。二手房经纪人应该全面了解交易过程中的服务项目、环节、交割程序以及行业术语等。应该说,二手房经纪人能否扩展业务,得到客户的信赖,都取决于经纪人对房地产交易知识与技巧掌握的程度。

(2)相关知识

二手房作为一种复杂的商品,成功交易不仅需要过硬的专业知识,更需要广博的相关知识作辅助。只有这样,二手房经纪人才能准确有效地获得各种信息,最大限度地促成交易。相关知识包括经济、法律、证券、金融、心理学等知识。

2. 技能要求

二手房经纪人从事二手房经纪工作,不仅要有良好的职业道德、广博的知识结构,还要具备很好的职业技能。

(1)洞察能力

由于不同的人在天资、能力、阅历等方面存在着不同的差异,因而对一件事情可能产生不同的看法,即"仁者见仁,智者见智"。二手房经纪人的洞察能力,是指其通过客户的外表去了解客户的购买心理的能力。二手房经纪人可以从客户的言辞中挖掘他们内心世界潜存的信息。对客户的观察,有助于掌握客户的特点和动机,从而在执业过程做中到有的放矢,提高交易成功率。

(2)调研能力

二手房经纪人要想获取二手房商品信息,需要展开充分的市场调查。具体来说,二手房经纪人在接受委托时,需要对委托双方进行详细的调查和研究。例如,对二手房开发商提供的房屋质量、价格、售后服务等情况进行了解和分析,并把这些情况同具有可比性的同类二手房商进行对比,尽最大努力维护消费者的利益。只有掌握了第一手资料,在与客户的洽谈中才可能占据主动,赢得客户的信任,为成功达成交易奠定坚实的基础。

(3)市场分析能力

市场分析能力是指二手房经纪人根据所掌握的信息,采用一定的方法对这些信息进行分析,进而对市场供需、价格的现状及变化趋势进行判断。对信息的分析方法包括:数学处理分析、比较分析、因果分析等。

(4)公关能力

二手房经纪人在从事二手房经纪活动时,不仅要接触买卖双方,还要与政府机构、新闻媒体、保险公司、金融机构等打交道。因此,一个称职的二手房经纪人必须具备较强的社交能力,在任何场合都能应付自如。可以说,社交能力是衡量一个二手房经纪人能否适应现代开放社会和做好本职工作的一项重要标准。

(5)把握成交时机的能力

交易达成,是二手房经纪人的辛勤劳动得到回报的前提,因此它是二手房经纪业务流程中关键的一个环节。然而,由于二手房商品的复杂性、个别性,二手房商品的买卖双方都会在最终决定成交的时候反复思索,犹豫不决。为了尽快促成双方交易,二手房经纪人要准确判断客户犹豫的真正原因,只有抓住根源,才能帮助客户消除疑虑,从而使交易达成。

(三)心理素质

经纪人良好的心理素质主要表现在如下几个方面:

1. 强烈的自信心

自信能够反映出经纪人对自己所从事职业的认同和热爱,它既能激发出经纪人自身的勇气,也能给对方以信任感。在经纪业务中,经纪人的自信心主要表现在对自己职业的自豪感,敢于面对挑战,敢于追求卓越,敢于迎接经纪业务中的挑战。

只有"知己知彼"才能"百战百胜",经纪人的自信应该来源于对自身工作能力的正确评价和对经纪业务的内涵的理解。经纪人要明确自身能够从事的工作类型和范围,对自身工作能力和弱点有全面的认识,才能保证经纪业务质量;经纪人要对自己从事的业务的规律有准确的把握,做到能够运用自己掌握的知识和技能解决新问题。培养经纪人的自信心应从以下两点做起。首先,经纪人要掌握辩证地认识问题的方法,既不自卑也不自大。经纪人如果自卑,客户就会对经纪人的能力产生怀疑,经纪人也就失去了业务来源;经纪人自大容易产生轻敌思想,对出现的问题和困难估计不足,进而影响业务进度甚至使经纪人不得不毁约、放弃业务。其次,经纪人要积极获取知识,扩大自己的知识面,学习和掌握解决各种问题的方法,积累解决问题的经验。

在开展经纪业务过程中经纪人的自信心是通过其行为表现出来的。经纪人既要谈笑自若,谦恭有加,又要机锋不露,不卑不亢;待人处事注意分寸,既不高傲自大,也不低三下四,既不拘谨腼腆,也不盛气凌人。

2. 顽强的意志力

顽强的意志力是指经纪人面对困难而复杂的业务时的心理承受能力,是经纪人应该具备的持之以恒、百折不挠的意志品质。经纪人开展经纪业务需要达到客户所要求的目标才算正式完成,而达到目标的过程不可能一帆风顺,必将遇到这样那样的问题,顽强的意志力是支持经纪人克服一系列困难的动力。经纪人的意志力实际上是一种对经纪工作全身心投入的态度和对工作持之以恒的精神,要求经纪人在开展业务的过程中有始有终,制定好目标并能朝着目标持续不断地努力。经纪人要获得顽强的意志力,须从一点一滴的小事上做起,养成良好的习惯;经纪人要自己创造个性的展示机会,通过体现自己的价值,磨炼自己的意志,增强自信心;经纪人工作过程中要养成自省的习惯,勇于面对错误,形成坚韧、负责的品质。

3. 宽广豁达的胸襟

经纪业务过程中难免遇到很多困难,如业务缺少、客户的误解和无理要求等,而经纪人解决这些困难和问题时必须采取宽容的态度,否则经纪人将会进入无休止的纷争之中,将会影响进一步的业务开展。经纪人要有宽广的胸襟。首先,经纪人要对客户宽容。客户是经纪人开展业务的对象,有客户的需要才有经纪人提供服务的必要。其次,经纪人要对合作伙伴有宽容的态度。经纪人需要有广泛的交际人群,这些交际人群是经纪人客户的重要来源,经纪人开展工作需要其他人员进行配合,这样经纪人的工作才有效率,其他人员的存在起重要的辅助作用。最后,经纪人自己要有宽容的心态。经纪人不应该拘泥于某一次失败之中不能自拔,应该给予自己宽松的环境,对于自己的失败要认真分析再接再厉。经纪人具有宽广豁达的心胸,才能够承受各种困难和压力,并继续开展业务,这是事业成功的基本保证,也是工作中拼搏进取的思想基础。

4. 良好的情绪控制能力

经纪服务专业化和标准化趋势是市场发展的必然要求。经纪服务是由经纪人提供的,经纪人的心情对服务质量有很大影响。经纪人在情绪的低谷时,容易产生厌倦情绪,对经纪业务难以尽全力,业务质量会出现下降;而经纪人在情绪高涨时,工作效率较高,但是这种情况难以长久维持,容易给客户留下经纪人可能存在怠工的印象,也是对经纪人不利的。经纪人良好的情绪控制能够保证同客户进行顺利地交流,减少因情绪冲动而产生的判断失误和言语失当。因此,经纪人必须保持平稳的心态,从而保证经纪服务的工作质量。但是控制情绪并不是控制感情,控制情绪是为了保证经纪人行为的一致性,而感情则是经纪人吸引客户的重要手段,经纪人应该通过建立良好的感情基础同客户沟通。

二、二手房经纪业务行业自律

二手房经纪人是房地产经纪人的一部分,其活动也是在房地产行业协会指导下进行的。房地产行业协会是从事房地产经纪活动的组织和机构在政府房地产部门的指导下,为了实现行业内部的自我协调、自我约束,而自愿组成的社会团体。

(一)行业协会的作用

在一个有效率的市场经济体制中,政府的作用是有限的。这时,需要充分发挥行业协会的作用。房地产行业协会的主要作用是在政府和房地产经纪机构之间搭建沟通的桥梁,在行业内部发挥协调、服务、监督等功能,把国家的各项方针政策传达给各个房地产经纪组织,把房地产经纪机构的要求反馈给政府。同时根据本行业的特点,制定行规、行约,对各个房地产经纪机构的发展加以引导和扶持。随着政府职能的转变,行业协会在我国房地产经纪业的行业管理中发挥着越来越重要的作用。

(二)行业协会对二手房经纪行业的管理

行业协会对二手房经纪行业的管理主要包括:制定二手房经纪人行业规范、行为准则和道德标准;组织二手房经纪人的职业培训;制定二手房经纪行业的行业检查和评比制度,建立行业自我监督机制;管理二手房经纪活动中的投诉,组织调查,并向有关部门提出处理意见;向政府主管部门反映二手房经纪人的意见和要求,维护二手房经纪机构和二手房经纪人员的合法权益;调解二手房经纪业内部的争议,保证行业内部的顺畅运作。

三、二手房经纪人的政府监管

(一)政府管理的必要性

政府对房地产经纪人进行的管理,指的是在一定时期,根据社会经济发展的需要,为房地产经纪行业制定明确的发展目标,并采取配套措施对房地产经纪行业的发展予以调控和管理。政府对二手房经纪人的管理目标,从宏观上说是要完善二手房市场,规范二手房交易;从微观上说是要规范二手房经纪行为,培育公平的二手房经纪服务市场。所以说,在当前形势下,加强二手房经纪人的政府管理是非常必要的。二手房市场刚刚兴起不久,运作机制有待于完善,需要政府加强管理,实现二手房市场的正常功能。

1.政府管理是维护关系人权益的需要

通过政府管理,一方面可以约束二手房经纪人的行为,促使其合法经营,确保二手房各关系人在二手房经纪活动中的权益不受侵害。另一方面可以保护二手房经纪人在提供服务后,能够按照规定获取报酬。

2.政府管理是规范二手房经纪行业的需要

二手房经纪行业对技术水平要求比较高,如果对从业的个人没有统一的管理,就会造成行业内各经纪机构从业水平的参差不齐,容易导致行业运作的混乱。通过加强政府管理,可以规范经纪机构的运作,帮助实力较弱的经纪机构提高业务水平,树立机构形象。

3. 提高顾客对房地产中介的信任度

在"坚石案"①发生后,有调查显示,很少有人愿通过中介租房,二手房中介面临前所未有的危机。二手房经纪行业需要重新树立自己的形象,克服危机,除了经纪业界自身加强行业自律之外,也应该全面发挥政府在加强宏观管理、打击违法犯罪过程中的作用,政府在重树房地产经纪业形象的过程中要加强引导。

(二)政府管理的手段

具体来说,政府管理包括以下几个方面:

1. 运用法律手段规范二手房市场秩序和竞争规则

近年来,国家工商行政管理局、建设部(2008年3月更名为住房与城乡建设部)等国家有关部委及各省、直辖市、自治区分别出台了二手房经纪业务的相关政策、法规,这些政策、法规的出台,确立了二手房经纪人的合法地位,规范了二手房经纪人的行为,为实现二手房经纪市场的依法管理,奠定了基础。

2. 经纪人培训

我国由建设部、人事部负责拟订全国统一的房地产经纪人考试大纲,组织考前培训和考试;对考试合格者,颁发盖有人事部、建设部印章的"中华人民共和国房地产经纪人执业资格证书"。自从2002年实施房地产经纪人资格考试以来,通过系统培训和组织统一考试,实现了房地产经纪人的规范管理。通过对房地产经纪人的规范管理,以及对房地产经纪人在从事二手房经纪业务方面的全面规范,促进了政府对二手房经纪人的规范监管。经纪人资格的取得,必须经过一定的上岗培训,经过国家工商行政部门的考核审查才能通过并取得营业执照。现阶段由各类经纪事务所自行组织经纪人的上岗培训。经过一段时间的经纪人专门业务知识的培训,经过工商行政部门的认可和严格的考试或考核,并经过工商行政部门的审核后,方可发放营业执照。

3. 二手房经纪机构的注册管理

国家对于专业从事二手房中介业务的房地产经纪机构进行登记注册管理,对符合登记条件的进行注册登记。通过对合法二手房经纪机构的登记

---

① 2003年11月,作为北京首批"放心中介"的北京坚石房地产经纪有限公司在一夜之间人去楼空,使得众多房主拿不到应得的租金。案犯利用坚石公司名义,以高额提成诱使公司雇员,诱骗房主、房客516人次,骗取租金等费用379.9万余元。诈骗行为给被害人造成了重大的经济损失,严重扰乱了社会秩序,因此引起社会广泛的关注。

注册,我国的二手房经纪业务逐步走向正规化,为二手房经纪人完成从房虫的蜕变奠定了基础,从而也使二手房经纪机构的管理更加规范。

4. 二手房经纪人职业资格的认定

经纪从业人员资格是经纪人从事经纪活动所必需的通行证,是其开展业务的条件。只有具备经纪人从业资格,才能开展经纪工作。二手房经纪人必须取得房地产经纪人资格证书,方可从事二手房经纪业务。随着房地产中介事业的发展,对房地产经纪人的要求也越来越高。建设部和人事部已于2001年12月18日发布文件对房地产经纪人员提出要求:必须通过《房地产基本制度与政策》、《房地产经纪相关知识》、《房地产经纪概论》和《房地产经纪实务》四个科目的考试,才能获得相应的职业资格证书。要想成为成功的房地产经纪人必须取得相应的职业资格,这无疑对房地产经纪人提出了更高的要求,也使房地产经纪人的行为趋于合法化、规范化,从而使房地产经纪活动走向更加有序的轨道。

经纪人为取得资格证书,必须参加由国家举行的统一考试;考试合格后,一般由经纪人同业协会同意即可取得资格证书。因为经纪人从事经纪服务业务需要具备较全面的专业知识和一般常识性知识,经纪人的上岗培训必须系统、全面、严格。

在国家工商行政管理局颁布的《经纪人管理办法》等一系列管理规章中,将对经纪从业人员资格的规范作为一项重要的管理内容,其中包括经纪从业人员的条件、培训、考核、资格认定以及从业行为记录等具体内容。同时,《经纪人管理办法》在规定个体经纪人、合伙经纪人、公司经纪人登记注册的条件时,均明确规定要具备相应数量的具有经纪人资格证书的从业人员。《经纪人管理办法》是我国第一部全国性规范经纪人活动的行政规章。该办法的颁布,奠定了我国经纪人管理的基本内容。与此同时,全国各地也制定了本地区相应的经纪人管理办法,对经纪人的条件、资格以及考核都有明确的规定。

5. 对违规违法经纪行为进行较大力度的整治查处

我国二手房市场刚刚兴起,在开展二手房经纪过程中,难免有一些不法分子为经济利益而采取发布虚假信息、违规操作、合同诈骗等行为,最著名的事件是2003年11月发生的北京坚石房地产经纪有限公司诈骗案,给二手房经纪行业带来了巨大的负面影响。近年来,各级政府按照《经纪人管理办法》及有关法律规定,对不符合规范要求的二手房经纪机构实施了限期整改、勒令关闭等管理手段,对违规的二手房经纪人采取取消经纪资格、罚款等处罚措施,严厉打击各种违规操作行为。这一切促进了我国二手房经纪行业的健康发展。

第四章 二手房产权

在商品交易社会,只有具备独立处置权利的商品,才能进行交易。产权清晰是房地产市场发展的必然趋势,也是我国二手房进入市场交易的前提。我国近年来的二手房市场的改革也围绕着产权这一核心不断深入。在我国商品经济不断发展的今天,二手房产权问题非常关键。

第一节 二手房产权界定

一、二手房产权概念与特征

房地产是资产的一种形式,而资产是由资源衍生而来的。资源之所以成为资产,与产权界定有直接的关系。二手房产权可直观理解为占有权、使用权、出借权、转让权、用益权、消费权和其他与财产有关的权利。二手房归谁所有,其权利与义务主体是谁,是二手房交易时必须要明确的。产权关系明确,是二手房买卖的基础;产权明晰也是二手房市场管理和完善的基本工作,国家对二手房市场的管理和完善,首先就在于对二手房产权的明晰。二手房的产权关系是根据相应的法理、法规来确定的;不同的二手房的产权获得方式有所差异;相对于新房具有更复杂的背景,使得二手房产权具有一些不同于新房的特征。土地增值问题是二手房交易中的产权关系变化中涉及利益得失较多的问题。

所有权是一种绝对权,是一种无限制的权利,唯有法律才能对其适当地加以限制。所有权从产权上可以分为完全产权和不完全产权。从产权的利益关系上看,包含上述的房屋产权形式在内的产权是不完全产权,不完全产权会受到各方面的限制,具体地说,二手房产权具有如下特征:

(一)产权人权利因权利主体的相对性而受到限制

对于商品房、私房来说,由于卖方的权利不受政策的限制,其售卖房屋的对象范围比较广;而对于不完全产权的房屋来说,因为存有居住年限的限制,根据实际情况限制购买者的范围,有的要求优先向国家房管部门、单位或者单位内同事出售,有的则将售房对象限制为住房困难的中低收入家庭。

(二)房屋面积因权利客体的相对性而受到限制

房屋根据是否属于完全产权以及非完全产权的不同,其住房面积受政策限制的程度也不同,通常根据公务员级别、职工的住房面积以及地区的单位标准不同而不同。

(三)房屋权能因所有权内容不同而有所限制

房屋产权情况不同,其产权的所有权内容也是不同的。一般而言,完全产权住房的产权人对房屋的占有、使用、收益和处分等权利具有排他性和绝对性。而不完全产权房屋的产权人对房屋的占有、使用、收益和处分等权利却具有相对性、非绝对和永久性,一般不能从相对产权中获得收益;在占有权和使用权方面,一般产权人及其家庭才可以使用,他人不得占有和使用。

二、二手房产权的重要意义

对于购买者来说,在选好了房屋,并对房屋的基本构成要素以及建筑等都比较满意后,便可以与售房者签订二手房交易合同。由于是二手房,原先的房主无论是使用自建房还是购买的商品房或者其他类型的房屋,都应该有自己的产权证,一般包括房屋所有权证和土地使用权证。产权证是房地产管理部门代表国家向房屋所有权者颁发的房屋产权证明,具有一定的法律效力。产权证也是居民对房屋进行正当的使用、占有或操作的凭证。有了这个凭证,任何他人都不得在产权人允许的范围之外进行任何非法的活动,否则若产权人控诉的话,就应该受到相应的法律制裁。由此可见,房屋产权证的重要性,它类似于居民个人的身份证。正当的二手房也是具有产权证的。因而,居民在购买二手房时,应该向原房主索要房屋产权证,这也是购房者应该拥有的一项权利。买卖双方在一切都谈妥以后,就应该去相应的房地产管理中心办理房屋产权转移手续。在产权手续办完以后,购买者方可安心居住。但在购买二手房之前,购买者应该仔细查看房主的产权证明,对于产权证的相关内容进行核实,确定是合法的房屋后,方可购买。

三、二手房产权关系及确定

(一)二手房交易中的产权关系变化、土地增值问题

产权制度改革是我国经济体制改革和市场经济发展的重要内容,房地产产权制度的建立与产权类型的确立是房地产估价的法律基础。二手房交

易(买卖)中涉及的最为重要的问题或许就是产权关系的变化。不同产权状况的二手房,在交易过程中的产权关系变化有所不同,其中,房改房的产权关系变化较为复杂。

房改房是房改的产物,是政府以一般低于市场价的成本价或标准价出售给公房使用者而形成的。为了使其与普通消费者的承受能力相当,房改房价格中不含地价(土地出让金),又加上了减免税费等一系列优惠政策,从而使得房改房价格降低。这样,一方面帮助代表公房所有者的国家推进住房商品化,减轻行政管理负担;另一方面也使公房的直接管理者——单位和房管部门——的利益关系出现了变化;还有利于一些职工、居民,使他们拥有了自己的住房产权,这样导致了相关的利益变化。但是由于在各地房改中,房改房大多是以成本价和标准价获得的(分别占45%左右),以市场价出售的较少(约10%),因而这些房改房大多是不完全产权、有限产权。这类产权在交易中涉及多方面的所有者权益关系。具体地讲,主要有如下一些产权关系变化:

1. 商品房和私房在交易中的产权关系变化

商品房和私房的产权关系比较明确,所有者拥有全部的土地产权和房屋产权,能够在法律允许的范围内,按自己的意愿对其进行交易,在缴纳正常税费之后,获取交易的全部收益。与此同时,也将住房的全部产权一次性地转移给购买者。

商品房和私房交易过程中涉及的产权问题,主要是可能存在的共有产权的纠纷。有的商品房和私房是夫妻双方或者是兄弟姊妹的共同财产,大家共同享有产权。按法律规定,这种共有产权的房屋交易,需要共有人全部出具书面同意证明材料,才能进行交易。因此,这种共有产权的纠纷,主要是来自出售方,但也可能影响到购买方,因为这种在出售方无权出售情况下的房屋买卖合同,在法律上属于无效合同。

2. 市场价购买的房改房在交易中的产权关系变化

以市场价购买的房改房的产权关系变化情况同一般的商品房相同。这类房产交易具有完全产权。

3. 以成本价购买的房改房在交易中的产权关系变化

与市场价购买的房改房不同,成本价购买的房改房的土地使用权是无偿划拨得到的,没有像商品房那样缴纳土地使用费。因此,房改房的产权中的土地产权部分实际上仍然属于国家,购房者只占有房屋产权部分。这时的交易是不完全的市场交易。

在购房者自己居住时,出于有利于房改的考虑,国家并不对土地使用权相关收益(租金)提出要求,因此对居民有潜在的优惠。但是当居民出售住房时,情况就出现了变化。二手房买卖是按照市场价进行的,是完全的市场交易,市场价是包含了土地使用权的。于是,购买公房时没有包含土地使用权费用的问题就显现出来了。土地使用费涉及两个重要利益关系:一是对起初购买公房时按照当时的市场行情应当缴纳的土地使用费;二是从购房以来直到出售时这一段时间内由于种种原因引起的土地增值问题。第一个方面的问题不太大,当年的土地使用费已经在市场价售房的方式中有测定。成本价购房的,在土地使用费上较当年差多少,比较容易明确。按这个差额补交的方法也很简单,直接补齐就了事。麻烦在于土地增值问题,涉及很多与经济利益关系密切的理论问题。

土地增值,是指在现实经济生活中土地价格(在我国城镇是指国有土地使用价格)的增加。导致土地增值的因素很多,主要有以下三种:

(1) 投资性增值

投资性增值,是指对土地进行直接、间接投资所形成的劳动价值量的增加而使土地增值。其中又分为两种情况:一是对土地直接投资导致的增值,如对某一地块进行"七通一平"之类的开发所形成的增值;二是对土地周边环境投资所产生的辐射作用所导致的土地增值,如在某一地块之外进行的基础设施建设、环境改造,使这个地块的经济价值间接发生变化。某一地块的价格变化,既受到外部环境的影响,也反过来影响外部环境的土地价格。对地块的外部环境投资,既可能是来自于国家,也可能来自于社会上的其他单位或者私人。

(2) 供求性增值

供求性增值,是指由于土地资源的有限性(稀缺性)而导致供不应求的趋势,从而引发的土地价格,又叫做"稀缺性增值"。这种情况在我国发展较快的城镇表现十分明显,尤其是这些城镇的黄金口岸地区的商业用房,受供求关系变化影响尤其突出,有的是按周、天,甚至小时来计算租金。

(3) 用途性增值

在投资水平、供求关系不变的情况下,同一地块、同样的住房,其使用价值也可能由于用途变化而导致收益水平变化,引发地价变化。如同一套二手房,用于居住、商住和门市经营的价值就很不相同,由此形成的买卖价格往往也不相同。土地用途性增值还有一种情况,就是由于规划之类的原因,使得该地块的未来用途价值发生变化。

在上述的土地增值类型中,直接对地块投资形成的增值也叫做"人工增值"、"自力增值",其余的也叫做"自然增值"、"外力增值"。

本来,二手房的房屋部分,与其他商品一样,是随着时间和使用的推迟而不断衰旧,直到被拆迁或者成为危房,失去使用价值;只有折旧问题,不存在增值问题。但是由于房屋是建筑在土地上的不动产,土地增值的问题也就随之存在了。

在土地增值的影响下,现在的公房市场价格比起初的成本价发生了巨大的变化,具体到公房的土地增值,也包括购房者对住房投资形成的"人工增值"、"自力增值",以及政府投资、社会其他单位和个人投资引发的"自然增值"、"外力增值"。如购房者对房屋进行装修、维护,使得房屋的价值有所改善,这就是"人工增值"、"自力增值";政府进行道路交通、天然气、光纤电视线路建设、商业网点建设……周边土地被某投资者开发出来成为商业口岸,使得房价的市场行情上涨,诸如此类的则是"自然增值"、"外力增值"。由于公房大多位置较好,受土地增值影响大。

土地经济学认为,作为纯粹的自然物质的土地,本身没有劳动价值,其价值是一种潜在的、虚拟的价值。如没有石油的沙漠、没有人烟的荒原,就没有现实的劳动价值。作为劳动产品的土地资源则不同,它具有劳动价值,这种土地价值就表现为地租。

不论是只有潜在价值的土地,还是作为生产资料的土地,在房地产市场上都有价格。土地的价格,完全取决于土地所有权、使用权被垄断下的土地供求;土地资本的价格则以劳动创造的价值为基础,并受到市场供求关系的影响。

显然,房改房的成本价与市场价之间差额很大,这主要是房改中实行优惠政策的缘故。这种优惠政策对于促进当年的房改是比较有效的,但是随着改革深入,现在涉及房改房的二次交易,以前的房改措施的后遗症也就显露出来。土地增值问题成为人们关注的焦点,也是制约二手房市场发展的一个产权方面的难点。

公房上市的土地收益分配关系可以归纳为以下模式:对于土地所有者而言,则在获得土地出让金或地租的同时,出让土地使用权;而土地所有者——政府——又可以并且应当用出让国有土地所获取的财政收入用于适当的投资方面,尤其是改善由于各种原因导致的居住困难者的居住状况;对于售房者而言,应该以所获得的收益中将不属于其个人的部分——地价款——补交给土地所有者;对购买这种二手房的买家而言,则以成交时的市场价格获取完全产权。这样就能理顺方方面面的产权关系、职责关系。

在当前各地出台的实际政策中,出于促进房改、激活房地产二级市场等诸多因素的考虑,对土地收益的征收办法有所不同,全国主要有三类方式:

第一类是一次性收取住宅用地70年期限内的全部土地出让金。比如

1992年以后,北京市的土地出让金就是按照这种方式收取的。

第二类是在70年租期内逐年收取土地租金。这样做的目的是为了降低购房时缴纳土地出让金的金额,降低房价。广州、上海等城市在考虑采用这种方式,国家土地管理部门也在研究制定这方面的政策。

第三类是按一定比例收取土地收益金。比如上海市规定,职工已购公房上市出售,取得售房收入者应缴纳售价1%的土地收益金;北京市规定,"1997年1月1日前利用划拨国有土地开发建设并已施工的普通商品住宅项目,需在1998年6月30日前办理有关手续,按平均每平方米建筑面积销售价格的5%核算楼面土地出让金。"

有专家认为,土地出让金的实质是地租,应当归土地的所有者——国家享有。因此土地出让金应当是基准地价的一部分,而土地出让金一般占基准地价的20%~30%;另外,长期实践经验下的土地基准地价一般占房地产价格的30%~40%,因此,土地出让金一般应当占到房价的10%左右。财政部在一份关于已售公房上市收益分配政策问题的研究报告中指出,土地出让金应当按销售价格的10%计算。一些地方对土地收益有较多的减免。在实际政策中,上海市的土地收益金执行的是按售价1%计收的标准。按照这个标准计算,1999年上海实际平均土地收益金的标准约为145元/平方米。

(二)二手房产权关系确定

二手房交易后产权确定,是关系到交易的合法性的标志性问题。《房地产法》对房地产产权的转让或变更有专门的条例:

"第六十条……房地产转让或者变更时,应当向县级以上地方人民政府房产管理部门申请房产变更登记,并凭变更后的房屋所有权证书向同级人民政府土地管理部门申请土地使用权变更登记,经同级人民政府土地管理部门核实,由同级人民政府更换或者更改该土地使用权证书。法律另有规定的,依照有关法律的规定办理。"

这个条例要求二手房交易应到房管部门进行产权变更登记;在交易登记时,管理部门将按照法规和政策要求进行审核;通过审核之后,将颁发变更了房屋所有权的新的房产证。就此,房屋产权部分的产权就得到了法律确认和保障。

在房屋产权得到法律确认之外,还要求对土地使用权变更进行登记。这部分程序由法定的同级土地管理行政部门负责。当国土部门按照有关规定确认土地使用权变更登记没有违规行为后,由同级政府主管部门更换或者更改土地使用权证书。

第二节 二手房产权现状与问题

一、我国二手房产权现状

我国二手房市场是伴随着我国房地产市场改革而逐渐兴起的,二手房市场是我国房地产市场从计划体制向市场体制过渡的重要领域。通过国家一系列政策的推动,居民房屋产权逐渐明晰,房屋所有权的明确使房屋进入市场买卖发生所有权转移成为可能。进入市场的二手房产权的基本现状是:

(一)二手房产权类型多样化

进入二手房市场的房屋产权呈现着多种不同的权属状态。在我国经济改革的过程中,所有制形式逐渐向多样化发展,各种机关、团体和企事业单位隶属关系复杂,企业改制过程中形成的权属不清、权属混乱的情况比较严重。因此,由于市场经济转轨过程中的多样化所有制形式增加了房地产权属的多样性,所适用的政策也各不相同。进入二手房市场的二手房产权形式包括商品房、已购公房、经济适用房、直管公房、自管公房、使用权房等形式。

表4-1 二手房产权类型及其主要特点

类型	取得方式	房产证编号表现(以北京市海淀区为例)	土地出让金	备注
商品房	指直接从开发商手中购买的房产,这种房屋的建设用地一般是通过出让的方式获得	房产证编号为"海私字第×××号"	个人在购买房产时,房价里亦包含了土地出让金(开发商在取得土地使用权时向国家支付了土地出让金)	在二手房市场上,已经转让过的"小产权"房以及以市场价购买的公有住房,再转让时,等同于商品房("大产权"房)。已经转让过的"小产权"房的房产证编号为"海私移字第×××号"

续表

类 型	取得方式	房产证编号表现（以北京市海淀区为例）	土地出让金	备 注
已购公房	房屋改革过程中，已经购买为私人产权的原公有住房	以成本价购买的房屋，其房产证编号为"海私成字第×××号"。以标准价购买的房屋，其房产证编号为"海私标字第×××号"，转让时须再补交6%的价款后方能和以成本价购买的房屋一样出售	此类房屋的建设用地大多是以划拨的方式取得的，原单位未支付土地出让金，个人购买时房价里也没有包括土地出让金，再转让时，需要补交土地出让金	
经济适用房	特定人群直接从开发商手中购买，因此是一种特殊的商品房，减免了开发商的一些税费，限制了开发商的利润率，因此房价偏低		政府免收了土地出让金（个人购买时房价也没有包含土地出让金），再转让时，购买人不再受限，但是得补交土地出让金	
直管公房	政府直接管理的已购公房			直管公房可以上市交易，原产权单位不得阻挠，交易过户手续的办理及交易税费比较明确
自管公房	中央直属或企事业单位自管的已购公房			自管公房经原单位同意的可以比照直管公房上市交易。事实上，中央直属的一般都不能上市交易，带"国字头"的企事业单位自管公房，有的单位同意上市，有的则不行

续表

类　型	取得方式	房产证编号表现（以北京市海淀区为例）	土地出让金	备　注
使用权房	市民租住公有住房，因此享有使用权的房屋			使用权房的转让，目前还只是试点，相关手续及税费不是很明确

（二）不同产权类型的二手房的市场交易量不同

由于不同产权类型的二手房特点差别很大，这些差异造成交易阻力有很大的差别，直接影响二手房的市场交易数量。二手房市场上已购公房的交易量比较大，许多人甚至误以为二手房就是已购公房，二手房交易中的商品房所占比例越来越大。主要是由于近年来政府对公房的政策逐渐放开，大量的原公房涌入市场所致。

（三）产权转让受到一定限制

二手房类型形式多样。商品房和私房的所有者拥有全部的土地产权和房屋产权，产权关系比较明确和简单，能够在法律允许的范围内，按自己的意愿对其进行交易，在缴纳正常税费之后，获取交易的全部收益。而那些公房和使用权房存在较大的差异，各单位在操作上采取不同的形式，有些单位合理利用产权障碍控制人员流失。如以标准价购买的公有住房，在成本价尚未补足、与原单位尚未确定按比例分成的情况下，不得进入二手房市场转让；有些单位在向职工售房时与职工签订有服务合同，当出现人员流失时原单位还有优先购回权。在以上情况下，确定单位同意出售该房子的证明是关键，产权可以一次性的转移给购买者。

（四）二手房产权交易后可能发生产权类型变更

商品房和私方的产权是完整的，因买卖关系发生的产权转移只需涉及买卖双方。而在经济适用房、已购公房等条件下，土地使用权是无偿划拨得到的，没有像商品房那样缴纳土地使用费，这种情况下欲转让，只要补偿按照市场行情应当缴纳的土地使用费、从购房以来直到出售时这一段时间内由于种种原因引起的土地增值费用就可以自由买卖，这类房产转移到购买人手中就完全成为其私有房产，再进入二手房市场进行转让时就变成具有完整产权的住房了。

（五）二手房产权明晰化是未来的发展方向

现在仍然存在相当数量的房产有待于进入二手房市场进行交易，相当一部分房屋产权不完整,有私人与单位共同拥有产权的,也有单位拥有产权而私人拥有使用权的,个人在出售时受到诸多限制。随着我国房地产市场改革,完全实现房地产市场的市场化运作必须使交易主体是完备的,这样才能保证市场的有效配置。因此,逐渐实现房地产商品产权明晰是市场发展的必然要求。我国在逐渐加速产权明晰的过程,通过不断的政策改革实现二手房的产权明确。

二、我国二手房产权存在的问题

我国二手房市场刚刚兴起,运行过程中存在许多问题,直接影响了二手房市场的正常运作和资源配置效率,这些问题的出现还是由于制度上的缺陷。这些问题主要包括:

(一)产权处理方式各异影响交易效率

由于存在多种形式的二手房产权形式,在买卖二手房的时候,不同类型的二手房产权的明确方式和难度差异很大,不同单位的做法也有较大的差异。所以,那些产权与单位共有或者只有使用权的二手房很可能出现由于第三方的阻挠而出现难以交易的情况。产权处理的方式虽然有的已经通过政策和法规的形式确定,但是单位在执行的过程中仍然有相当大的自由度,可以轻易地设置障碍阻止交易。尽管规定某类型的二手房在一定年限后上市时,政府要收回一定比例的差价收益,但收回多少、怎么收回差价收益,因缺乏房屋产权依据,难以操作,造成不能交易、延期交易等情况的发生。

(二)产权类型多样,对二手房的市场功能有损害

不同类型的二手房在市场上发挥作用的范围有较大差异,某些类型的商品房由于产权限制不能执行其应有的市场功能。产权完整的二手房不仅仅具有出售功能,还包括抵押、出质、交换等功能,而产权不清晰的二手房在应当承担以上功能的时候效力降低甚至不能执行上述功能,这是人为因素和历史遗留问题所造成的,对我国房地产市场转轨、完善房地产市场功能有危害。

(三)某些产权类型的二手房产权不明确

虽然我国开始明晰房屋产权工作已久,但是工作还未完全结束,工作过程中出现诸多难点使某些房地产的产权明晰工作陷于停滞。这主要是我国房屋产权工作历史遗留问题严重,工作量较大,企业改制过程中打乱了原有的所有制构成,这又加剧了房屋产权的混乱,相当数量的二手房的产权确认工作艰巨,此类二手房无法进入二手房市场。

(四)二手房产权破碎

我国现在的二手房市场产权仍然采用双轨制运行方式,政府或单位拥有一定的产权效益限制手段,并且通过政府法规或者单位内部规定形式加以制度化,这破坏了房地产产权交易市场的统一性。以经济适用房为例,经济适用房建设采取行政划拨方式供应土地,导致房地产市场供地方式的"双轨制";经济适用房价格未计入土地出让费等,导致房地产产权交易市场定价机制的"双轨制"。土地供应方式和定价机制是房地产市场的两大核心问题,经济适用房制度在这两大核心问题上采取非市场化方式运作,使整个房地产产权交易市场形成"双轨制",如果长期这样下去,统一的房地产产权交易市场是难以形成的。

(五)共有产权二手房交易制度不完善

政府用于经济适用房建设的财政性支出(如减免的土地出让收益和税费),政府按投资比例拥有房屋产权和相应权利,即是共有产权制度。具体形式是,凡由政府提供补贴的住房,由政府和受助购房人按出资比例共同拥有产权,政府和受助者按规定共同申请领取《房屋共有权证》并在其中标明房屋所有人是政府和受助购房人以及两者的产权比例。政府拥有的产权可以授权住房保障机构持有并行使相关权利。共有产权是政府为人民提供福利的一种形式,但是无限期限制这种福利的交易就有损于市场资源配置的有效进行。近年来,虽然在某些发达的大城市允许5年以上的经济适用房上市交易,但是相关的交易政策、补偿金的缴纳标准、评估方式等有待于制度化完善,各地区具体操作的方式有较大差异,也就产生了地区间的不公平。

第三节 二手房产权管理与规范

一、有关二手房产权的法理、法规

产权是指存在于任何客体之中或之上的完全权利,包括占有权、使用权、出借权、转让权、用益权、消费权和其他与财产有关的权利。从法理上归类,二手房的产权问题属于产权理论的一部分,或者说是产权法理在二手房产权中的应用。要明晰二手房的产权关系,首先要对相关的产权法理知识有所了解。产权是财产权利的简称,是一系列与财产相关的权利的组合,包括多方面的具体权利,如占有权、使用权、转让权,收益权和其他与财产相关权利组成,可以说是一个权利集合。法学术语称这种权利组合为"权利束"(bunch of rights),权利束及其下属的各个权利方面,可能归属于某一个主体,即所有者,也可能归属于多个不同的主体。于是,就出现了完全产权和部分产权(不完全产权)的区别,以及绝对产权和相对产权的区别。

绝对产权和完全产权是权利相对集中,较少或者基本不受他人或者外界制约的权利。相对产权和部分权产则存在着与其他人或者利益代表分享的权利部分,或者在自己权利范围之外的相关权利。

具体到住房的产权问题上,1994年7月18日公布的《国务院关于深化城镇住房制度的决定》(以下简称《房改决定》)对住房产权下的定义是:"住房产权是住房各项权益的总和。依据我国法律规定,产权人对其所有的住房享有占有、使用、收益、处分等权利。"完整的住房产权包括完全的土地产权和完全的房屋产权两个大的部分。由于在我国土地是国家所有,所有权不能买卖,只能对使用权进行交易。因此一般的房屋产权概念中所谓的完全的土地产权,是指土地使用权,而完整的房屋产权是指房屋所有权。房屋的所有权,也称房屋产权,主要包括房屋的占有权、使用权、收益权和处分权。其中,国家出让出来的土地使用权是有年限规定的,一般住房用地的使用权出让年限为70年。在使用年限内,房屋的土地使用权可以在法律、法规允许的范围内进行转让。

房地产产权中还涉及他项权。其中又主要包括地役权、租赁权、抵押权和典当权。

● 地役权。是指为另一所有人的不动产之使用及需要而对某一不动产所强加的负担,即地役权是施加于不动产(称供役地)的负担以使其他不动产(称需役地)获益得到一种物权。地役权必须依附于土地,是一种永久性的权利。同时,地役权是一种自身不可分割的权利。在我国的《民法通则》中对相邻或相隔的土地或房屋(不动产)的通行、取水和排水等权利,用相邻关系的形式作了规定,把这种在他人使用的土地或所有的房屋上取得通行、取水和排水的权利称为地役权。一般认为,相邻关系是通过法律规定的,不必经相邻各方约定而对房地产产权进行限制。同时,为了取得通过他人土地或院落、走道出入的权利,要向他人缴纳一定的费用。

● 租赁权。是我国的一种较特殊的土地他项权,是指经出让的国有土地使用权可以出租,承租人所承租的土地有租赁权。

● 抵押权。是指房屋的有偿使用权及经有偿出让的国有土地使用权可以用以抵押。抵押开始,抵押权人(债权人)即取得房屋或土地的抵押权,抵押人(产权人)和抵押权人要订立抵押契约,规定还款期限及利息。到期不还清债务的,抵押权即丧失。抵押人破产的,抵押权人享有以抵押物作价或从拍卖房地产中优先得到清偿的权利。

● 典当权。简称典权。它是产权人以商定的典价给承典人,承典人在典期内享有房地产的使用和管理权的行为。在典期内,承典人不收付出典价的利息,而出典人也不收回房产的产权。超过典期,出典的人如果不赎回或者无力赎回,承典人享有房地产产权的产籍权。

此外,房地产的他项权利还包括相邻采光通风权、相邻安全权、借用权、空中权、地下权和地上权等。

二、二手房产权证明

(一)房屋产权归属登记

1. 房屋产权登记类别

房屋产权登记也有很多种类,每种登记要求都有特定的范围。居民购买二手房进行登记是产权受法律保护的有效方式。产权登记的变更才意味着权属变更受到法律承认。房屋产权登记的主要类别有:

(1)总登记

总登记是指县级以上地方人民政府根据需要,在一定期限内对本行政区域内的房屋进行统一权属登记。登记机关认为需要时,经县级以上地方人民政府批准,可以对本行政区内的房屋权属证书进行验证或者换证。

(2)初始登记

新建的房屋,申请人应当在房屋竣工后的三个月内到登记机关申请房屋所有权初始登记,并提交用地证明文件或者土地使用权证、建设用地规划许可证、建设工程规划许可证、施工许可证、房屋竣工验收资料及其他有关证明文件。房地产开发商在商品房竣工后,经过初始登记才能取得大产证。

(3)转移登记

因房屋买卖、交换、赠与、继承、划拨转让、分割、合并、裁决等原因使其权属发生转移的,当事人应当自事实发生之日起三个月内申请转移登记。

(4)变更登记

权利人名称变更和房屋现状发生下列情形之一的,权利人应当自事实发生之日起三个月内申请变更登记:房屋坐落的街道、门牌或者房屋名称发生变更的;房屋面积增加或者减少的;房屋翻建的;法律、法规规定的其他情形。

(5)他项权利登记

设定房屋抵押权、典权等他项权利的,权利人应当自事实发生之日起三个月内申请他项权利登记。

(6)注销登记

因房屋灭失,土地使用年限、他项权利终止等,权利人应当自事实发生之日起30日内申请注销登记。

2. 二手房产权变更登记

(1) 办理二手房产权的主体条件

● 权利人条件。权利人自行办理房地产登记的,必须是十八周岁以上公民,或十六周岁以上不满十八周岁的公民,以自己的劳动收入为主要生活来源的,此外还要求权利人能够辨识自己的行为,方可自办二手房变更转移登记,这是我国法律中所严格规定的。

● 委托人条件。委托办理二手房变更转移过户登记的,权利人可以出具授权委托书,委托律师、专业人士代办。

● 法人条件。法人组织办理二手房变更转移登记的,必须具有民事权利能力、民事行为能力,能够依法独立享有民事权利和承担民事义务;任何机关、企业、事业单位、社会团体申请登记时,若委托他人代理登记,应出具委托书。

(2) 二手房产权登记

二手房在获得使用权之后,购房者需要持有关凭证到房地产管理部门和土地管理部门办理权属变更手续,即购房人办理房产证,这需要在相关房地产管理部门转移登记。广大购房者务必按照规定时限及时办理二手房变更登记,否则不仅可能会产生不必要的房地产权利风险,而且还会导致不必要的经济损失(罚款)。

二手房产权变更登记需要提交相关材料到二手房所在区、县房地产交易中心。提交相关材料(房地产登记申请书、当事人身份证件或单位营业执照、交易合同、付款凭证、委托办理应提交委托书原件以及法人代理人身份证明、契税申报表、商品房用地面积分摊明细表、房产总平面图与分层平面图以及地籍图各两份),填写房地产登记申请书和房屋产权转移申请书。办理产权变更需要买卖双方当事人(或其代理人)同时到场。

(二) 产权证相关注意事项

国内产权证有新版和旧版之分。建设部决定在 2002 年 1 月 1 日实施《城市房屋权属登记管理办法》的同时,在全国启用新的统一印制的房屋权属证。新版产权证由建设部设计监制、中国人民银行北京印钞厂独家印制,采用了护照和钞票印制工艺,按照专门工艺和选用专门材料印制,这就有效地保证了权证的规范、标准、统一;增加了防伪功能,如注册号、团花、水印等,防伪功能更强;同时也增强了权证的权威性,规范了发证机关和用印。新证共分三种:《房屋所有权证》、《房屋共有权证》、《房屋他项权证》,内页印有统一规范的填写项目。新旧产权证的主要区别如表 4-2 所示。

表4-2 新旧房屋产权证的区别

	旧产权证	新产权证	备注
格式	格式内容并不统一（建设部式样的、改造建设部式样的、自行印制的、有本式的、纸张式的）	建设部统一格式	
印制	权证由各地印制	由建设部设计监制、中国人民银行北京印钞厂独家印制	
防伪标志	没有任何防伪措施	有较多的防伪标志	见表下注
发证机关	发证机关极不规范，有的叫政府，有的叫房地产管理局，有的叫房管处、所、站	市（县）的房地产管理局（房产管理局或市（县）人民政府	
公章	所用印章不规范、不统一	必须是发证机关公章，其他任何单位或部门都无权发证；所盖印章均系机器套印，印迹清晰、干净、均匀,手工盖印是不可比的	
编号	混乱	建设部公告中明确的每个能够发证的市（县）发证机关注册登记的编号	

[注] 应注意的防伪标志：

①编号：在"注意事项"页右下角，有印钞厂的印刷流水编号，同一发证机关的权证号码是连续的。②发证编号：首页花边框内上端由发证机关编列的权证号码。此号码与发证机关的簿册、档案记载一致。③暗印：水印所用纸张为印钞纸，浅粉底色；等线宋体"房屋所有权证"底纹暗印，对着光亮处可见高层或多层水和房屋。④团花：封面里页有由土红、翠绿二色细纹组成的五瓣叠加团花，线条流畅、纹理清晰。⑤花边：在房产证首页，发证机关盖章页有上下等宽、对称，左右等宽、对称的咖啡色花纹边框，花纹细腻、清晰。

三、各种二手房的产权获取方式和有关政策

二手房又可以分类为商品房、私房、房改房。从产权明晰的角度讲,二手房中的商品房、私房都属于产权关系明确的全产权房屋。相对于商品房和私房而言,各种各样的房改房的产权关系要复杂得多,有的享有全部产权,有的是共有产权,有的只有部分产权。房改房的产权情况主要是由房改房所有权的获取方式决定,具体的获取方式有所差异,这些差别是与不同历史时期、不同地区、不同行业、不同单位的房改政策相联系的。主要有如下几种:市场价、成本价、标准价、低价房(违规出售、突击分房)、经济适用房。下面对房改房产权获取的主要方式和有关政策分别予以介绍。

(一) 市场价房改房

这类按市场价购买的公房,卖家在出售时,缴纳的税费最少,并且缴纳国家规定的交易税费之后,所得收益全部归自己支配,不用再缴纳土地出让金、土地增值费等。

公房与商品房有很大的区别,同样造价的公房,可能按不同的价格标准出售。尤其是公房的建设方,所有人往往是国家或者国有单位,建设过程中一般都有各种优惠政策,如土地使用权可能是划拨的而不是花钱买的,建设资金也可能是拨款、无息贷款或者低息贷款。

《房改决定》第十五条规定:"向高收入职工家庭出售公有住房实行市场价"。按照市场价格出售公房,就意味着职工、居民在购买公房时已经对各种政策优惠进行了补偿,这类方式得到的"公房",没有多占国家的便宜。于是,按照市场价购买的公房就能享有完整的产权,是全产权性质的,是不受限制的全产权。

(二) 成本价房改房

《房改决定》规定:"向中低收入家庭职工出售公有住房实行成本价。成本价应包括:住房的征地和拆迁补偿费、勘察设计和前期工程费、建安工程费、住宅小区基础设施建设费(小区级非营业性配套公建费是否列入成本由各地自行确定)、管理费、贷款利息和税金等7项因素。"房改中以成本价出售的公房的比例比较高,各地的具体情况有所不同,一般在40%~50%。

旧房的成本价按照售房当年新房的成本价成新折扣(折扣年限一般为50年)计算的,使用年限超过30年的,以30年计算;经过大修或设备更新的旧房,按照有关规定评估确定。由于构成成本价的上述各要素每年都在发生变化,一般出售公房的成本价由市(县)人民政府逐年测定,报省、自治区、直辖市人民政府批准后公布执行。职工购房时,房屋价格以成本价计算,但是有工龄折扣。因此,在这种情况下,表面上职工缴纳的房价款远远不够成

本,实际上仍然是按成本价购买的住房。旧公房在按成本价出售时,还要计算折旧,折旧率按每年2%计算(超过20年的按30年计算)。

按照《房改决定》的政策,职工对以成本价购买的公房拥有完全产权,但是又有一定的限定条件,规定所有者只能在居住满5年后才能上市交易;由于成本价中没有包含土地使用价格,因此,成本房在出售时,需要补交土地使用权出让金和相关的土地增值收益;在缴纳其他有关税费之后,才能得到房屋上市的收益。也有人认为,这实际上是一种有特殊限制的完全产权。

(三) 标准价房改房

所谓标准价,是指"以成本价向中低收入职工家庭售房确有困难的市(县),依据该市(县)职工家庭平均经济承受能力确定的售房价格。"一般也将标准价理解为比成本价更优惠的售房价格,也叫做准成本价。

按标准价购买的住房,所享有的产权是部分产权,所占比例按购房当年的标准价占当年的成本价的比例确定。《房改决定》规定,标准价房可以在补交标准价与成本价的差额和相应的资金利息后,转变为成本房。具体的利息标准和补交办法,由各省、自治区、直辖市级政府确定。

标准价是房改中的一种过渡性措施。这样做的目的,一方面是通过补贴的方式促进职工购买住房,推进住房自有化程度提高,是加快房改的一个方法;另一方面,又可以防止突击分房的违规行为、减少国有资产的流失,还可以通过出售公房的收入得到新的住房建设资金。由于中小城镇的建房成本较低,标准价售房政策一般适用于大中型城市。一般出售公房的标准价也由市(县)人民政府逐年测定,报省、自治区,直辖市人民政府批准后公布执行。现行售房价格已经高于规定的标准价起步水平的,不应当再降低价格。

由于以往工资中缺乏住房消费部分,加上各地经济发展情况不平衡、职工收入水平不平衡、住房建设成本不平衡、转换住房分配机制的进程不平衡,一些行业、城市的一些单位职工没有足够的储蓄,难以负担成本价的房改房。为了促进房改,又要防止低价出售公房,《房改决定》中还采用了标准价售房的方式。

标准价测算办法为:负担价加上抵交价之和。其中,负担价是按照双职工年平均工资的一定倍数计算。如1994年一套建筑面积56平方米的标准房的负担价,是按照所在城市双职工年平均工资的3倍计算,经济较发达城市高于3倍。抵交价是按双职工65年(男职工35年,女职工30年)内积累的由单位资助的住房公积金现值的80%计算的房价。之所以称为"抵交价",是表明这部分房价款是职工用单位资助的住房公积金支付的。

《房改决定》规定,任何市(县)都不得以低于标准价的水平出售公房,包括那些以往没有建立住房公积金的城镇。标准价也是逐年测算。按标准价购买住房,也存在着工龄折扣和折旧。标准价房屋的折旧公式为:

$$年折旧率 = \frac{(负担价 \times 2\% + 抵交价 \times 20\% \div 30\%)}{标准价} \times 100\%$$

以标准价购买的住房,购房者享有所购住房的占有权、使用权、优先的收益权和处分权,可以继承。产权比例按售房当年的标准价占成本价的比重确定。一般居住5年后方可依法进入市场出售或者出租。在同等条件下,原售房单位有优先购买、租用权,原售房单位已经撤销的,当地人民政府房产管理部门有优先购买、租用权。标准价没有包括土地使用价格,因此,出售和出租收入补交土地使用权出让金或所含土地收益和按规定缴纳其他税费之后,所得部分按单位和个人拥有的产权比例进行分配。

(四) 经济适用房

所谓的经济适用房,是与一般商品房相对而言的一种具有社会保障性质的商品房,具有经济性和适用性。经济性是指房屋价格相对于市场价比较低,旨在适应中低收入家庭的承受能力;适用性是指在住房设计及其建筑标准上强调住房的使用效果,而不是通过降低标准来降低房价。房改政策面正在促进房改房出售价格向经济适用住房价格方向转变。政策面还要求房地产公司每年在开发的建房总量中,得有20%的经济适用住房。随着时间的推移,这些经济适用住房也将成为二手房的重要来源。

经济适用住房的价格控制主要是通过政府给予用地、计划、规划、拆迁和税费等方面的政策扶持实现的。《房改决定》对这些政策有非常具体的要求:

用地方面:政府对经济适用住房的用地,原则上采取行政划拨方式,这是平抑价格的重要措施,是降低社会保障住房成本的关键。

计划方面:国家对住宅投资的计划单列下达,能够确保经济适用住房的计划优先安排,不被其他基本建设项目挤占。各政府在住房资金使用计划编制上,要向经济适用住房倾斜。

规划方面:规划部门优先安排用地,优先安排选点、规划、设计,并在选点时,提供有利于降低成本的地块,尽力在规划布局上提高住宅小区的容积率。

拆迁方面:各地在征地拆迁时,应对经济适用住房建设提供方便和政策上的优惠,对其过程中出现的劳动力安置,劳动部门应根据建设规模做出总体安排,受益单位应顾全大局,积极分摊安置劳动力,以确保经济适用住房的顺利进行。

税费减免:各地在建设经济适用住房税费减免上不尽统一,属于上缴地方财政的税费,各地应结合自身实际情况,本着影响成本构成主要因素的税费进行减免,有利于降低造价。例如:城市基础设施费、农业发展基金、新菜地开发基金、水增容费、电力开发费等,属于上缴国家财政的税费,各有关部门应予以支持,并做出相应的决策。

对企事业单位符合政府解困政策,在自有土地上自建的房屋也享受税费减免。

各级政府除了在经济适用住房建设中给予政策扶持外,还应在经济适用住房建设过程中加强领导,及时协调和处理出现的问题,各有关部门要本着"特事特办"的原则,提供及时便捷的服务。

1999年7月20日建设部颁布实施的《已购公有住房和经济适用住房上市管理暂行办法》规定:"城镇职工以成本价购买、产权归个人所有的已购公房和经济适用住房上市出售的,其收入在按照规定缴纳有关税费和土地收益后归职工个人所有。"购房者缴纳土地出让金或者相当于土地出让金的价款后,按出让土地使用权的商品住房办理产权登记。"职工个人上市出售已购经济适用住房,原则上不再缴纳所得收益。""已购公房和经济适用住房上市出售后一年内该户家庭按照市场价购买住房,或者已购公有住房和经济适用住房上市出售前一年内该户家庭已按照市场价购买住房的,可以视同房屋产权交换。""职工购买的经济适用住房……房屋产权归职工个人所有。""已购经济适用住房上市出售时,由购房者按规定缴纳土地出让金或相当于土地出让金的价款。缴纳标准按不低于所购买的已购经济适用房坐落位置的标准地价的10%确定。"

(五)集资合作建房

按集资合作建房的方式购买的住房,享有的产权是共有产权。这是由国家提供优惠政策、单位给予补贴、职工共同集资、合作兴建,按照一定的规定条件和程序分配给职工的住房。政府曾经鼓励这种建房模式,目的是为了调动政府、单位和个人的建房积极性和住房消费积极性。集资合作建房的产权是单位和职工共同占有,职工享有长期使用权。在这种产权关系中,个人出资的比例具有随意性、差别很大。

集资房的上市政策按照《已购公有住房和经济适用住房上市出售管理暂行办法》规定,是属于经济适用住房。它与经济适用住房最大的不同在于,存在着部分产权问题。《办法》规定以低于房改政策规定价格购买且没有按照规定补足房价款的,应当在补足后才能上市。可以上市的集资房,享受经济适用住房的政策。

(六)低价房

购买的低价房拥有的是福利性产权,这种住房常常伴随违规出售、突击分房的现象出现。一些单位以远远低于成本价的价格，向职工出售公房，即房产单位将房屋以非常低廉的价格出售给职工，有的甚至是无偿或者近似无偿，还有的甚至实际上是单位倒贴，如有的买房款还不够装修成本。在这种情况下，个人的价款大多是象征性的，所支付的房款一般只占房屋实际价值的很小比例。这种分房、买房方式的目的，是一些单位希望打政策的擦边球，利用单位的小金库作为补贴，将产权以尽可能低的价格转让给干部职工，实现住房的自有化、私有化。这种分房、买房方式，在单位的干部职工得到巨大利益的同时，单位也可以趁机摆脱一些房产管理的麻烦；职工还可以以此产权作为资本，为进一步改善住房状况奠定基础。这种单位一般是效益比较好、住房条件比较好的单位，受益较大的往往是这些单位的干部，有的领导干部趁机廉价购买多套住房。国务院办公厅和建设部曾经为此多次发布紧急通知，制止这种违规行为。这类房屋的产权是非法的，是二手房交易审查过程中的查处重点。

第五章 二手房估价

二手房价格可以间接反映二手房价值。但是,在二手房市场中,由于二手房房屋面积、建筑风格、谈判力等因素不同,二手房交易价格也会有较大差异。为了维护二手房交易双方的正当权益,需要通过公正的价格评估来指导交易行为,因此,价格评估(简称估价)成为二手房交易过程中必不可少的步骤。

第一节 二手房估价的基础原理

一、房地产价格评估的概念及范围

改革开放前,我国房地产商品禁止上市交易。随着房地产市场的放开,与交易息息相关的房地产评估行业逐渐走进人们的视野。房地产价格评估是一项不确定因素较多、技术性强、依靠经验的工作。由于历史原因,我国房地产业积累的评估经验不多,近年来的房地产评估工作大多是参照国外房地产评估经验和模式开展的,具有中国特色的房地产价格评估业仅仅处于起步阶段,我国的房地产评估行业的发展任重而道远。

我国《城市房地产管理法》第三十三条规定:"国家实行房地产价格评估制度。"建立房地产价格评估制度是我国发展房地产业的客观需要,是培育社会主义房地产市场的重要环节,是促进房地产公平交易的基本保障。房地产估价行业已经成为房地产行业不可缺少的一部分。房地产估价结果在房地产销售、转让、抵押贷款、交易税费计算、租赁、入股、保险、典当、纠纷处理以及企业的合资、合作、租赁经营、承包经营、股份制改组、合并、兼并、破产等方面起着重要作用,是企业进行房地产投资战略分析、投资决策分析和会计成本分析的基础,也是个人购买房地产商品的重要参考。因此,构建完善的、符合我国国情的房地产商品价格评估体系,健全房地产商品价格形成机制已经成为推动我国房地产业发展的重要课题。

(一) 房地产价格评估的概念

房地产价格评估是以房地产为对象,由专业评估人员,遵循公正、科学、合法的基本评估原则,按照一定的评估程序,运用科学的评估方法,并综合参考市场供求、社会环境、政策法令等方面的因素,对房地产商品价格进行客观、合理地估计、推测、判断的一种经济行为。房地产价格评估的概念中需要明确以下几个方面:

1. 房地产价格评估的主体

房地产价格评估的主体是房地产评估专业人员,专业评估人员必须通过资格考试,并且在有关主管部门注册取得执业资格证书后,才可以专门从事房地产价格评估活动。

2. 房地产价格评估的对象

房地产价格评估的对象是房地产商品,可以是单纯的土地、单纯的房屋以及土地附着建筑物等多种情况。

3. 房地产价格评估的目的

房地产价格评估的目的,是为某些涉及房地产商品的经济行为提供价格参考。这些行为主要包括:房地产销售、转让、抵押贷款、交易税费估计、租赁、入股、保险、典当、纠纷处理以及企业的合资、合作、租赁经营、承包经营、股份制改组、合并、兼并、破产等。

4. 房地产价格评估的原则

房地产价格评估的原则,是指房地产评估过程中要遵循的法律、法则、标准行业规范以及注意事项。其中公正、科学、合法是开展房地产评估活动的基本原则,也是基本的道德规范。

5. 房地产价格评估的程序

房地产价格评估的程序,是指房地产价格评估过程中需要遵循的工作步骤,每一步骤都有特定的工作流程。

6. 房地产价格评估的方法

房地产价格评估的方法主要有市场比较法、成本估价法和收益还原法、假设开发法、路线价法等。每种价格评估方法都有特定的评估对象和适用条件,需要根据不同的情况来选择。

影响房地产价格的因素很多,主要有市场供求、社会环境、政策法令、居民收入状况、房地产本身条件等。客观合理的价格是指在选择的评估时点,在正常的市场交易情况下,房地产所能实现的市场价格。房地产评估是一种经济行为,因为房地产评估的最后结果需要以货币形式进行表现,评估后的房地产可能进入市场交易。

房地产价格要客观描述房地产的真实情况,需要专业评估人员通过模拟市场价格的形成机制和过程的方式将房地产真实价值表现出来。房地产价格评估需要根据实际情况,把科学、艺术、经验三者完美地结合起来才能形成较为准确的评估结果。房地产价格评估的科学性,主要体现在房地产价格评估必须依赖科学而严谨的房地产估价理论和方法,使用成熟的价格评价体系;艺术性体现在房地产价格评估不能完全拘泥于现有的理论和方法,要不断地在实践中改进和创新;经验性体现在房地产评估中要根据不同的实际情况由专业评估人员具体问题具体分析,在评估房地产商品所包含的无形价值时要特别注重经验的应用。

(二) 房地产价格评估的范围

法律要求房地产价格评估需要由具有评估资质的合法评估机构实施,评估的结果必须真实合理。房地产价格评估是一种特殊的经济行为,是为房地产产权变更以及各种与房地产商品相关的经济活动作铺垫和参考。需要进行房地产估价的行为有:

1. 市场交易

在房地产交易过程中,房地产标的物首先要经过专业评估机构具有评估资格的专业评估人员的估价,并以估价为基础,由买卖双方依据市场供求情况和双方的谈判能力进行协商完成房地产交易。房地产交易包括各种所有制房屋的买卖、租赁、转让、抵押等行为,以及土地使用权的转让行为。《中华人民共和国城市房地产管理法》还规定了其他需要进行房地产价格评估的情形:①与他人合伙成立企业,房地产作价入股,房地产权属发生变更的。②一方以土地使用权出资,其他方以其他形式投资入股,合资、合作开发经营房地产,而使房地产权属发生变更的。③因企业被收购、兼并或合并,房地产权属发生转移的。④以房地产抵债的。⑤法律、法规规定的其他情形。

2. 城市开发

城市开发最重要的工作是新城区开发和旧城区改造。新城区开发就是在城市总体规划下,通过征用土地和进行城市基础设施建设来改变新城区土地用途的开发活动。旧城区土地开发是指为改变旧城区土地面貌,实施提高旧城区原有土地的容积率、改变其使用结构和规划用途等活动。城市建设中的新区开发、新兴工商基地的开拓、旧区旧房改造、市政建设中的房屋拆迁等活动都需要重新计算建设成本、补偿征地使用费,成本核算标准和补偿标准一般依据房地产价格评估的结果制订出让、转让和补偿的方案。

3. 房地产租赁

房地产租金收益与房地产价格呈正相关,租金收益水平较高、收益性较好的房地产一般处于较好的地段,其价格水平也就较高。房地产租赁价能够指导房地产所有者的行为,影响其出租还是出售房地产的决策,当房地产租金高于房地产出售所得现金产生的利息收益时,房地产所有者会选择出租房地产获得收益。

4. 房地产的赠与、继承和分割

房地产所有者对房地产拥有占有权和处理权,当因赠与、继承和分割而使权力行使人发生变化时,办理相关手续的费用一般依据房地产价格评估结果进行计算。首先,由正规的房地产评估机构根据房屋所处的路段、朝向、楼层、楼龄等重要因素,作出专业的价格分析和市值评估,确定市值参考价格;然后,根据房地产价格评估确认书进行办理公证手续、房地产变更登记手续、缴纳税费等活动。

5. 企业清产核资时涉及的房地产

房地产是企业固定资产的重要组成部分和企业基本的生产条件,也是企业清产核资的重要对象,它能够成为企业抵押、还债的标的物。企业在开展合资经营、合作经营、股份制改造、企业兼并、破产清算等活动时,对房地产的价格评估是不可缺少的步骤。在企业完成资产清查、资产价值重新估价和产权界定工作基础上,有关部门按照国家清产核资的有关政策规定,对企业实际资产进行重新核实,然后再陆续开展其他工作。

6. 保险

房地产保险行业的兴起有力地促进了房地产评估业的发展。房地产保险的金额要根据房地产价格来确定,房地产价格高,保险公司可能的赔付金额就高,保险公司的风险就大,企业需要支付的保险费用也就高。保险契约一旦生效,房地产风险即由投保人转嫁给保险人,保险人就成为风险的承担者,在约定保险责任范围内发生的经济损失,保险人都要负责理赔。保险人为保证自身经济利益,必然在与投保人签约之前对房地产进行严格的估价。

7. 房地产税收

房地产税收已成为世界各国财政收入的重要来源。房地产税税率由法律规定,房地产税税基则根据房地产价格确定,因此房地产价格直接影响纳税人的税费负担。确定纳税人和税务机关双方认可的税基是房地产评估的重要任务,只有房地产评估结果真实有效,才能顺利开展税收征缴工作,避免纳税人偷税、漏税、抗税以及税务机关不公平课税等行为的发生。目前,我国关于房地产方面的税目主要有房产税、契税、所得税、固定资产投资方向调节税等。

房地产评估人员必须熟悉我国房地产税种名称、纳税人含义、课税对象、征收范围、课税依据、税率水平、赋税减免对象等方面的政策要求,准确确定房地产税税基,辅助税收机关完成好各项税收稽征工作。

二、房地产价格评估的原则及技巧

(一)房地产价格评估的基本原则

房地产价格评估的指导原则能够帮助和引导估价人员树立正确的估价思路,不同估价人员在遵循规定的估价程序、采用科学的估价方法和处理技术的前提下,对同一估价对象可以获得较为接近的估价结果,有助于估价人员分析、处理各类复杂的实际估价问题。房地产价格评估的基本原则包括:

1. 公正性原则

公正性原则,要求房地产价格评估要以评估标的物的真实价值为依据,使用科学的评估标准、方法和程序进行房地产价格评估,不能徇私枉法、标准不一。房地产价格评估是一种社会活动,要考虑到各种复杂的社会因素,往往受到当地的社会风气等具体条件的影响。开展房地产价格评估活动评估人员要排除干扰、实事求是,不能受社会各种不良习气的影响,这样才能保证房地产价格评估结果的公正。另外,国家要求房地产价格评估机构依据评估次数和工作的复杂性进行收费,即评估的劳务费只与工作量相关,不能与评估标的物的评估价格高低挂钩,更不能额外接受其他形式的费用,否则就会出现高估、低估等不公正的评估结果,妨碍房地产交易活动的正常进行。

2. 科学性原则

科学的标准、原则、程序、方法是确定公平、合理、正确房地产评估价格的基本保证。房地产价格评估受评估人员主观因素影响较大。在开展评估活动的过程中,为了减少评估结果的主观成分,必须采取科学的评估手段和严密的工作流程,要依据当时市场上房地产价格变化的规律和客观条件,针对评估要求采用合适的评估方法,把定性分析与定量分析、静态分析与动态分析相结合,这样才能使评估结果更接近房地产的真实价格。房地产价格评估要正视误差的存在,它是由于人类认识客观规律的能力和手段有限所致,评估误差是不可避免的,但误差不等于错误,错误是工作态度不端正所导致的。科学性原则要求评估过程中要避免错误,要通过各种手段努力缩小误差。

3. 合法性原则

合法性原则,要求房地产价格评估时必须以估价对象的合法使用、合法交易或合法处分为前提,符合国家法律、法规和政策的有关规定。在评估过程中,评估机构必须注意以下几个方面:①房地产价格评估时必须确认申请人对评估对象是否具有合法的产权,在无法确认产权合法性时要在估价报告中说明;②房地产价格评估过程必须合法,评估行为不得超出国家法律规定的范围;③房地产价格评估结果必须用于符合政策要求的交易活动,不涉及违法活动。

4. 统一评估原则

统一评估原则,要求具有合法地位的评估机构和有评估资格的专业人员,依据国家统一的评估标准、政策和法规,进行组织和管理房地产评估活动。评估人员必须具备注册估价师资格,并定期参加有关部门的业务培训和认证注册;估价机构必须是经过国家有关部门审批成立的正规法人机构,要定期和不定期接受有关机构的审查。统一评估原则要求评估行为必须以国家已经颁布的有关法律、法规和条例(如国有房产评估要按照国有资产管理局《在国有资产产权变动时必须进行资产评估的若干暂行规定》)为依据,采用统一的评估口径,使评估结果具有横向和纵向的可对比性。

5. 房地结合原则

房地结合原则要求在房地产估价过程中必须同时考虑房和地两个因素,认识到房价与地价相互影响、相互制约的关系。因为一个完整的房地产商品中房和地是不可分割的依存体,对房和地分别进行定价是困难的。即使样式完全相同的房屋也会由于其建筑地块价值差异而呈现出完全不同的价格;即使处于同一地块内的建筑物也会由于其建筑风格、质量、结构等方面不同呈现出价格差异。

在评估一块尚未开发的生地价格时,也要考虑未来建立于其上的房屋的用途和升值空间;在进行城市旧城改造时,也必须参考土地上原有的房屋价值和用途,并以此为基础确定该地块的征地补偿价格。

6. 最佳效益原则

最佳效益原则,要求房地产价格评估既要考虑到房地产标的物的经济效益,也要考虑到其社会效益。经济效益主要与房地产商品的质量相关,房地产商品的质量包括环境质量、建筑质量和设备质量三个方面:建筑质量既要考虑房屋的结构、种类、式样、朝向、层次、材料、装饰等硬件方面条件,还应考虑房屋的总体造型、布局等使用价值方面条件;设备质量既要考虑设备本身的质量,还要考虑设备之间的配套功效;环境质量要考虑交通条件、文化卫生福利设施、空气、水质、噪声等方面的状况。房地产价格不单纯是建筑物本身的价格,而是要表现建筑质量、设备质量、环境质量的综合水平,既具有良好的建筑质量和设备质量,也具备优美的环境质量的房地产商品才能获得较好的整体经济效益。社会效益要求房产具有较高的土地利用效率和良好的社会影响,符合城市的总体规划。功能错位、格局混乱、建筑观念落后的建筑物势必破坏社会总体效益,成为"城市垃圾"。

(二) 房地产价格评估的主要技巧

房地产价格评估活动比较复杂,需要对评估对象进行细致、周密地分析。房地产价格评估活动虽然复杂但并不是没有规律和技巧可遵循,只要正确地把握评估要领,寻找到评估关键点,就能够提高房地产价格评估工作的效率和效果。

1. 确定估价时点

确定估价时点的目的是,通过被评估房地产在不同时间点上的价格表现,分析房地产价格走势,进而估计房地产的真实价格。选择估价时点时,要注意选择反映近期房地产交易情况、并与评估标的物有较强联系性的时点。确定好房地产价格评估的时点,有利于准确反映房地产真实价格和价格的变动情况。

房地产价格评估的时点要选择资金使用成本(一般是银行贷款利率)不同的时点。某一时点上的资金使用成本直接影响房地产价格观测值,如在银行贷款利率较高的时点上的房地产价格观测值可能偏低。

确定估价时点要考虑到可能出现的市场波动性。房地产市场与其他商品市场一样具有波动性,在不同市场行情条件下的房地产商品价格有较大差异,在房地产市场行情较好的时点获得的观测值往往高于真实价格。

2. 考虑市场供求状况

房地产是不动产,市场上交易的是房地产商品的所有权和使用权,房地产市场上的供求关系就是房地产所有权和使用权的供求关系。当房地产市场上供大于求时,房地产商品的价格下降;房地产市场上求大于供时,房地产商品的价格上升。近年来,我国房地产市场处于求大于供的状态,房地产价格上升迅速。因此,在评估过程中,要考虑到房地产价格快速上升的现状,在评估结果中要反映出价格预期的变化趋势,否则,房地产评估结果的有效期就很短。

3. 参考具有替代关系的房地产商品

在同一房地产商品交易市场上,有相同使用价值的房地产商品可以相互替代,其价格具有较强的联系性。因此,在评估房地产价格的过程中,可以参考同一时期市场上已经成交的、具有可替代关系的房地产商品的价格。在评估过程中,以某一替代关系较强的房地产商品为参照对象,再结合评估对象本身特色调整相关指标,可以简化评估手续、节约评估时间。

房地产市场上总是存在具有相似条件的房地产商品,它们之间存在着一定的联系和共性,如同一地块内的房屋具有相似的居住环境、交通条件,同一建筑物内的房屋具有相似的结构格局、建筑质量。同时也应该注意到:没有完全相同的房地产商品,每一房地产商品都有区别于其他房地产商品的特征,在实际评估时要考虑到这些特征给房地产商品价格带来的影响,并把这些影响在房地产评估结果中反映出来。

4. 从多角度认识"房地产价值"

房地产评估价格是以房地产的价值为基础的,在不同条件下考虑不同因素价格的表现形式也就有所差异,如在出售时表现为售价,在成本核算时表现为建筑价格,在入股时表现为投资价格等。房地产的售价,是指房地产在市场上的实际交易价格,实际交易价格主要是以房地产本身的实际价值为依据,但是也受到购买双方当事人的讨价还价能力、市场行情等因素的影响。建造成本,主要是考虑到按照现实条件下重新建造目标房地产所需要花费的成本。投资价格,是考虑到房地产商品对特定投资者的特殊作用,能够为其带来的特定现金流。既分析不同价格之间考虑因素的差异,又寻找不同价格之间考虑因素的共同点,有助于评估人员从不同侧面认识房地产商品的真实价值,进而得出比较合理的评估结果。

5. 考虑预期增值影响

现阶段,我国房地产商品具有较强的保值和增值的特点,能够为购买者带来一定的价值增值(溢价收益)。房地产价格评估结果都有一定的有效期,房地产商品即使在有效期内也存在价值增值的可能。因此,在评估结果中要考虑到预期溢价收益对房价的影响,房地产商品预期获得的溢价收益能力增强,评估价格也就会有所提高。

6. 分析价值贡献能力

价值贡献能力,是指购买房地产商品后能够为购房者增加收益或者减少购房者支出方面作用的大小。购买房地产的用途主要有两个:一是出租获得租金收益,二是购房者自己使用。根据收益还原法,房地产价格等于年租金收入(或减少的支出额)与市场利率的比值。一般情况下,市场利率比较稳定。因此,租金收益(或减少的支出额)就成为影响房地产价格的重要因素。租金收益(或减少的支出额)越高,房地产商品的市场价格也就越高。

三、房地产价格评估的主要方法

房地产价格评估有多种方法,目的是从不同侧面反映房地产商品的真实价格,从而加强对房地产商品价格评估工作的有效管理。

(一) 房地产价格评估的市场比较法

市场比较法是将列入估价对象的房地产商品与最近完成交易的相似房地产商品进行对比,进而依靠完成交易的案例中的某些结论计算将要评估的房地产商品价格的一种方法。市场比较法根据商品直接存在的替代效应原理,并结合当事人的经济行为,以实际的成交价格为估价基准而开展的评估工作。市场比较法一般选择同一地区或具有相似条件的区域中与估价对象房地产商品类似的房地产商品交易案例,这样可以降低工作难度,提高评估结果的准确度。市场比较法的操作步骤是:

1. 采集信息

市场估价法把需要评估的房地产与已经交易的类似的房地产进行比较,在估价之前,必须搜集大量的有关已成交房地产的详细资料。评估人员搜集的资料应该包括:

- 土地成交价格。
- 成交日期。
- 付款方式。
- 土地的具体情况如区位、土地状况、建筑规模、土地环境等。

2. 选择参照物

不是任何已经完成交易的房地产商品都可以作为比较评估对象,只有具有较强相关性的房地产商品之间才具有较多的相似点,选择参照物要遵循以下原则:

- 与评估房地产商品用途相同。房地产商品用途一般有:经商、居住、仓储等。
- 交易类型相同。房地产商品交易类型有:买卖、租赁、抵押、典当和入股等。
- 交易必须公平、公正、平等、自愿。就是说,房地产交易双方必须遵循平等、自愿、公正的原则,交易过程中不得有任何非法行为存在。
- 区域特征相似。处于同一区域或相似区域内。
- 价格类型相同。房地产商品主要的交易价格类型有:买卖价格、租赁价格、入股价格、抵押价格、典当价格、征用价格、投保价格等。
- 交易时期接近。也就说参照物的成交日期应该是与评估执行日期相隔不久。

3. 确定可比价格基础

- 统一付款方式。
- 统一采用单价。
- 统一货币单位。
- 统一面积单位。
- 统一面积内涵(即是建筑面积还是室内面积)。

4. 修正指标

指标修正要求排除参照物交易行为中的特殊因素,再考虑房地产评估标的物自身特点,建立适于评估标的物的评价体系。修正的主要内容有:面积、形状、位置、地势等。

5. 交易日期修正

不同时期的物价水平可能有较大的差异,因此要考虑交易日期与评估日期之间的物价水平差异,并进行相应调整。交易日期修正可采用的价格指数或变动率有:

- 一般物价指数或变动率。
- 建筑材料价格指数或变动率。
- 建筑造价指数或变动率。
- 建筑人工费指数或变动率。
- 房地产价格指数或变动率。

交易日期修正公式为:

可比参照物房地产价格 × 交易日期修正系数 = 估价时点价格

其中,交易日期修正系数为:

$$交易日期修正系数 = \frac{某类估价时点指数}{该类交易当时指数}$$

6. 区域因素修正

不同地块的房地产价格有较大差异,因为不同地块之间的繁华程度、交通状况、景观、城市规划、环境污染等因素差别明显。区域因素修正可选择的方法有:第一,直接比较法。这种方法是以拟评估标的物(假设为100分)为基准,参照物与其相比较计算得分,然后按照公式进行计算。第二,间接比较。这种方法是先设想一个标准的区域因素,以此为基准,对参照物和评估对象分别比较记分,然后按照公式进行计算。

- 直接比较:评估对象的价格 = 参照物房地产价格 × $\dfrac{100}{参照物房地产得分}$

- 间接比较:评估对象的价格 = 参照物房地产价格 × $\dfrac{100}{参照物房地产得分}$ × $\dfrac{评估对象得分}{100}$

(二)房地产土地价格评估的收益还原法

收益还原法,是指按照市场利率水平,将评估标的物预期的未来各期正常纯收益值折算还原到评估时点上的收益现值,并将这些收益现值加总,进而得出评估价格的一种方法。收益还原法适用于有收益或者有潜在收益的房地产价格评估,而对一般的行政事业单位房地产、公用房地产评估不用此法。

1. 收益还原法评估的基本原理

收益还原法的基本原理是,在某一时点购买具有一定使用年限的房地产所需要支付的价款,与使用年限内预期获得的年纯收益的现值之和相等。

2. 收益还原法的具体操作步骤
- 确定还原时点。
- 估算每年的潜在总收益。
- 估计每年的有效总收益。每年的有效总收益等于潜在总收益减去估计的正常闲置、拖欠的租金损失。
- 估计每年的纯收益。每年的纯收益等于有效总收益减去估计的每年营业费用。纯收益因不同房地产而异:一般企业用房地产的纯收益等于销售额减去原材料价、运输价、工资、利润;用于租赁的房地产的纯收益等于租赁收入减去维修费、管理费、税收、物业费、保险费等;居住用房地产的纯收益等于减少的支出额减去维修费、管理费、税收、物业费、保险费等。
- 估计资本化率。资本化率的计算方法有三种:第一,市场提取法。将在市场提取与评估标的物具有相似特征的房地产的纯收益率作为参照依据。第二,发现调整法。无风险的资本投资的收益率加风险收益率。第三,投资收益率排序插入法。收集各种类型房地产的资本化率,按照资本化率由低到高进行排序,并从投资的风险性、流动性、管理的难度和资产安全性等方面与评估标的物进行比较,进而确定待估房地产商品的位置,估计合理的资本化率值。
- 选择具体的收益还原法公式计算价格。

3. 房地产收益还原法的相关计算公式
- 最一般简单的情形:土地价格 = 土地纯收益/土地资本化率
- 无限期各年房地产纯收益和房地产资本化率均相同情况:

房地产价格 = 房地产纯收益/房地产资本化率 × $[1 - 1/(1 + 房地产资本化率)^n]$

其中,n 为剩余可使用年限。
- 资本化率等于零的情况:

房地产价格 = 未来各年稳定纯收益 × 使用年期
- 现实房地产市场价格是租金的若干倍情况:

房地产价格 = 租金 × 若干倍数

其中,若干倍数一般是购买房地产的年数。

(三)房地产土地价格评估的成本估价法

成本估价法,顾名思义,它是一种以计算建筑成本为基础进行估价的方法。具体是指开发房地产所占用的人力、物力、财力所产生的各项费用之和,加上企业正常利润和应缴纳的税金,最后得出的总和即是所要估算的房地产价格。成本估价法主要用于没有收益或者收益较少的政府机关、行政事业单位、军队营房、公共建筑、公益设施等房地产标的物的估价。

1. 成本估价法的具体细节

成本估价法必须采用客观成本,即能够产生效用的实际投入成本。因为某些发生的成本是由于建筑过程中管理不善所造成的,在建造过程中并没有发挥相应的作用,是一种额外支出。成本估价法所涉及的实际投入成本主要包括两大部分:土地取得费用和基础设施开发建设费用。

2. 成本估价法的运算公式

房地产土地价格 = 取得房地产土地的费用 + 开发建设房地产所需费用 + 正常利润 + 应缴税费

注意:若评估的房地产所占土地是新开发的,则计算土地开发所需的费用;若是对已开发房地产进行价格评估,则应该采用在当前条件下重新取得该土地所需要的费用。

(四) 房地产评估的假设开发法

假设开发法也称为剩余法、预期开发法、净余估价法、倒算法,它是指假设尚不存在的建筑物已经建造完成,在市场上可以以某一价格出售,并以此假设出售价格作为房地产评估价格的一种方法。

1. 假设开发法的基本原理

假设开发法的基本原理与成本估价法的原理类似。房地产的出售价格扣除建筑的总成本、正常利润、正常利息、正常税费后等于房地产所占土地的转让价格。土地转让价格一旦确定,在土地转让价格的基础上加上建筑成本、利润和税费,即可估计房地产预计出售价格,并以此价格作评估价格。房地产所占土地转让价格一般为土地出让金加上土地溢价,即土地在市场上出售可实现的价格。

2. 假设开发法的基本公式

土地价格 = 房地产出售价格 − 建筑总成本 − 专业费用 − 正常利润 − 正常利息 − 正常税费

建筑总成本,是指房地产开发商付给建筑承包商的全部费用,这些费用包括建筑商建造项目时所付出的材料成本、管理费用、人工费、保险费等,再加上建筑商应得的利润;专业费用,是指房地产开发商付给设计、测量、监理、评估、预算、销售等活动的费用,其中销售活动费用包括推销广告费、交易手续费;利息一般是指房地产开发商在贷款、借款等融资时发生的费用;税费,是指房地产开发过程中企业应缴的税费,主要包括营业税、城市维护建设税等。以上成本和费用要按照评估时点上的市场平均水平计算。

3. 假设开发法的实施过程

● 调查房地产的基本情况。主要调查土地(包括土地位置、面积、形状、地质、基础设施、政府规划、土地权限等）和建筑物（包括待拆除的建筑物状况、在建工程状况、建筑物使用状况等）。

● 选择最佳开发利用方式。主要是决定房地产类型、规划、建筑指标以及开放后房地产经营方式。

● 估计开发周期。主要可以参照预期的施工期限和同类工程的施工期限。

● 预估土地成本以及开发后的土地升值情况。参考周边土地价值和土地预计的变化趋势。

● 估计开发总成本。总成本包括建筑成本、管理费用、投资利息、各种税费、利润等。

4. 使用假设开发法应注意的问题

（1）假设条件

使用假设开发法中所涉及的各种利润和费用都是在正常的情况下取得或者消耗的，所谓正常情况的假设条件包括：建材市场、原材料市场、人力资源市场的走势平稳，开发商的资金到位，建筑施工合理严谨，建筑商和开发商的利润水平是市场上平均利润水平，房地产销售成本维持正常标准，房屋建成后能够以预期的价格售出并能够及时得到售房的款项。假设开发法不但要求房地产市场的走势可预测，而且要求原材料市场、土地市场、房地产交易市场走势也可预测，不发生较大的波动。其中某一因素的变化都可能会使评估结果作出较大的调整。因此，在使用假设开发法时要留出一定的可回旋的余地，每一项费用或成本都预留一定的浮动空间。

（2）使用原则

● 使用假设开发法时的预测值要本着合法的原则。根据法律法规的规定，确定土地最佳的利用方式，不能随意改变土地的法定用途。

● 正确掌握房地产市场走势以及供求关系，保证评估结果的有效性。

● 注意各部分费用的变化趋势。建筑费用，一般按照当时市场价格计算，原材料的涨跌对建筑费用影响较大；专业费用和税费，一般按照国家的相应规定和行业标准计算，但要注意应使用最新国家标准和行业政策；利息要根据整个还款周期内的银行利率情况进行计算，一般不会有大的变动。

（3）使用要求

● 评估时要考虑企业长远的利益。

● 严格依据国家相关的房地产评估的法律法规开展评估活动。

● 建立一个完整的、实用性强的房地产资料库，便于参考其他的房地产项目，把握房地产市场的整体走势。

● 对房地产开发过程中涉及的各项费用要进行清单管理。

(五)房地产评估的路线价估价法

路线价估价法一般仅用于对土地的估价。它是对临靠特定街道的城市土地,设定标准深度,通过计算该深度上的土地平均单价进而确定整块土地价格的一种评估方法,这种方法比较适用于城市街道两侧的土地价值估算。路线价法实际上是市场比较法的另一种表达方式,因为是市场决定街道周围不同深度土地的单价。

1. 路线价估价法的基本原理

街道两旁的土地,由于其距离街道的距离不同形成差异价格,该方法设定某一基准距离上的标准地块的平均单价作为路线价,这一单价一般是按照1平方米的价格进行计算。标准地块一般是某一区段内形状较规则,宽度较适宜,深度达到一定标准的典型土地。

距离街道越近,平均单价越高;距离街道越远,平均单价越低。因此,需要制定深度百分比表来确定不同深度的土地价格。其他地块以标准地块的标准深度为基准,平均深度每变化一定的距离,土地单价将作出相应幅度的增减,深度百分比表反映的就是距离街道不同深度的土地单价变化情况。

路线价的可信度与确定的基准单价、深度百分比表等数据的完善程度相关。

路线价估价法的基本公式:地价 = 路线价 × 深度百分比 × 土地面积

2. 路线价法的基本步骤

(1) 划分路线价区段

路线价区段一般是沿同一道路呈带状分布的地段。划分路线价区段一般把条件大致相同的地段划为同一区段。划分路线价区段是进行评估的前提,只有确定被评估标的物属于的区段后,才能按照该区段的路线价进行评估。

(2) 确定路线价

确定路线价就是确定区段内的基准地价。同一街道两旁要划分成若干的区段,每一区段内都要确定相应的标准价,标准价一般就是相关区域内标准地块的单价。根据评估区域的街道状况、公共设施条件状况、服务疏密程度、街道繁华程度等因素,选择具有中等条件的地块作为该区域的标准地块。

(3) 设定标准深度

一般城市中的土地随着与道路距离的不断增加价格有所下降。在实际评估过程中,基准深度有时采用同一路线区段内临街的各块土地深度的众数值,这样操作比较简便。众数,是指出现次数最多的数字,即在一个区段内土地的一般深度值或者是大多数情况下的深度值。

(4) 制作深度百分比表

制作深度百分比表需要评估人员积累一定的实际工作经验,一般由专业的城市规划部门制作,有经验的房地产评估企业也可以设计其内部参考表。

3. 路线价法的使用要求

● 路线价法适用于估算城市的街道周边的土地单价。城市街道周边土地具有市政规划成熟、街道系统完整、布局规则有序、土地划分比较整齐等特征。

● 设计合理的深度百分比表。制作深度百分比表需要具有相当设计经验的权威测评机构(在我国一般由城市规划设计机构)采用成熟的设计技术深入实地精心测量,将结果以表格形式发布。

● 路线价法可以对整条街道周边的土地进行整体估价,对计算土地使用费和拆迁补偿费有较高的使用价值。

(六) 其他估价法

房地产市场价格评估还可以采用其他评估方法,每种方法都有其特色。这些方法虽然不能精确地判断房地产的价格,但是对于普通的购房者来说,能够掌握市场的基本行情,有利于迅速作出决策。

1. 市场抽取法

市场抽取法,是购房者和评估人员大致了解市场行情的简单方法。市场抽取法首先要做的是了解市场上同一时期相同或者相类似的房地产的纯收益、市场出售价格等信息,然后根据这些信息获得的基本数据,确定一个大致的参考价格。

市场抽取法所依据的信息可以从房地产交易市场、房地产中介机构等处获得;其次,将获得的信息进行有针对性的筛选,确定典型的房地产信息;然后,对筛选出的房地产市场交易价格信息要进行一定的处理,不同的房地产状况会有很大差别,需要进行分别折算,排除不必要的因素。如:同一幢楼内的其他已经交易完成的房产价格就比较有参考价值,虽然不同楼层、不同装修状况等个别方面有较大差别,但基本条件相近,可以作为参考,仅需要进行微小调整。

如果有多个类似房地产交易案例可供参考,那么对这些调整后的房产价格数据加权平均,能够获得更准确的房地产价格。公式为:

$$参考平均价 = \frac{参考房产总价格}{参考房产总面积} \times 目标房产面积$$

市场抽取法一般在仅需获得大致评估价格的条件下使用,目的是了解市场的大概价格走势,对房地产市场有基本的判断。最终正式的评估价格,需要专业评估人员按照评估项目书的要求,选择科学的评估方法按部就班地开展评估活动后获得。

2. 购买年法

购买年法也称为收益倍数法或者资本化乘数法,它也是一种房地产评估的方法。购买年法是以房地产年收益为基准,乘以若干倍数确定房地产价格的一种方法。购买年法使用起来比较简单,比较适合普通大众。马克思在《资本论》中提到英国当时使用的确定房地产价格的方法就是这种方法,可见该方法历史悠久,评估效果也比较好。

购买年法的基本原理与收益还原法的基本原理是一致的,是房地产租金资本化的另一种计算方式。计算方法是:房地产价格 = 房地产收益 × 收益乘数。

房地产商品的收益乘数一般是市场上普遍认可的倍数值,与市场上的利率水平有直接关系。因此,收益乘数一般也被简单地计算为 1/市场平均利率水平。利率水平高,收益乘数就小;利率水平低,收益乘数就大。但在实际生活中,房地产商品的收益乘数并不会时刻随着市场利率水平的变化而变化,常常在一定时期内保持某一特定值,这与人们的交易习惯有很大的关系。根据长期的统计,房地产商品的收益乘数一般在 20~25 之间,但具体数值还需要根据当时市场情况和交易要求确定。

五、房地产总价计算的一般方法

房地产总价,是指购房者购买房地产商品所应支付的全部成本和费用。管理房地产价格是政府规范房地产开发经营活动的重要手段,加强商品房建设成本、销售价格的管理有助于保持房地产商品价格的合理稳定,有助于保护购房者和房地产开发经营企业双方的合法权益,有助于促进和保障房地产业的健康发展。房地产商品价格管理要遵循直接管理与间接管理相结合的原则,对不同类型的商品房实行不同的价格管理方式,如对经济适用房实行政府指导价,其他商品房实行市场调节价等。

(一)房地产总价的构成要素

计算房地产总价,首先要明确哪些因素影响房地产总价的形成。依据《中华人民共和国价格法》、《城市房地产开发经营管理条例》以及各地方政府颁布的房地产开发经营管理的有关规定,房地产总价,是指房地产经营商根据房地产商品价格形成规律和市场状况,并核算相关交易费用,所形成的由消费者最终支付的价格(房地产到户结算价格)。因此,房地产总价中也就包含成本、利润、税金、相关规费等几个部分。

1. 房地产建筑成本

即房地产建筑商建造房地产项目，包括前期准备、实体建造、设施配套、完工交付、市场销售等一系列过程所花费的全部成本和费用。主要包括土地征用及拆迁补偿费、前期工程费、建筑安装工程费、附属公共设施费、工程监理费用、工程管理费用、销售费用等。

2. 房地产商正常利润

即房地产企业在建筑和销售房地产商品的过程中所应取得的正当企业利润，包括房地产建筑企业的正常利润和房地产销售企业的正常利润。房地产企业的正常利润一般是以行业正常利润为基础，并根据市场状况变化而上下波动。某些优势企业通过加强管理、降低成本、品牌建设等手段能够获得高出行业正常水平的利润，这也是市场所允许的。经济适用房因享受国家政策一般由政府确定房地产开发建设企业应得的利润比例，商品房则由房地产开发、经营企业根据市场平均利润和市场行情自行确定。

3. 应缴税金

即房地产企业按照法律相应规定从事房地产开发、经营活动所应缴纳的税金。主要包括契税、营业税、城市维护建设税和教育费附加、印花税、土地增值税、个人所得税等，要根据国家税收政策和法规所确定的税率缴纳。

4. 房地产商品自身性质所形成的增减额

即因房地产商品本身所处的地理位置、地理条件、质量差异、楼层差别、朝向差别等因素所造成的价格浮动差额。在实际的房地产市场运作过程中，这些因素对房地产商品价格形成有较大影响，如同一幢楼中三楼和四楼的价格不同，朝南的房屋与朝西的房屋的价格也有较大差异。

5. 应付的其他费用

房地产商品在最终交付用户前，需要按照政府相关规定支付其他费用，如收取公共设施维修基金、物价行政部门批准的其他代办费用等。

（二）房地产总价的计算方法

1. 房地产成本计算

房地产成本＝土地征用及拆迁补偿费＋前期工程费＋建筑安装工程费＋工程监理费用＋附属公共设施费＋管理费用＋销售费用

①土地征用及拆迁安置补偿费。按法律、法规以及不同地区的规范性文件要求，征用土地或受让国有土地，应该缴纳相应的土地征用费、劳动力安置费及有关地上、地下附着物拆迁补偿的净支出、安置动迁用房支出、土地出让金等费用。

②勘察设计及前期工程费。指开发房地产项目的准备过程中以及实施前期所发生的费用，包括规划、设计、项目可行性研究、水文地质勘察、测绘、

通电、通水、通路、场地平整等费用。

③房屋建筑安装工程费。指列入房地产商品施工预(决)算的房屋建筑、安装工程费用。一般包括房屋基础工程、房屋主体工程、室内水电安装、通信等工程费用和房屋附属工程费用。

④基础设施建设费。指房地产开发项目(或规划红线)内的道路、室外供水、室外供电、室外供气、排污、排洪、照明、绿化、环卫、娱乐等工程的建设成本费用。基础设施建设费还包括房地产开发项目(或规划红线)内可以有偿转让的公共配套设施的转让费用。

⑤管理费。指房地产开发企业为管理和组织经营活动而发生的各项费用,包括管理人员工资及附加费、办公费、宣传费、交通差旅费、产品销售费、固定资产使用费、科技费、财产保护费、契约合同公证鉴证费。经济适用房的管理费不得高于①至④项费用之和的2%。

⑥贷款利息。指房地产开发经营企业为了建设房地产项目而筹措一定的建设资金所发生的银行贷款利息支出。

贷款利息 = 建设项目所发生的实际银行贷款金额 × 当年人民银行公布的贷款利率 × 工程建设平均贷款周期。

⑦规费。指按政府规定缴纳的各种行政事业性收费。

按照政策规定某些费用不得计入房地产总价之中,包括房地产开发项目(或规划红线)内的经营性用房和经营性设施的建设费用;各种集资、赞助、捐赠和其他与开发经营无关的费用;各种赔偿金、违约金、滞纳金和罚款;开发经营者自留的房屋建设费用;各级财政拨款建设的非经营性公共建筑、配套设施的建设费用;按规定不能计入商品住房价格成本的其他费用。

2. 房地产基准价计算

房地产基准价 = 房地产成本 + 利润 + 税金

利润 = 建筑企业利润 + 销售企业利润(经济适用房按照土地征用及拆迁安置补偿费、勘察设计及前期工程费、房屋建筑安装工程费、基础设施建设费之和的3%以内计算)

税金 = 契税 + 营业税 + 城市维护建设税和教育费附加 + 印花税 + 土地增值税 + 个人所得税

3. 房地产商品标的物价格计算

房地产商品标的物价格 = 基准价 × (1 ± 浮动幅度) + 质量差价 ± 楼位差价 ± 层次差价 ± 朝向差价

4. 到户结算价格的计算

房地产到户结算价格 = 房地产商品标的物价格 + 规定的政府代收费用 + 公共设施维修资金 + 物价行政部门批准的其他代办费用

代收费,是指在房地产标的物价格之外应由购房者自己缴纳的费用。主要包括以下几项:

- 未计入房地产标的物价格成本的天然气安装费。
- 未计入房地产标的物价格成本的闭路电视安装费。
- 办理房屋所有权证和土地使用权证应由购房者交纳的费、税。
- 应由购房者自己交纳的其他费用。

按照政策规定某些费用不得计入代收费用之中,包括房屋室内水、电、气、通信等基本设施安装工程费(分户式除外);房地产项目(规划红线内)室外水、电、气、通信管网设施安装费(包括供电补贴费、开闭所和配电房的安装建设工程费);按规定应计入房地产项目的建筑安装工程费或基础设施费的其他费用。

第二节 二手房估价中房屋面积的计算

二手房的价格与其房屋面积有直接的联系,二手房价格一般都是房地产商品单价与房屋面积的乘积。在房地产商品单价基本相同的情况下,房屋面积就成为决定二手房价格的关键因素。

一、二手房面积的测量

二手房面积的测量是进行房屋价格评估的前提,在购买其他类型房地产商品时也一般使用单价与房屋面积的乘积计算价格。由于房地产商品单价较高,测量面积即使有较小的误差也会给买卖双方造成较大的损失绝对额。

(一)二手房估价中关于"面积"的解释

在进行二手房测量前,必须先明确在房地产建筑、房产维修行业中有关"面积"的解释。

1. 房屋使用面积

房屋使用面积,是指房产中以户(套)为单位的,户(套)内全部可供使用的空间面积,包括日常生活起居使用的卧室、起居室和客厅(堂屋)、亭子间、厨房、卫生间、室内走道、楼梯、壁橱、阳台、地下室、假层、附层(夹层)、阁楼(暗楼)等面积。住宅使用面积按住宅的内墙水平投影线内实际面积计算。

2. 房屋建筑面积

房屋建筑面积,是指房屋外墙(柱)勒脚以上各层的外围水平投影面积,包括阳台、挑廊、地下室、室外楼梯等具备上盖、结构牢固、层高 2.20 米以上（含 2.20 米）的永久性建筑。

对使用年限较长的房屋，需要计算危险房屋建筑面积，它是指结构已严重损坏或承重构件已属危险构件，随时有可能丧失结构稳定性和承载能力，不能保证居住和使用安全的房屋的建筑面积。

3. 房屋产权面积

房屋产权面积，是指房地产所有者依法拥有所有权的房屋建筑面积。房屋产权面积由直辖市、市、县房地产行政主管部门登记确认。

4. 房屋共有建筑面积

房屋共有建筑面积，是指由各产权人共同占有或共同使用的建筑面积，也称公有建筑面积。共有建筑面积包括电梯井、管道井、楼梯间、垃圾道、变电室、设备间、公共门厅、过道、地下室、值班警卫室等，以及为整幢建筑服务的公共用房和管理用房的建筑面积；共有建筑面积还包括每套房屋与公共建筑之间的分隔墙以及外墙（包括山墙）的水平投影面积一半所占用面积。独立使用的地下室、车棚、车库、为多幢建筑服务的警卫室和传达室、管理用房、作为人防工程的地下室都不计入共有建筑面积。

5. 成套房屋的套内建筑面积

由套内房屋使用面积、套内墙体面积、套内阳台面积三部分组成。

套内房屋使用面积是套内房屋使用空间的面积。套内房屋的使用面积与建筑面积的计算范围有很大的差别，按照建设部颁布的《住宅建筑设计规范》的规定，应包括套内卧室、起居室、过厅、过道、厨房、卫生间、厕所、贮藏室、壁柜等空间面积的总和；套内楼梯按自然层数的面积总和计入使用面积；不包括在结构面积内的套内烟囱、通风道、管道井均计入使用面积；内墙面装饰厚度计入使用面积。

套内墙体面积是套内使用空间周围的维护或承重墙体或其他承重支撑体所占的面积。其中各套之间的分隔墙和套与公共建筑空间的分隔墙以及外墙（包括山墙）等共有墙，均按水平投影面积的一半计入套内墙体面积。套内自有墙体按水平投影面积全部计入套内墙体面积。

套内阳台建筑面积是阳台外围与房屋外墙之间的水平投影面积。其中封闭的阳台按水平投影面积全部计算在建筑面积内，未封闭的阳台按水平投影面积的一半计算在建筑面积内。

6. 房屋销售面积

房屋销售面积，是指购房者可购买的套内（单元内）建筑面积与应分摊的公用建筑面积之和。即：房屋销售面积 = 套内建筑面积 + 分摊的公用建筑面积。

(二)二手房面积测量的要点

1. 弄清二手房的测量范围

首先要明确哪些是属于测量范围之内的面积,尤其是要弄清二手房售房者拥有自主产权的部分、同其他共有人共同拥有的部分和所占份额、相邻房屋的产权范围。明确二手房的测量范围应当注意:测量行为要针对性强、有的放矢,要服务于二手房价格评估工作;保证测量结果的准确性,避免测量错误,降低测量误差;避免进行不必要的重复性的工作;避免在不知情的情况下造成事实上的侵权行为,甚至为诈骗行为提供伪装。

2. 房屋面积的分割

不同时期房屋建造理念有较大的差异。结构传统的二手房通常为长方形,但近年来某些最新建筑完成的二手房使用了新的建筑理念和居住概念,不规则形状也出现在房屋设计中。因此,需要将房屋面积分割成几个容易计算的小块,再将这些小块的面积加总,即可得到房屋面积。

房屋面积分割的基本原则为:把房屋分割为便于使用简单数学公式计算的几块,如长方形、正方形、三角形等,在某些特殊情况下,梯形、平行四边形、菱形、圆形也是可以考虑的形状;分割的块数要适当,否则计算量大、测量过程中会有较大的误差;阳台面积要单独进行计算,因为封闭阳台和未封闭式阳台的计算方式有较大差别;尽量保证独立房间的完整性,尽量不要把不同房间的面积一起计算。

3. 墙体的处理

测量房屋面积时,墙体厚度也要计算在房屋建筑面积内。尤其在北方,设计老旧的二手房的墙体一般比较厚,所有墙体的总面积占房屋总面积的比例会很高。因此,确定哪些墙体要计算到所购二手房面积内是十分必要的。计算墙体需要注意共墙与借墙的区别:共墙是指两户共有产权的墙壁,以墙体中心线为界应该计算在面积内;借墙是指此房屋只是依墙而建的,产权归邻居所有,不应该包含在面积内。

4. 特殊面积的测量

特殊面积一般是指房屋内部具有特殊用途和计算方法的使用面积,主要包括楼梯、阳台。在跃层式住房内部楼梯是必不可少的,楼梯所占的面积是指楼梯在地面水平投影的面积。阳台要分不同情况分别计算,封闭的阳台按水平投影面积全部计算在建筑面积内,未封闭的阳台按水平投影面积的50%计算在建筑面积内。

5. 处理误差

产生测量误差是难以避免的,任何测量工作都存在一定的误差,只要误差限制在可接受的范围之内,那么测量结果就是可以使用的。为了减少测量误差,评估人员要使用符合标准的测量仪器,以认真的工作态度、遵循科学的评估方法开展测量工作。

(三) 关于二手房测量工作的政策要求

建设部为了加强对二手房从业人员的监管与约束,发布了专门针对房地产测量工作的《关于加强房地产测量及房屋面积计算管理工作的通知》(建住房[1999]72号)文件。这个通知对房地产(包括二手房)的测量工作提出一些具体要求:

1. 从法律高度确定了房地产测量和面积计算工作的重要地位

房地产权属登记发证制度是《城市房地产管理法》确立的一项基本法律制度,房屋权属证书上记载的房屋面积是法定面积,直接关系着产权人的权益。未经房地产权属登记机关授权,任何单位或个人不得擅自从事涉及房屋确权的房地产测量及房屋面积计算的业务。规范房地产测量与房屋面积的计算工作是对法律权威性和严肃性的尊重。

2. 加强房地产测量机构和人员管理

根据建设部《关于加强房产测量工作的通知》(建房[1991]385号)的要求,结合本地房地产市场的实际状况,要加强对房地产测量机构和人员的监督和管理,提高测量机构和评估操作人员的道德素质和业务水平。房地产测量机构内部应建立房地产测量及房屋面积计算责任制度,对出现事故的,要追究事故当事人及有关领导的责任。

3. 提高房地产测量及房屋面积测量工作的科学性和准确性

房地产行政管理部门要组织房地产测量相关人员学习有关房地产测量及房屋面积计算的规范与规定(包括住宅设计、房地产测量、商品房销售面积计算、公用土地面积分摊计算等)。要加强计算机技术在房地产测量工作中的应用,积极开发相应的开发房地产面积计算软件,提高工作效率。当事人对房屋测量面积有异议的,房地产测量机构要按规定的程序及时进行复核,对确有问题的,要及时予以更正。

4. 提高房地产测量工作的服务质量

房地产测量机构要大力推行社会服务承诺机制,提高测量工作的透明度,自觉接受社会的监督。通过采取一条龙服务、必要的上门服务及应用计算机技术等措施,提高工作效率,减轻房地产开发企业和交易者的负担。

随着国家颁布一批有关房地产测量及房屋面积计算管理工作的规章、规范和文件,国家逐步加强了对二手房测量及面积计算的管理,有效地维护了二手房市场秩序和买卖双方的合法权益,促进了二手房的交易、租赁、评估、抵押等各项工作的顺利进行。

二、二手房建筑面积的计算

无论二手房还是新房,其建筑面积的含义是一致的。建筑面积,是指某一房屋从房屋的外墙勒脚线以上的外围水平面积算起,包括房屋结构本身(墙、柱)占用的面积在内的总面积。多层建筑按照各层建筑面积总和计算。

对于二手房的建筑面积的计算无特殊规定,只需要依据房地产行业的相关法律法规的规定来执行。评估机构对房屋的建筑面积计算应该严格按照国家颁布的《建筑面积计算规则》实施。其实施细则如下:

(一)需计算建筑面积的范围

①单层建筑物不论其高度,均按一层计算,其建筑面积按建筑物外墙勒脚以上的外围水平面积计算。单层建筑物内如带有部分楼层者,也应计算建筑面积。

②多层建筑物的建筑面积按各层建筑面积的总和计算,其底层按建筑物外墙勒脚以上外围水平面积计算,二层及二层以上按外墙外围水平面积计算。

③层高超过2.2米的地下室、半地下室、地下车库、仓库、商店、地下指挥部等及相应出入口的建筑面积按其上口外墙(不包括采光井、防潮层及其保护墙)外围的水平面积计算。

④用深基础做架空层加以利用,层高超过2.2米的,按架空层外围的水平面积的一半计算建筑面积。

⑤坡地建筑利用吊脚做架空层加以利用且层高超过2.2米的,按围护结构外围水平面积计算建筑面积。

⑥穿过建筑物的通道和建筑物内的门厅、大厅,不论其高度如何,均按一层计算建筑面积。门厅、大厅内回廊部分按其水平投影面积计算建筑面积。

⑦电梯井、提物井、垃圾道、管道井等均按建筑物自然层计算建筑面积。

⑧舞台灯光控制室按围护结构外围水平面积乘以实际层数计算建筑面积。

⑨建筑物内的技术层(管道层、附层、夹层),是指房屋的局部层次、层高超过2.2米的,按其墙外围水平面积计算建筑面积。

⑩与建筑连接的有柱雨篷,按柱外围水平面积计算建筑面积;独立柱雨篷,按其顶盖水平投影面积的一半计算建筑面积。

⑪有柱的车棚、货棚、站台等,按柱外围水平面积计算建筑面积;单排柱、独立柱的车棚、货棚、站台等,按其顶盖水平投影面积的一半计算建筑面积。

⑫突出屋面的围护结构的楼梯间、水箱间/电梯机房等,按围护结构外围水平面积计算建筑面积。

⑬突出屋面的有围护结构的,按围护结构外围水平面积计算建筑面积。

⑭封闭阳台、挑廊,按其水平投影面积计算建筑面积;凹阳台、挑阳台按其水平投影面积的一半计算建筑面积。

⑮建筑物墙外有顶盖和柱的走廊、檐廊的,按柱的外边线水平面积计算建筑面积;无柱的走廊、檐廊,按其投影面积的一半计算建筑面积。

⑯两个建筑物间有顶盖的架空通廊,按通廊的投影面积计算建筑面积;无顶盖的架空通廊,按其投影面积的一半计算建筑面积。

⑰室外作为主要通道和用于疏散的楼梯,按每层水平投影面积计算建筑面积;楼内有楼梯的,室外楼梯按其水平投影面积的一半计算建筑面积。

⑱跨越其他建筑物、构筑物的高架单层建筑物,按其水平投影面积计算建筑面积,多层者按多层计算。

⑲室内体育馆按实际层数计算建筑面积。体育馆(场)看台下空间加以利用的,其超过1.8米的部位计算建筑面积(多层按多层计算)。

⑳原始设计为假层(含顶层阁)、屋面全部翻高后,前后墙沿口到楼板高度超过1.8米的,按实际计算建筑面积。

(二)不计算建筑面积的范围

①突出墙面的构件和艺术装饰,如柱、垛、角、台阶、无柱雨篷等。

②检修、消防等用的室外爬梯。

③层高在2.2米以内的技术层、夹层。

④构筑物,如独立烟囱、烟道、油罐、水塔、储油(水)池、储仓、地下人防工程、支线等。

⑤建筑物内外的操作平台、上料平台,以及利用建筑物的空间安置箱罐的平台。

⑥没有围护结构的屋顶水箱,舞台及后台悬挂幕布、布景的天桥、挑台。

⑦单层建筑物内分割的操作间、控制室、仪表间等单层房间。

⑧层高小于2.2米的地下室、半地下室深基础地下架空层、坡地建筑物吊脚架空层。

⑨岗亭、警亭、书报亭等。

⑩里弄房屋后天井内的天棚。

⑪利用马路、通道及隙地所搭棚架。

⑫阁楼。

⑬房屋的平台、晒台、花台、屋顶平台等。

在计算建筑物建筑面积时,如遇上述以外的情况,要参照上述规则精神办理。

三、二手房土地面积的分摊

房屋配套的各种服务设施,如幼儿园、绿地、公共花园、道路等都要占用一定的土地面积,这类土地面积称为公摊土地面积;建筑物整体所占的土地面积为建筑物土地使用面积。由于开发商在建造房屋时获得的是整块土地的使用权,每一寸土地都需要付出征地补偿费、拆迁费等成本,因此要把包括各种服务设施占地在内的全部土地的成本分摊到每一房地产商品之中,每一购房者都按照其建筑面积的大小分摊相应的公共土地面积使用费。在二手房买卖过程中,分摊的土地面积使用费用也要计入房地产商品总价中,要与房地产标的物共同转让给购房者。另外,公摊面积同样也要缴纳物业费以及房屋维修基金。因此,在二手房交易过程中,分摊的土地与房地产标的物本身具有同样的重要地位。

二手房土地状况根据是否独占所用权可以分为两大类:一是属于某一居民楼或者居民区的土地,同一块土地上居住许多住户,每一住户均有不同类型的可使用土地,土地使用面积由房屋占地面积、个人独用地(如一楼住户在楼下可以有一块自己使用的绿地)面积、公共用地(包括公共绿地、花园、道路、景观、公共设施占地等)面积三部分组成。二是由单独产权人独有的土地,这样的情况在城市的平房区、胡同区比较多,此类二手房的土地使用面积就是房屋、院落所占的土地面积,计算比较简单,但是随着城市化进程的加速,一户独有土地使用权的情况会逐渐减少。

(一)二手房土地面积的分摊环节与计算步骤

土地面积的分摊由两个关键环节组成,一是公共土地面积的分摊,二是建筑物所占的土地使用面积的分摊。分摊公共土地面积和建筑物土地使用面积都要遵循同一原则,即按照拥有产权房产的建筑面积占项目(居民楼、居民区)总建筑面积的比重确定分摊面积值。

计算分摊的土地需要经过以下几个步骤:首先,弄清楚项目(居民楼、居民区)总建筑面积和自有产权房产的建筑面积,要严格按照房产证、土地使用证上标明的数字进行计算,必要时要到房地产管理部门进行查询。其次,计算房产建筑面积占总建筑面积的比重大小。最后,按照比重的多少分摊土地总面积。

(二)二手房土地面积分摊的计算公式

- 计算公共土地分摊的面积:

$$每户分摊的公共土地面积 = \frac{每户房屋建筑面积}{总建筑面积} \times 公共用地总面积$$

- 计算应分摊的土地使用面积：

每户应分摊的建筑物土地使用面积 = $\dfrac{每户房屋建筑面积}{总建筑面积}$ × 建筑物使用土地总面积

例如：某人有一套全产权二手房，准备出售，产权证上标明的建筑面积为139.33平方米，套内面积为125平方米，楼房占地12 000平方米，所在房地产项目国家核准的建筑面积为500 000平方米，公共用地60 000平方米，计算此房产应分摊的公共土地面积和土地使用面积。

每户分摊的公共土地面积 = (139.33/500000) × 60000 = 16.7196(平方米)

每户分摊的建筑物土地使用面积 = (139.33/500000) × 12000 = 8.3598(平方米)

第三节 二手房价格估算

一、二手房价格形成因素分析

房屋是社会经济生活中重要的特殊商品，许多因素对二手房价格产生重要的影响。在实施二手房价格评估的过程中，有许多变化迅速、区域性显著、时效性强的因素，这些因素共同影响二手房价格评估结果。因此，弄清楚每个因素的作用机理和影响程度，并加以控制，可以有效促进二手房价格评估工作的顺利开展。

（一）影响因素的识别

1. 市场供求因素

二手房也是一种商品，其价格同样也受到二手房市场供给变化的影响。根据经济学原理，商品价格是由市场的供给与需求两方面决定的。二手房市场的供给主要来自市场上能够出售并可处理房屋产权或者使用权的房屋所有者；需求主要来自有购买二手房的需求和愿望，并且有能力购买的潜在购房者。二手房的价格在一定程度上反映的是买卖双方的力量对比，供给方与需求方之间的力量对比关系决定市场价格的走向。二手房供给增加，市场上可供选择的二手房数量增加，使二手房价格有所下降；二手房需求的增加，使二手房在房地产市场上成为紧俏商品，价格自然会有所上升。随着二手房市场的放开，许多其他因素也通过影响市场供求关系间接影响二手房价格，市场供需关系成为影响二手房价格走向的直接因素。

2. 价值因素

二手房是一种特殊商品,可以通过市场进行交换。二手房虽受市场因素的影响在不同条件下表现出不同的交换价格,但其真实价格最终还是由二手房自身价值来决定。在二手房交换价格的长期变动趋势中,可以发现交换价格始终围绕其价值波动。二手房价值要在长期的价格变动中体现,需要有良好的判断能力和成熟的判断心理的评估人员通过长期的观察才能够有所认识,但我们应该把握住二手房的价格不会背离其自身价值太远这个规律。

3. 建筑质量因素

建筑质量较差的二手房会直接影响购房者的使用价值,其相应的评估价格也就比较低。评价二手房的质量因素应该注意以下几个方面:设计质量、建筑质量以及维护质量。

设计质量,是指二手房建筑设计的合理程度,某些不合理的设计影响购买者的正常使用。设计质量的好坏要从设计的结构、规定材质、房间式样、设备安装预留位置、房屋间距等方面进行评价。建筑质量,主要是指二手房在建筑施工过程中的操作质量,较高的建筑质量一般不会存在偷工减料、违规操作等问题,建筑质量直接影响房屋的使用寿命和使用的安全性。维护质量,是指房屋在使用过程中的维护、保养程度,维护良好的房屋可以延长使用寿命,降低购买者的翻新、维修成本,减少使用中不必要的麻烦。

4. 建筑成本因素

建筑成本,是指在房屋建造活动过程中所耗费的人力、物力、财力的成本,一般可以分为直接成本和间接成本。直接成本主要包括人工费、材料和设备费用、建筑承包企业的费用、完工保证金、工程验收费用、施工机械费用、施工搭建费用、电费等;间接成本主要包括拆迁安置成本、建筑与工程前期准备费用、各项服务费用、融资费用、各种税费、房地产销售费用、管理费用、监理费用等。除了这些费用之外,建筑企业还要保证一定的利润率,有时也要计算在建筑成本之中。建筑成本一般对二手房的交易价格影响是间接的。但是如果在成本估价法的结果基础上评估二手房的现值,建筑成本因素就显得比较重要了。

5. 地理位置因素

地理位置因素,是指二手房的区位质量的优良程度。考察地理位置既要考察自然地理环境因素,也要考察人文地理环境因素。自然地理环境,是指气候条件、气温、降水、自然灾害等方面的条件;人文地理环境,是指包括周边的交通情况、基础设施建设情况、商业网点情况、临街位置、建筑布局、城市规划等方面的条件。这两方面直接影响购买者和使用者的使用环境,影响其生活质量和内心感受。

6. 获益因素

获益因素,是指二手房实际创造收益的能力。二手房购买后用于出租获得租金收益,或者自己使用减少支出费用,这些都能够给购房者带来一定的效益;二手房市场交易价格的提高也能够为购房者带来一定的溢价收益。二手房在使用期内实际带来的收益应该至少大于购房者持币时的活期存款利息收入,这样购买该二手房才是合算的。

7. 人为因素

人为因素,主要是指人在评估、交易二手房时的谈判能力和鉴别能力。谈判能力,是指买卖双方的讨价还价能力,谈判技巧较高的人可以压低二手房交易价格;鉴别能力,是指对二手房内在价值的认识能力,人的经历和认识不同对二手房价值的判断也就会有所不同,对二手房的出价也就有所差别。人为因素通过影响二手房买卖双方的交易心理来影响各自的出价水平,一般仅仅作为交易个例进行研究。

8. 政策因素

政府对房地产市场进行的监管,主要是通过政策法规的制定、实施与废除以及调整税费缴纳办法,来影响房地产市场的供求关系,发挥政府的宏观调节作用。如北京市政府近年来对经济适用房的上市发布了一系列新的规定,有效地减少了炒房行为,但也增加了经济适用房在二手房市场上的转让难度。

(二)各种因素在二手房评估中的地位

市场供求因素与价值因素是决定二手房市场价格的根本因素。二手房的价格由价值决定并受市场供求的影响。二手房价格主要依据其价值,市场供求关系变化使价格围绕价值上下波动。价值必须通过市场价格来表现,但有时在某些因素作用下,价格会发生较大的偏离,这需要评估人员和购房者根据经验参考以往的价格走势,弄清发生这种偏差的原因,适时出手。

建筑成本、质量和地理位置因素对二手房价格有重要影响。实施二手房价格评估工作最主要考虑这三方面因素,建筑成本、质量直接影响二手房建造时的人力、物力、财力的耗费;地理位置因素既影响建造房屋时取得地块的成本,也影响购房者购买二手房的使用价值。这些因素在二手房估价结果中能够明确反映出来。

获益因素、人为因素以及政府政策因素对二手房价格有一定的影响。这些因素在特定的时间、地点、条件下可对二手房价格产生较大的影响,但是影响都是暂时的、局部的,随着这些因素作用的减弱二手房价格会回归到正常位置。

二、二手房估价的具体操作方法

二手房估价的具体操作方法与一般意义上的房地产价格评估的操作方法相类似，只是在具体操作过程中有一定差异。

(一) 二手房估价报告书的基本内容

二手房估价报告书是完成二手房估价活动、确认最终估价结果的书面报告，是一系列调查、勘测后形成的鉴定结论，其作用是对二手房评估涉及的主要问题进行详细说明。其主要内容应包括以下几个方面：

①委托单位（个人）名称。包括企事业单位、中介机构、自然人等。

②评估对象。评估的标的物，即要进行评估的目标房屋或者楼房。

③评估时间。评估活动的执行时间，即评估开始日期和终止日期。

④评估对象的状况。二手房的基本状况，要着重说明二手房的建筑结构、环境位置、房屋质量、内部空间四个主要部分的情况，还要注明二手房的建筑面积、使用面积、土地分摊情况以及改建、装修等情况，必要时要说明二手房所在房地产项目的基本情况。对于其他能够影响二手房实际价格的因素要仔细列明。

⑤评估的基本原则。要本着客观、公正、合理、准确的原则进行评估。

⑥评估所需材料。测量活动执行的基本政策依据和标准；二手房的产权证和土地使用证；二手房评估实地测量的结果；房地产市场提供的相关交易资料；执行的价格标准；其他需要的材料。

⑦评估方法。二手房价格评估的具体方法与一般意义上的房地产价格评估的方法有相似之处，一般意义上的房地产评估方法也可以应用于二手房评估活动。经常使用的评估方法是市场比较法、收益还原法、成本估价法等。

⑧评估过程。按照勘测的基本情况和选择的评估方法说明评估过程，要注明关键的实施环节。

⑨评估结果。确定评估的时点价格，即×××年××月××日对该二手房实施价格评估，分别列明单位价格和总价格（要用大写数字和小写数字分别标明）。在整个评估过程中，评估人员的主观因素对评估结果影响较大。因此，结果中还要注明依据评估师个人的经验进行评估的说明性文字。

⑩评估参加人及其所属机构。注明评估小组的主要负责人、参加人以及评估承担机构（附评估单位资格证书和评估师资格证书）。

(二) 具体评估方法的应用

在二手房评估中使用的一般方法有市场比较法、收益还原法、成本估价法等,我们分别举例说明以上三种方法的使用过程。

1. **市场比较法**

①收集估价对象的资料和房地产市场上已经成交的类似实例(形成比较表格),按照表格要求填写要比较的不同二手房的基本状况。

比较项目		填写内容的要求
位 置		坐落的准确位置
类 别		住宅、办公楼、写字楼等
地 域		城区、近郊、远郊等
价 格	单 价	元/平方米
	全 价	万元
交易时间		交易的记录时间,最好是近期的
面 积		建筑面积和使用面积分别列出
户 型		×室,×厅,×卫,×厨房等
地 形		平坦程度,是否是丘陵、山地等特殊地形
地基情况		地基的情况,地基是否是较软的地质
室内状况	通 风	正常或通风不畅
	上下水	有无上下水管道及设施
	煤气(天然气)	是否接入煤气(天然气)管道
	暖 气	有无暖气
道路交通状况	类 型	砂石路、柏油路、水泥路等
	宽 度	车道数量,路宽度
	距离车站位置	
	距离主要道路距离	
区域规划用途		居住区、商住混合区、商业区等
其他备注事项		

②对收集的交易情况进行评分:按照各个评估项目分别进行评分,以拟评估二手房的情况为 100 分,参照物房地产优于拟评估二手房的项目要加分,低于拟评估二手房的项目要减分。加减程度要按照市场实际情况由评估人员根据经验操作。例如:2001 年购买的房屋欲出售,由于信息条件所限,仅知道有一套类似的二手房作为参照物,2001 时参照物房地产价格为每平方米 3000 元;参照物房地产最后综合得分为 95 分。

③交易日期修正。不同时期的二手房价格是不断变化的,因此按照市场走势对参照物二手房的现值进行时间上的修正。按照上例,在 2001～2007 年期间按照价格年增长幅度为 10% 计算,只考虑时间因素的价格变动为 $3000 \times (1+10\%)^6$。

④计算单价。按照不同二手房交易时的实际状况折算单价。我们用直接比较法计算:

$$评估对象的价格 = 3000 \times (1+10\%)^6 \times \frac{100}{95} = 5594.40(元/平方米)$$

⑤其他修正。如环境因素使评估标的物减值 0.2%,维护因素增值 0.1%。

⑥计算修正后的单价。评估对象的最终价格 = $5594.40 \times (1 - 0.2\% + 0.1\%)$ = 5588.80(元/平方米)

2. 收益还原法

一般适用于计算购买后用于出租、经商、客房、写字间等用途的二手房。

①计算购后可获得的预期收入。要根据周边房屋出租的租金以及出租率情况,按照有关部门的价格标准,估算年收益额的大小。如某居民住宅用于出租,其预计月固定租金为 1500 元,则预计年租金为 18 000 元。

②计算预期支出总费用。按照国家标准,确定预期的物业管理费用、折旧额、维修费用、土地使用费、税收等费用。如某购房者预计该住宅的月固定支出费用为 300 元,则预计年费用为 3600 元。

③确定收益净额。年收益净额 = 年收益总额 - 年支出总费用。按照上例,该二手房的年净收益为 14 400 元。

④确定还原利率。一般为一年期定期存款利息、国家规定的折现率以及按照物价指数上涨因素计算的投资回报率加权平均,其结果即为还原利率 r。有时为简化起见,直接使用一年期定期存款利息率(假设 2.7%)进行估算。

⑤剩余可使用年限。规定的使用寿命减去已使用年限。假设该住宅还可使用 30 年。

⑥计算现值。按照还原利率和各年收益净额计算估价时点价格。

⑦根据公式进行计算。

二手房评估价格 = (二手房收益净额 ÷ 房地产资本化率) × $[1 - 1/(1 + 房地产资本化率)^n]$

其中 n 为剩余可使用年限。

本案例最终计算结果为:二手房评估价格 = $(14400/0.027)[1 - 1/(1+0.027)^{30}]$ = 622741.35(元)

3. 成本估价法

(1) 了解二手房的基本概况

①土地。土地位置；供水、供电、供热情况；土地形状、坡度；地质状况；土地面积；污染情况等。

②房屋。房屋结构、面积、建筑材质、朝向、楼层数、附属建筑物情况等。

③装修程度。当初装修价格、使用状况、装修材料等。

④建筑物的建筑时间。始建于××××年××月，竣工于××××年××月××日。

(2) 计算具体价格

①土地重新取得价格。即现在取得建筑物使用的土地面积所花费的成本。该价格一般与周边的土地交易价格有关联，因此可以参考周边的土地交易价格。在参考价格的基础上，再结合该地块现有的具体条件（交通、形状、面积、公共设施、周边环境等）进行微调，具体的微调程度需要根据评估人员的经验来实施。

②二手房所在建筑物的重置价格。建筑价格按照该地区具有同类结构、用途的建筑物的重置价格进行估算，建筑条件、使用的建筑材质原则上按照现有价格进行估算，已经不使用的建筑材料可使用相似的替代品进行估算。

建筑物现值的计算：建筑物现值 = 重置单价 × 建筑面积 × 新旧成数

③二手房的价格。

二手房的评估价格 =（土地重新取得价格 + 建筑物重置价格）× $\dfrac{二手房建筑面积}{建筑物整体建筑面积}$

例如：某小区有一套二手房出售，经某权威评估机构计算，该小区建筑重置平均单价为 800 元/平方米；产权证明上标明的建筑面积为 120.33 平方米，设计 70 年寿命，已使用 10 年，折旧情况正常；该住宅区土地 10 000 平方米，建筑面积 60 000 平方米，该二手房分摊的土地面积为 30 平方米，该块土地现值为 5000 万元。

二手房的评估价格 = $(50000000 + 800 \times 70000 \times \dfrac{70-10}{70}) \times \dfrac{120.33}{70000}$ = 182214（元）

第六章

二手房交易的风险

二手房属于大宗商品交易,为了维护交易双方的权益,应该掌握一定的风险识别与控制的方法,并且能够采取适当的对策对其进行规避,从而在交易谈判中实现自身利益。

第一节 二手房交易风险概述

一、交易风险的含义

交易风险是指在进行交易的过程中,由于存在各种未知因素而造成的未来结果的不确定性,以及在某个特定状态下和特定时间内可能发生的结果的变动。在交易未执行前,其未来结果有两种或两种以上的结果或者选择时,即未来的结果的不确定性。在以通过交换而取得特定利益为目标的行动中,若存在与初衷利益相悖的损害即潜在损失,则由该潜在损失所引起的对交易主体造成危害的事态,便称做该项交易行为面对的风险。交易风险还可以表现为交易主体的主观预期与未来实际背离而产生变异的结果。

二、二手房交易风险特点

二手房交易风险具有很鲜明的特征:

1. **风险发生环节多**

二手房从提出购买意向到最终过户完成交易,交易时间长、涉及的环节多,包括房产管理部门、物业机构、市政部门、税务部门等多个部门,在每一个部门办理手续都有可能出现拖沓的情况;二手房交易双方需要准备的材料多,可能存在某些材料或者手续拿不到的情况。

2. **风险危害性大**

二手房交易涉及的金额巨大,一般是交易者多年的积攒,如果出现房屋诈骗等情况，可能损失几十万元到上百万元的金额。

3. 风险潜伏时间长

二手房可能存在的质量问题需要较长的时间才能够暴露，因为房地产是耐用品，稍微的变化都是长期演变的，存在的某些质量不合理、设计缺陷等问题需要经过多年使用才暴露。

4. 风险不易被察觉

二手房交易过程中出现的某些风险是具有隐蔽性的，某些风险由于交易双方缺乏交易知识，易受到不法分子的侵害。

5. 交易风险易被人为操纵

二手房的交易过程中人的参与是十分重要的，而某些风险由于恶意操作被人为地放大，将会造成难以弥补的损失。如二手房购买者人为地夸大市场的形势或者二手房的缺陷，并四处宣传，使其他欲购者望而却步，造成二手房出售困难。

三、二手房交易风险种类

引起二手房交易风险的因素很多，只要存在交易过程中的不可控的因素，那么交易风险就一定存在。根据不可控因素的类型，可以将二手房交易风险划分成以下五种：

（一）中介风险

中介风险，是指二手房交易过程中由于中介组织的介入，并且中介组织与交易双方存在信息不对称，中介组织实施对自己有利的行动并对交易双方构成一定损害的可能性。在实际的二手房交易过程中，有些二手房中介机构采取不法手段欺骗交易者，主要的形式包括：①二手房交易中介不让购房者与售房者面谈，由自己传递交易信息，从中赚取差价；②二手房交易中介人为设置障碍，阻挠或者不允许购房者到欲购房屋内观察，有意隐瞒房屋质量问题或者串通售房者共同掩盖问题；③二手房交易中介故意隐瞒或者不提示购房者出售房屋所处地段的规划情况，可能存在未来拆迁的可能性；④二手房交易中介在交易面积上故意隐瞒面积的含义，赚取高额佣金。⑤在合同中玩弄文字游戏，故意签署带有不公平条款的合同，对自身有利的条款写得比较明确，对自身不利的条款写得比较含糊。

（二）价格风险

交易双方对二手房真实价值的确定缺乏依据。一方面，卖方担心价格偏低，自己吃亏，而买方则片面强调二手房的折旧，这样造成交易双方在出价和定价过程中担心价格确定的风险，交易双方的出价相差悬殊。另一方面，市场变化莫测，价格在市场上变化迅速，市场行情看涨或看跌转换迅速，买卖双方交易过程周期较长,可能出现价格忽涨忽落的情况,这对交易双方可能造成损失。

(三) 法律风险

交易双方可能存在某些在法律上交易主体的不完整或者交易行为受到法律限制的情况。主要的法律风险包括:

1. 交易主体方面的风险

即买卖双方没有从事房屋交易的主体资格。如出卖人非房屋所有权人,也未获得房屋所有权人的有效授权,不能获得有权处理房产的权利;作为买受方的个人,不具应有的购房的审批手续,支付能力不强或不诚实履约,使出卖人不能得到全部房款。

2. 交易二手房本身的风险

即二手房本身存在瑕疵。主要的情况有:用于交易的房屋为非法建筑或已被列入拆迁范围,不允许再转让;房屋产权不完整或者存有争议;房屋产权为多人共有,未经全体所有产权人一致同意不得出售;交易房屋存有质量瑕疵;出租的二手房所有者未依规定通知承租人出售,而承租人又具有优先购买权;房屋已抵押,未经抵押权人书面同意转让;已购公有住房或经济适用房上市出售受到政策限制或者政策禁止销售;被依法查封或者被依法以其他形式限制房屋权属转让等。

3. 交易手续风险

二手房交易属于不动产交易,其交易方式有别于动产的交易规则。可能出现风险的环节包括房屋产权及相关权利的发生、变更等均需到有关政府部门进行登记,而管理部门不予出具登记转让手续(如某些政府与个人共同持有的二手房);出卖人仅将房屋交付购房者使用并不足以产生房屋所有权变动的法律效果;而只有当房屋交易手续齐全、合法时,登记机关才予以登记。交易双方交易过程中可能存在难以取得某些允许交易的手续和证明,使交易难以达成。

4. 交易合同风险

交易合同中对双方的权利与义务约定不明、合同条款偏向、合同欺诈等行为可能存在。

5. 产权风险

办理产权证需要通过房管部门,而办理过程中可能出现房屋管理部门拖延时间、行政不作为等情况,造成产权过户难以完成。

(四) 拆迁风险

二手房中存在很多旧房,其中许多属于政府规划中拆迁的地段,此类二手房有时也可以进入市场买卖,但是购房者需要花费的成本就相应地加大。

拆迁后的拆迁补偿款的具体价格难以确定,能否与当年的购房款持平也是未知的。此外,购房者搬家、购房税款、购房费用等全部损失,若再购置房产仍然需要缴纳这些费用。

(五)质量风险

二手房一般已经过多年使用,可能存在使用不当造成的损害;有些二手房建造年代较早,使用的建筑技术存在缺陷已经被市场淘汰,缺陷逐渐暴露出来;某些房屋是私自改造的,是违法建筑,如占用屋顶平台和走廊、屋内私自加装阁楼、改变房屋结构、私自封闭阳台等;房屋管线布局合理性难以观察,一般是埋藏在墙壁或者地面下的;墙体内部结构情况不明,裂缝等可以通过简单修葺掩盖;市政设施设计情况不明;装修程度不明,可能存在掩饰缺陷的问题。

第二节 二手房交易主客体风险的识别与规避

二手房交易过程中可能会遇到诸多风险,如产权不明确、价格不合理、上当受骗、对房屋现状了解不够等多种风险,对买卖双方尤其是购买者造成损失。通常交易风险主要表现为交易陷阱,包括主体陷阱和客体陷阱两种。

一、二手房主体陷阱的防范与处理

(一)二手房交易主体陷阱的认识

二手房交易行为中,出现交易主体陷阱是可能的。房屋购买者在进行二手房交易之前以及交易过程中应该全面地认识这些可能的陷阱,才不至于在交易中利益受损。一般而言,二手房交易时的交易主体陷阱,主要是在非产权人向购房者销售房屋的情况下发生的。按照规定,非产权人在没有产权人的授权证明或者得到产权人的授权情况下,不能私自出售房屋。如果这种行为发生,则成为房地产交易主体陷阱。因而二手房购买者在买房之前或者谈判过程中,必须通过有关途径了解售房人的产权情况,以维护自己的正当权益。

在实际二手房交易中,交易主体陷阱主要有以下表现:

(1)非产权人成为产权人的合法代理人后,也可能仍有产权人没有授予的一些权利的。例如,产权人有些自己所拥有的物产如某一间有特别意义的房间或房屋内附属物,并不愿意其代理人随意处置或出售。而代理人却将这些禁止性规定打破或者将附属物出售。这种情况属于非产权人的越权行为,其交易行为属于主体陷阱。

(2)超越产权人的权限,以比产权人授权的价格范围低的价格出售房屋,这也是对产权人权限的侵犯,同样,对于购买者来说,也就构成一种交易主体陷阱。

(3)非产权人以代理人名义向所代理的其他人出售房屋或者在没有征得产权人同意的情况下,将房屋的售权转让给他人办理。这些都构成非产权人的不正当行为,也是房屋交易中比较常见的一种交易主体陷阱。

(4)产权人在授予非产权人某些权限后,也可以根据具体情况与非产权人商定后适当地收回该类权限。当产权人明确表示且非产权人同意后已经收回的权限,非产权人在房屋交易中依然行使这些权限,这种行为亦构成对产权人的侵害,需要承担一定的法律责任。

(二)二手房交易主体陷阱的防范

为了预防二手房交易主体陷阱的出现,除了购房者需要提高警惕外,房地产管理部门还需要采取措施加强管理。

1. 房地产管理部门加强管理

房地产管理部门在接办二手房交易手续时,应该对二手房的产权归属、产权人的行为特征等进行严格的审查,从根本上杜绝交易不规范行为的发生。管理部门应该严格执行有关房地产交易的法律法规,不得徇私舞弊和擅用权力。

对房地产买卖、出让等行为的法律性规定进行宣传,让社会大众知道房地产买卖的相关法规,并进行市场监督。房地产管理部门可以建立房地产交易市场监督管理机制,通过有效的管理运营和不断完善,使得房地产交易管理市场化,实现有本可参、有法可依、执法必严。

发展房屋中介。房地产管理机关直接管辖的房地产交易所或者房屋中介可以代办市场上的房屋买卖和租赁事项,并按规定收取相应的服务费,同时提供调整、仲裁以及损失赔偿处理等中介服务。

2. 交易者提高认识

二手房交易陷阱的识别以及防范,除需要管理部门的依法管理外,购房者自己也需要加强这方面的认识,不要因无知而上当受骗。购房者除了平时加强这方面的学习和了解外,在购房之前,应该细读有关二手房交易的规定以及二手房交易陷阱的知识;在实际购买谈判中,随时提醒自己,不要受蒙骗。除此之外,建议购买者先去房地产管理部门咨询或者通过合法正式的房屋交易中心办理房屋买卖以及转让等手续,同时在管理部门以及房屋交易中心了解相关信息,这样的信息相对而言比较全面、准确。如果购买者发现有交易陷阱,应该上报房屋管理部门进行处理,最好不要私下与售房者交涉。

在签订购置二手房时,要注意以下几点:购房者要在二手房交易中介的帮助下,向房主提出查看房屋,要查看有关房屋的各种手续,商谈房屋交易价格,然后再签订中介合同;签订中介代理合同时要谨慎,合同文本具有法律效力,一旦签订就要生效;要使用政府行政机关认可的合同文本,不使用中介机构私自制订的合同文本;合同条款内容表达要准确,不能模棱两可,交易双方要弄清所有条款的内容,必要时可以向专家或者律师咨询相关内容,不可盲目签订。

对于可能存在拆迁问题的二手房,交易主体应该首先自己调查研究,以明确真实情况。调查房地产规划部门的规划,如果在一二年内肯定被拆迁的二手房,可以在房地产交易所等房屋管理部门查到情况;列入拆迁公告的二手房不允许买卖和过户,这类信息可以到产权交易部门查询;如果当地派出所已经将二手房的区域户口冻结,那么肯定是待拆迁的房产。

(三)二手房交易主体陷阱的处理

按照房地产交易的有关规定,在出现二手房交易陷阱,非产权人没有代理权,但同购买者进行了二手房买卖,并且已经完成了相关手续的情况下,处理的具体方法根据实际情况而不同。在这个问题上,一些专家学者提出了具体的处理方法。在此,主要归纳总结如下:

(1)二手房产权人在委托非产权人卖房时出现不当行为,如果产权人表达的意思与真实意思不一致,或买卖合同内容违法,形式不合法,若非产权人合格,由于产权人方面导致的无效的卖房以及产权人的不当行为,该非产权人的责任应酌减或免除。

(2)如果非产权人受产权人全权委托,而产权人在此之前就知道非产权人缺乏二手房买卖的相关知识,却未告之,而使不正当的交易行为发生,一般可免除该非产权人责任。但不知该非产权人的无知或随便相信非产权人的言辞,非产权人发生了重大的过错而没有尽到其应有的责任,应追究非产权人的责任。

(3)如果产权人授予非产权人的权限不明确,而非产权人发现了对产权人不利的情况,却没有告知产权人,非产权人应对导致的损失负责任。但告知后,产权人没有及时给予答复的,应免除该非产权人的责任。

二、二手房客体陷阱的防范与处理

(一)二手房客体陷阱的认识

在二手房交易中,除了出现前文所述的二手房交易主体陷阱外,还会出现客体陷阱。二手房交易客体陷阱,具体是指二手房售房方向购房者提供的二手房不具有相关的房屋资格证明或者上市交易条件,在与购买者谈判时或向其介绍二手房时有意隐瞒这些信息,而将房屋出售给购买者,因此获得相应的非法售房收益。在房地产交易市场中,时有诸如黑市交易、地下交易等非法交易市场的出现。如果购房者不能很好地明察,就很容易上当受骗。在实际二手房交易中,交易客体陷阱主要有以下表现:

1. 没有出售资格证明

按照规定,凡是待出售的二手房都应该具备合法建筑证明以及有效的产权证明。如果二手房是违法或者是违章建筑,或者出现二手房产权不明确,或者存在着纠纷而尚未解决,或者二手房已经被国家征用,或者房改房、经济适用房等不具备产权证明的情况下,售房方在未告知购买者的情形下将房屋售给购买者,则构成对购买者的交易陷阱。

2. 同时向多家购买者销售房屋

售房者通常在接待一家购买者之后又开始接待其他购买者,为同一房屋寻找不同的买主。这样做的目的,是为了寻找更有利于自己利益收获的买主或者以更有利的地位在多个购买者中建立谈判优势。

3. 通过售房欺骗购买者钱财

市场上也有房屋骗子出现,主要是类如"票贩"这样的"房贩",看准买主的购房迫切心理,通过对其劝说或者胡编乱造,使没有经验的购买者轻信其言辞,并且要求购买者提前预交部分房款或者房屋交易手续费,待购买者交上钱款后逃之夭夭。在这种情况下,"房贩"留下的联系方式一般都是虚假的或者得手后中断所有联系。

4. 伪造房产证

为了尽快将手头不具备房产证的二手房转手给购买者,二手房兜售者便伪造房产证等相关证件,进而给购买者造成利益伤害。这种欺骗行为也构成二手房交易的一种客体陷阱。

5. 故意修改房屋信息

"房贩"根据路边、房屋交易中心或者网上发布的售房信息,联系准备售房的卖主,声称自己能够以很高的价格帮助代理出售房屋或者出租房屋。待获得卖主信任和房产证后,随即修改房产证上的有关信息,如房屋面积、建筑年代以及建筑材料等,然后再以更高的价格向市场上的购买者推销房屋。

(二)二手房交易客体陷阱的防范

1. 二手房交易行为规定

二手房交易虽然会发生欺骗、乱报价以及黑市交易等不正当行为,但这种能够对购买者构成陷阱的行为可以以法规、法律等形式进行规定以及管理。在二手房是否可以进行上市交易以及具备哪些条件才可以上市交易等问题上,房地产交易管理部门应该作明确的规定。按照规定,二手房不具备上市交易资格的情况表现在:

- 产权关系不明确的私有二手房屋没有资格上市交易。
- 未取得建设工程立项书、土地使用证书、规划许可证、商品房预售许可证、商品房外销许可证、房屋产权产籍登记等法定批文证书的二手商品房不得上市交易;
- 二手房是机关、团体、部队、企业、事业单位无特殊需要购买或变相购买的私有房屋,此类房屋不具备上市交易的资格。
- 已列入旧城区成片改造、重点项目建设工程拆除搬迁范围的私有房屋,不能上市交易。
- 二手房属于房改房以及安居房,但没有到达上市年限以及没有按照有关规定缴纳费用,在这种情况下,二手房不得上市交易。
- 已办理抵押、典当的各类房屋。

属于以上列出的二手房,不符合交易行为规定,不得进行上市交易。

2. 购买者提高警惕

购买者在观察、谈判以及搜集二手房信息时,应该要求卖主出示房屋的资格证明。在查看资格证明时,应该根据管理部门的规定仔细查看,避免上当受骗。在购买或咨询时,应该询问房屋的产权关系是否明确,房屋证明是否齐备,房屋构造是否与售房者告知的信息一致,以及房屋面积、价格计算是否合法。同时,如果购买者是私下与房贩谈判,应该查看其有效证件,并与证件证明单位核实。如果是经房屋中介商或经纪人之手购买房屋,应该查看中介者的有效经营证明。核实无误后,再与其具体交涉。这样,可以减少二手房交易客体陷阱的出现,维护购买者的利益。

3. 购买者严格审查

购买者应该严格按照一般的购房原则对二手房进行审查,主要的审查内容体现在以下几个方面:

- 土地、房屋产权关系是否明晰。
- 有无遗留纠纷问题。
- 是否具备各种法定文件,是否符合实际情况;房屋结构、套型、质量、配套设施等是否与宣传一致。
- 基本的物业设施及功能是否完备。
- 房屋的面积是否按国家有关规定进行计算,房价计算是否合理。
- 其他承诺的条件能否兑现。

第三节 二手房交易谈判陷阱的识别与规避

与前文中所介绍的几种交易陷阱一样,在二手房谈判中,存在各种各样的谈判陷阱,需要购买者提高警惕,以免上当受骗。通常房屋的质量、价格、质地、建筑风格、建筑历史、面积等因素是购买者集中关心的问题,也是售房者可以采取各种策略制造陷阱的环节。本节将列举几种常见的二手房谈判陷阱,以供广大读者借鉴。

一、二手房交易谈判陷阱的类别

(一)谈判中的价格陷阱

与其他商品交易一样,价格是买卖双方关注的焦点,二手房谈判亦如此。价格的弹性很大。买卖双方心态不同。买方总是想着尽量降低价格,使自己获利。而卖方尽量想着抬高价格,一开始就向买主提出非常高的价格,如果购买者急于购买或者表露出对房屋的极强购买欲或喜好度,则卖主就不会在初始定价上有较大的让步,即便购买者还价,卖者依旧不让步。但如果购买者有着极强的购买经验或者谈判经验,卖主就会适当地作出让步。但也会发生这样的情况,即买卖双方经过一番讨价还价后达成交易,而改天售房者又私自提高房屋价格,任凭买主怎么争辩,卖主只摆出一副高姿态。由于房屋买卖毕竟不同于其他一般的商品,购买者在看好一家并谈妥后,就不会轻易再去他家商谈,因而购买者一般还是愿意最终让步的。还有一种情况,就是卖主故意渲染自己房屋价格的合理性,使购买者从一开始就有占点便宜的心理感受,然后卖主再提高价格,由于购买者的第一印象好,也不会再怎么坚持降低价格了。卖方正是利用了购房者的这种心理,才在谈判中占据优势。

(二)卖方摆姿态,故意拖延

在商品交易中,买卖双方如果有一方极其愿意购买或出售,另一方就会很主动;相反,如果一方表现出极强的不情愿或无所谓,另一方就会很被动。二手房买卖中,卖方有时正是利用这种心理,在与购买者谈判过程中,故意装出一副惜售的表情,或故意拖延成交时间,让购买者产生急切心理。售房者也可以表现出对售房很不情愿的心态,假借种种原因使得房屋售卖有难度,而越是这样,就越能激起购买者的好奇心和购买欲望。这种谈判陷阱在一般商品交易谈判中也是非常多见的,用在二手房交易中也就很习以为常了。

(三)逃避缺点

这种陷阱主要体现在,售房者知道自己所售房屋的缺点所在,但在与购买者谈判时,故意避开这类话题,谈一些别的事情,或者引领购买者去想或看能让其感兴趣或拍手称道的事物,以分散购买者的注意力,或者以一些根本得不到实现的承诺来蒙骗买方,使购买者掉进售房者设下的陷阱。

(四)向购买者提供虚假信息

向购买者提供虚假信息,即售房者向中介或者有关的中介人提供的房屋信息是虚假的。或者售房者找跟自己熟悉的人充当"房托",扮演房屋的购买者,如此下来,卖主在整个谈判过程中就会占有优势。不知情的购买者还有可能私下与那位房托交谈,而这又正好中了卖者的圈套,使谈判一步步朝向对卖主有利的方向发展。如果购买者没有经验或者轻易相信他人,就很容易受这种虚假信息的蒙骗。

二、二手房交易谈判陷阱的规避方法

上面谈到了几种二手房谈判时购买者可能会遇到的陷阱,下面从二手房交易的管理部门以及购买者两个角度对上述的陷阱提出相应的规避方法。

(一)二手房管理部门的管理

不管是私房交易还是公有住房交易,房地产所在地都有相应的房地产交易管理中心。房地产交易中心或者房屋管理中心日常应该通过散发传单、摆摊设点、提供讲解等形式,尽量让更多的所在地社区居民了解二手房交易陷阱、二手房交易陷阱的处理、二手房交易手续等方面的知识。同时对于群众举报的黑市交易等应该严加惩处。

(二)购买者的规避方法

二手房交易毕竟是购买者与售房者之间的交易谈判,因而对于出现的谈判陷阱,只有购买者及时指出并制止,才能维护自身利益。具体的规避方法有:

1. 对价格陷阱的防范

首先,在谈判过程中,不要害怕伤及面子而不敢谈。如果发现有陷阱,就应果断地指出,以不至于让对方的伎俩得逞。面对售房者提高价格的情况,购买者同样需要坚持自己的主张,不能给对方以希望。如果实在讲不下来价,可以掉头走人,这在商界也是惯用的方法。面对客户的即将离开,一般卖者不会轻易让已经谈妥的生意丢掉,故而一般都会叫回买者。所以,购买者在面对卖主的价格时,一定要坚持自己的立场不动,如果对方提一个价,而买者又表现出对房屋的极强兴趣而顺着卖主的提价而稍作还价,这就会给对方一种你很愿意买的意思,那么卖者就会坚持己见。因而购买者一定不要表现出很在意房屋的样子,而要与卖者慢慢交谈。

2. 对对方拖延策略的防范

面对卖主的拖延策略,购买者也可以采用同样的拖延策略与之较量,以有效地揭穿和规避陷阱。当然,在向售房者询问时可以有点高姿态。面对对方的故作拖延,购买者可以表现得冷漠点。若卖方主动联系买者,卖方就陷入了被动地位,有利于购买者与其的谈判。

3. 对对方逃避缺点的防范

面对售房者故意的逃避缺点,购买者应该继续追问其房屋的具体事项,不要让其转移话题,而自己则要坚持自己的买房原则,不能将就,也不能轻易相信售房者的花言巧语。或者购买者可以旁敲侧击地询问,引诱卖主回答自己提出的问题。

4. 防范虚假信息

规避虚假信息的最好办法就是购买者前往正式的房地产交易中心咨询二手房上市情况,包括市面上的二手房价格等信息。不要轻易相信别人的看法,即便是真正的购房者,每个人的眼光和要求也不一样。所以购买者一定要坚持自己去观房,自己去判断房屋的好坏,并且按照自己的标准去要求售房者。在谈判中要严格、认真,对卖方提供的每一条信息认真核实,对卖方的资料、信息来源要仔细推敲、核对,以免上当。同时购买者可以要求卖方给予自己一定的时间考虑,为自己留有更多的准备时间,以求谈判的主动性。

第四节 二手房签约陷阱的识别与控制

二手房签约也经常遇到很多问题,买卖双方之间常常信息不对称,买卖二手房的交易双方也不可能经常进行二手房交易,对合同中可能出现的问题并不十分了解。在签约的过程中出现霸王条款、合同陷阱等问题常常困扰着二手房市场交易者。

一、二手房签约陷阱的类型

(一)二手房交易陷阱识别

二手房是大额消费品,而一些售房者在合同中预设了一些条款,使购房人掉进陷阱。在购房交易过程中,由于买卖双方当事人在房地产专业知识和法律知识上掌握程度的不平等,或房屋建筑出现未曾预料到的问题,处于劣势的一方容易受到不法行为的侵害。而交易者也可以合理地利用自己的优势,为取得最大的利益,有能力也有动机在购房合同中设下陷阱。

1. 定金陷阱

某些二手房售房者与购房人达成初步交易意向,有些购房人在没有考虑充分的情况下,就听从售房者要求交了定金,购房者如果不想购买,想把定金要回来却难上加难。某些售房者在与购房者谈判时故意隐瞒一些情况,当购房者发现或者购房人制定二手房买卖合同时,故意向购房人提出新要求,当购房人拒绝时就以签订认购书中所确认的定金在签约不成时不予退还为依据扣留。在贷款情况下,某些二手房不能办理公积金贷款,约定房屋贷款办不下来,不给退还定金,合同中有这样的约定使购房人利益受到损失。

2. 违约条款陷阱

违约条款是针对违约一方的惩罚性条款,但是违约条款的设计也可以有利于某一方在未来出现纠纷时占有优势。

(1)违约责任不明确

合同违约责任规定含糊,售房者承诺不兑现时,购房人权益受损。如延期交房,按合同规定可以退房的。对某些关键性的问题,售房者与购房者签订合同时或者不约定,或者在约定中设下陷阱,出现纠纷后千方百计地推卸责任,以利于其在仲裁或者诉讼中取胜。

(2)违约条款规避

在签订二手房销售合同时,某些二手房卖方仅仅注明了买方出现违约时的违约责任和惩罚措施,而对卖方出现延期交房的情况没有明确的规定;某些二手房买方仅仅注明了卖方出现违约时的违约责任和惩罚措施,而对买方出现延期付款的情况没有明确的规定。这种情况一般是买卖双方中的一方由于参与二手房交易机会较少,缺乏二手房交易合同订立的基本知识,在订立合同时没有专业的经纪人或者律师进行指导而导致的。

(3)违约条款偏向

这种情况是最常见的一种违约条款陷阱形式。有些二手房交易中的一方会列出许多有关买方违约责任的苛刻条款,而千方百计避开己方的违约责任的约定;虽约定了买卖双方的违约责任,但有关买卖双方的违约责任之约定是不公平、不对等的,对其中的某一方极为不利。例如:买方逾期付款,应按中国人民银行固定资产贷款利率向卖方偿付违约金;买方付款逾期20日,卖方有权终止合同,并有权没收买方支付的定金和房价款。卖方未按期将房屋交付给买方,应按中国人民银行固定资产贷款利率向买方支付违约金;卖方交付房屋逾期180日,买方有权终止合同,并有权要求卖方双倍返还定金。显然,在上述条款中,关于卖方违约的表述不完整,关于买卖双方违约的责任不对等,买卖双方的违约宽限期具有歧视性。此外,卖方有权没收买方支付的房价款的条款本身就是不合法的。

3. 合同条款内容陷阱

二手房的交易一方在合同的正式条款中也可以设置相应陷阱,迷惑交易对方。

(1) 关于不可抗力的规定

对于不可抗力的宽泛定义是一般购房人容易忽略或不知含义的。在二手房交易合同中,一般都记载着"售房方遇不可抗力导致逾期交房,不承担责任"的表述,并且一般都注解为:"人力不可抗拒的自然灾害和其他事故,及售房方所不能控制的其他原因造成交房延期的,销售方不承担责任。"实际上这是对售房方的一种保护,是对二手房出售者发生一些情况不能交房的责任推脱,这一条款是售房方对自己的免责范围的宽松的定义,是违背法律原则的。我国《民法通则》所规定的不可抗力是不能预见、不可避免并不能克服的客观情况,如地震、水灾、战争等,除此之外的都不能算做不可抗力。现在二手房交易合同中认定的"不可抗力"是对这一条款的延伸、扩张。对于应该预计到而没有预计到的季节影响、市场判断不准确而导致的投资失误、资金不到位、项目设计失误、修改方案延误工期、上级管理行为等因素归为不可抗力,是免除自己理应承担的违约责任的保护行为。

(2) 房屋面积

二手房这种特殊的商品,一般需要经过房地产估价部门进行严格测量之后进行估价。但是二手房出售者故意在意向合同中少写实际面积,如少说公摊面积等,如果超出的误差较大,购房者有权解除合同并要求得到相应的赔偿;但是如果没有超出法律规定的范围,那么购房者将不得解除合同,这种操作方式既有利于销售方售房时以相对较少的房价吸引购房者,过后再要求买房人补足多出面积的房款时,买房人又没有法律、法规依据不交这笔款项。如果合同中没有约定明确的允许误差范围,在地价较高的地段购买这种房子需要加付的价款可能是一笔很大的数额。

(3) 质量问题

目前,房屋质量问题在期房交易合同中较为多见。二手房商品在出售时,原拥有者一般要进行一定的整理和修葺,以掩盖其中存在的问题。此外,由于房屋作为长期耐用品的特点是使用期较长,问题暴露需要有一个很长的时间过程,特别是各种复杂的因素的综合作用使购房者在签约购买房屋时难以辨清所购商品的虚实,对于存在的质量隐患难以辨清,给购买者带来许多麻烦,甚至造成较大的利益损失。

4.产权陷阱

产权陷阱是指不具备销售资格或不拥有全产权的二手房出售者实施的欺诈行为,当办理过户手续时,由于他们没有房产部门要求的一些手续和证件,无法办理过户,就以各种借口拒绝或者拖延办理产权证。二手房转让面临的另一个产权风险是所转让的二手房产权可能不完整,存在出租、债务、查封、抵押或其他限制转让的事由。合同订立,支付房款,向国土房产部门提出产权转移申请至国土局审核完毕,进行转移登记,核发给房地产证一般需要 21 个工作日。在这段时间可能由于卖方的债务原因造成房屋不能转移,如法院的查封。这种产权陷阱危害最大,购房者最难提防。

二、防范二手房签约陷阱的对策

为了防止不法之徒利用二手房合同中存在的漏洞进行诈骗,在签订二手房合同时应该注意以下几个方面,以保证自己的合法权益。

1.补充条款应对陷阱

签订二手房合同时,应该注意对以下六方面进行补充规定,并且要详细、准确。

(1)房屋面积补充条款

售房者应以套内面积签订购房合同,并以套内面积为单位公布每平方米单价和房屋总价;对套内面积和订房阶段的建筑面积之间的换算方法必须进行明示;售房者应承诺交房时使用面积应和签合同时的套内面积相等。对于超出或者低于的部分应该按照国家法律详细地规定处置方法。

(2)关于装修标准补偿补充条款

售房者的装修标准和造价必须以书面的形式进行阐述,对于装修时所使用的所有材质(包括公共部分装修时使用的工程材料)和型号(装修时使用的厨房用具、卫生间用具等),必须明示;售房者要注明装修的价款核算方式和折旧方式。

(3)关于车位补充条款

车位是否包括在房屋价款之中要明示;车位是有产权还是有使用权,业主如何购买及使用年限如何计算,如果租用车位,费用如何,该收费标准的时限如何计算。

(4)关于物业和绿地补充条款

物业收取的费用、服务的内容必须作为合同的必要组成要件以书面形式全面告知购房者,与原开发商的约定、应尽的义务和所享受的权利要及时转达。

(5)关于入住条件和房产证办理的补充条款

入住条件必须明确,一般要在合同明确提出,涉及的方面包括水、电、气、暖、邮、电话、有线电视、宽带等;对于房产证的办理条件、售房者应该提供的证明文件等应该予以明确。

(6)房屋质量补充条款

注明房屋质量的鉴定机构;房屋质量的约定主要集中在装修、格局的变化、水、电、气、管线、门、窗、家具等问题上。

2. 定金和预付款策略设计

二手房买卖属于大宗消费,购房者应该在合同中为自己留有一个合理的"犹豫期",以便深入研究有关资料,全面理解自己的权利、义务,最终决定是否购房。在此期间,如果决定不购买可以要求退定金并不适用定金罚则。如果意向书中规定购房者必须先交清首期房款及有关综合费用,才能签署正式的二手房买卖合同,这种条款侵犯了消费者的公平交易权,属不公平、不合理的条款,是违反法律的,购房者应坚决拒绝签署这样的条款来维护自己的权益。

3. 明确注释条款中的内容,可以将解释内容加入合同

对于合同中的术语,交易双方可以要求进行解释,并且这种解释要符合国家法律的规定。因此在签订二手房合同的过程中,遇到不明条款必须要求对方予以解释,并且可以向律师求证是否符合法律规定,对于不符合法律规定的要坚决予以拒绝。

4. 合理安排签约、付款、办证等事宜的顺序

付款前要商定合同内容,敲定条款。购房人在交纳定金前,要求售房者出示二手房买卖合同文本,并与售房者协商修改条款或补充条款的事宜。在二手房买卖合同条款及其补充协议达成一致意见后再交定金,或者在交纳定金时在认购书中与售房者作出约定。合同一旦成立,交易双方要按照各自要执行的程序分别进行,交易双方应该向对方索取自己工作进度的证明,以保证双方进入了实质的交易阶段。

5. 时刻注意产权变化

二手房产权过户办理一般需要一定的时间,在此期间出现的房屋产权变化可能影响二手房购买者的权益。因此,二手房购买者应该经常注意交易对方是否存在经济纠纷或者违法事件,经常关注该房产在房地产管理机构的产权状态。对于曾经出现过诈骗等违法行为的交易对方要小心谨慎。为了防止此类事件的发生,寻找交易中间人是很有效的规避方法。中间人是具有法律资格的资产托管公司,在交易尚未完成之前,资产托管公司代为管理交易双方的款项和交易标的,当交易结束后再向双方转交钱款和标的。

6. 寻找二手房经纪人代理买卖

对普通购房人来讲,签合同不可能面面俱到。二手房经纪人是具有法律代理资格的法人或者自然人,由于长期从事二手房的中介业务,熟悉二手房交易过程中的合同诸条款,委托中立的二手房经纪人代为委托交易合同条款可以省去许多不必要的麻烦,合同也可以反映交易双方的特定交易要求。

7. 使用经过政府认定的正式合同文本

在《商品房买卖合同示范文本》、《预售商品房合同示范文本》推广施行以来,北京地区也在北京市建委和市工商局的领导下制定了《二手房交易合同示范文本》。合同文本是经过反复讨论、修改后形成的,受法律保护,具有权威性。因此,权威的《二手房交易合同示范文本》是今后二手房交易合同必须使用的,是需要经过政府备案和监督的,使用此合同文本是二手房交易的必然要求。

第七章 二手房选购与销售

二手房买卖双方通过各种渠道收集及发布信息,选择合适的交易对象,进而开展各种二手房交易活动。二手房选购与销售必须遵照房地产市场交易规定,交易双方要把握交易的原则和规律,这样才能保证顺利地开展交易活动。

第一节 二手房市场信息

信息在任何一类市场中都是至关重要的,是市场交易双方沟通的纽带。从最初的简单物物交换到现在各种纷繁复杂的市场活动,买卖双方完成交易都要依靠市场上的产品信息、需求与供给信息、价格信息以及竞争信息等。二手房交易同样也离不开各种与交易有关的信息资源:卖方需要了解市场上同类型房屋的售价,需要掌握各种政策与法规以及交易规则,需要及时了解市场需求状况等;而买方则需要详细了解房屋本身的各种信息以及与购买二手房活动有关的价格、房屋设计规范、产权状况、维护、物业等信息,来选择自己最中意的购买对象。二手房市场选购与销售活动是以较为充分的市场信息为基础的。

一、二手房市场信息内容

二手房交易过程中获得信息是最重要的,获得信息是撮合交易机会的前提,给买卖双方以选择交易的机会。二手房信息可以通过不同的渠道获取,不同信息的来源渠道需要不同的费用,不同渠道所获得的交易信息的质量和风险也有较大差异。寻找最合适的二手房信息,以提高交易效率、节省费用支出。

二手房市场信息一般包括以下几个方面的内容:

1. **有关二手房交易的一些基本知识**

主要包括二手房价格确定方法、市场交易规则、合同的订立方法、中介服务内容等,这类信息是进行二手房交易的必备知识,获取这些信息也比较容易,可以通过咨询专家或者经纪人、购买相关书籍来获得。

2. 房源本身的信息

即关于交易对象的基本情况,包括二手房的市场价格、面积、位置、房屋结构、使用状况、配套设施、环境状况等,具体包括:

- 二手房物业名称和法定用途:二手房所在项目的名称、物业管理单位、所占土地的法定使用用途。
- 户型:房屋空间布局的基本信息,提供必要的户型图纸,居民住宅必须标明几室几厅几卫。户型结构将影响使用者的心情,户型结构安排得好,室内通风、采光等条件良好,使居民生活比较方便,室内面积能够得到有效的利用。
- 楼层和朝向:楼层和朝向影响二手房的采光、通风、防水等性能。
- 面积:面积与出售单价的乘积就是出售价格,也是影响购房者购买决策的重要因素。在选择二手房面积时,要根据家庭状况以及家庭未来的发展要求进行选购,可以考虑的因素包括收入、储蓄额、税费、物业缴纳、花销、家庭人数、生育、预期收入、预期花销、家庭构成变化等。
- 建筑年份:影响二手房的使用寿命,不同时期的建筑技术和理念也影响建筑的使用年限。
- 室内条件:包括水、电、气以及装修状况等。
- 地理位置:二手房的地理位置是形成房价的重要参考因素,购房者根据其用途和要求选择合适的地理位置。
- 产权状况:售房者对交易的二手房处置权力的情况(使用权、全部产权还是部分产权),不同产权房将涉及不同的法规和政策,缴纳不同的税费,这将影响交易的复杂程度以及交易成本。另外,二手房的抵押状况、查封状况也影响二手房的产权转移。证明产权状况的证明文件主要是《房屋所有权证》和《土地使用权证》等,同时购房者也要注意卖方有无出售二手房的主体资格。

以上信息是描述二手房特征的基本信息。但是二手房房源信息分散,收集这些信息所花费的时间和精力也较多,分析成本也有所差异,需要购房者花费大量工夫做好信息的收集和鉴别工作。

3. 政策信息

政策信息是关于政府对二手房市场管制动向的信息,包括税费缴纳规定、交易的限制、产权政策、物业管理政策等。政策信息主要从政府下达的文件、规定、法律来获得,信息具有权威性。政策信息一般涉及城建、环保、规划等多个政府部门,应注意全面、系统地搜集。

4. 买卖双方信息

买卖双方信息是二手房交易过程中所有参与交易的人员最为关注的内容。售房者只有关注潜在购房者的需求信息，才能在市场中寻找到合适的购房者售出二手房；购房者面对众多的可选房源，只有搜集丰富的二手房本身以及售房者信息，才能通过比较分析作出比较明智的选择。一般而言，买卖双方信息包括：买卖双方的交易要求、标的物的转让价格、购买者个人情况、买卖双方的个人信用状况、售房者或中介人的联系方式等。

二、二手房市场信息收集

(一) 收集二手房信息的原则

提高收集二手房信息的质量，要避免在房源信息收集过程中收集到一些无用的、过时的信息，造成人力、物力、财力的浪费。因此，在二手房房源的信息收集工作中，必须遵循一些基本原则来提高信息质量。

1. 目的性原则

目的性原则，就是在收集二手房信息过程中，根据自身条件、购买目的和对二手房交易的熟悉程度，确定信息收集的数量、规模、范围，有针对性地收集所需信息。二手房房源信息分散，有一定的收集成本，购房者不可能掌握市场上所有的信息，因此应根据购房者的实际条件及购房目的，筛选掉不必要的二手房信息，这样可以避免浪费时间和精力。购房者在选择房屋时，要首先确定理想的居住地域，可在该区域内层层筛选；然后购房者可以按预定的选择标准确定若干个基本满足购房者所有主要条件的房源信息；接着购房者再从中选择较满意的房源信息，进一步细化二手房条件，最终确定几个被选目标；最后选择有意向的几套二手房实地勘察，并进行排序。

2. 灵活性原则

灵活性原则要求购房者要从多角度、多渠道广泛获得各类信息，而不局限于某种信息获得方式。普通购房者可以选择的信息来源渠道主要有广告、中介机构、网络等。不同信息来源渠道的信息数量、质量有所差别，相关的信息搜集费用也有很大差异，因此购房者要根据对信息的基本要求，参考自身精力及经济状况，本着节约成本、保证房屋质量的原则，灵活组合各种来源渠道的信息。

3. 相关性原则

相关性原则要求获得的信息能够反映二手房的实际状况，帮助购房者进行购买决策。经常考虑的相关因素包括：

● 本地段新建商品房。新建商品房与二手房有很强的关联性，一般情况下，本地段二手房的价格走势与新建商品房价格走势相近。

- 本地段已成交的二手房。尤其是近期内成交的二手房的情况具有重要的参考价值。在搜集信息过程中,通过对不同来源渠道、不同表现方式的相关信息进行比较参考,有助于全面分析该二手房的情况,有助于购房者进行合理判断。

(二)收集二手房信息的渠道

社会信息传播渠道日益广泛,购房者能够通过各种方式和渠道获得所需要的信息。一般二手房信息收集的渠道有:二手房交易场所、二手房经纪人、各类媒体、网络以及口头信息等。

1. 交易场所

交易场所对售房者提供的信息有严格要求,售房者必须按照交易场所所要求的内容提供具体、全面的二手房信息。因此,购房者在交易场所获得的二手房信息最多、最详细。二手房交易场所分为固定交易场所和非固定交易场所两类。

(1)固定交易场所

固定的二手房交易场所是指房地产交易中心和房产所,它们是房地产交易的管理机构,同时也是房地产交易的合法场所。一般由房地产主管机关管辖,是负责各级行政区域内房地产交易市场经营管理工作的、自负盈亏的、独立核算的事业性单位。从事二手房交易也是其重要的业务领域,是当前开展二手房交易的主要场所。固定二手房交易场所的特点有:一是可信度高。在房地产交易所交易的二手房必须通过相关主管部门的审核,必须具备交易主体资格、产权归属明确、证件齐全、符合上市手续。二是信息量大。在此交易的二手房数量多,购房者可以从中准确了解二手房市场的整体情况。三是信息成本较低。固定的房地产交易所属于政府管理的事业性机构,不以营利为目的,能够以较低的成本价格提供交易信息。

(2)非固定交易场所

非固定交易场所是指一些定期或不定期举办的房地产展示会、房交会和民间二手房交易市场。房地产展示会和房交会一般是定期召开的大型的房屋展览会,其中也有关于二手房的内容;民间的二手房交易市场内大多是个人之间的交易,但近年来作用也日趋重要。通过展示会获得的信息较全面,并且成本很低,几乎是免费的。

2. 房地产经纪人

房地产经纪人包括房地产经纪机构和具有从业资格的独立房地产经纪人。房地产经纪人根据二手房交易委托人的真实意思,为委托人提供信息或者发布标的物房产信息吸引交易者,充当二手房交易的中介,并据此获取报酬。二手房信息繁杂,交易过程中涉及诸多专业性较强的知识,并且个人一般不会频繁地进行二手房交易,因此需要业内人士指导,房地产经纪人就应运而生,来帮助二手房交易者收集和选择信息,推动二手房交易。房地产经纪人的产生是房地产经营专业化分工不断发展的结果。房地产经纪人凭借其专业化的高效服务为交易双方提供经过加工的信息,提高二手房市场的交易效率。

由房地产经纪人撮合二手房交易有以下特点:
- 经纪人资格由国家认证,具有较强的专业性,提供专业的信息资源。
- 经纪人能够提供相对完善的信息服务,尤其适合缺乏房地产专业知识的普通交易者。
- 经纪人树立良好的信誉是其开展业务的关键,一般经纪人都要受到经纪职业道德的约束,受到行业协会的监督,具有较强的自律性,信息真实性较高。
- 经纪人有助于提高交易效率,买卖双方只要提供房源信息,撮合交易、办理手续、缴纳税费等专业事宜可以委托经纪人办理。
- 委托房地产经纪人进行交易的中介费用已经有专门法规规定,主要的收费内容包括:房地产咨询费、佣金、代办费,交易者从经纪人处获得的关键信息也要交纳相应的信息费。

通过房地产经纪人买卖二手房需要支付一定的佣金,但经纪人熟悉市场行情、需要办理的手续以及相关的政策和法律,能够为买卖双方提供专业的、及时的信息,并解决疑难问题,因此,二手房经纪活动能有效地促进二手房交易活动的开展。

3. 亲朋好友的口头信息

亲朋好友之间传递的二手房信息具有较高的可信度、费用低廉、直观易懂的特点,可以提高二手房交易成功的概率。由于交易双方存在着一定的信任基础,彼此之间在信息交换上也比较充分,二手房交易也就比较容易达成。这种方式也存在着一定缺点,如信息传播范围狭窄、传播速度慢、来源单一、信息描述专业性较差。通过亲朋好友获得二手房信息的方式适于社会关系广泛的大众购房者。

4. 房地产拍卖行

房地产拍卖行接受二手房出售者的委托,在通告的时间和地点,按照规定的程序,以公平竞价的方式,将其产权转让给出价最高的购买者。拍卖的房产包括:向银行作抵押而抵押人无力还款的房产、拟通过竞价出售的房产、替代性较差的专用房产、执法没收的房产等。房地产拍卖行在拍卖二手房时,一般都对标的物进行详细描述,有时也提供市场交易参考价等相关信息,购房者可以通过房地产拍卖行发布的信息选择目标二手房参与竞价。

二手房的出售者和委托拍卖人不得对房产的缺陷故意隐瞒,必须提供真实的信息,否则即使交易达成也是无效的。

5. 广告

二手房一般都是个案交易,大批量交易二手房的情况并不多见,涉及的交易金额相对较小、交易主体的经济实力较弱,因此并没有花费巨额成本为二手房做广告的情况。通过广告发布二手房的交易信息一般采取两种形式,即报纸广告和街头广告。报纸广告可以由个人或者中介机构发布,一般只提供简单的主要信息,如面积、价格、位置等,如果需要获得更多信息则要电话联系售房者或者到二手房现场进一步了解。街头广告则不受空间、时间的限制,实施成本也相对较低,一般购房者能从街头广告中获取一些房屋的基本信息,但是现在的街头广告不规范,张贴街头小广告一直是法律法规所禁止的行为,再加上信息的真实性难以保证,购房者不可轻易相信广告内容,需亲自上门核实情况。

6. 互联网

互联网上的房地产信息可以由专业的房地产交易网站搜集发布,也可以通过综合性网站的房地产板块搜集发布,还可以通过一些房地产中介机构(公司)网站搜集发布。通过互联网建立专门的数据库,买卖双方可以在网上查询新房、二手房的信息,自动为交易双方寻找到相对合适的候选对象。在一些服务较好的网站,还可以通过发送电子邮件等形式进一步询问有关标的物的更详细信息。应该注意的是:网络信息难辨真伪,购房者须小心谨慎地使用网络信息,谨防受骗上当。随着网络技术进一步发展和完善,交易双方甚至可通过网络签订购房协议,进行二手房信贷,完成二手房的购买行为,二手房网络交易大有可为。

三、二手房信息发布

(一)发布二手房信息的原则

1. 真实性原则

信息真实性原则要求售房者必须客观地发布反映与交易标的物相关的各种信息。只有通过真实的信息,购房者才能对交易标的物的状况进行基本判断,真实的信息是促进二手房买卖交易达成的重要因素。确保信息真实可靠必须做到:二手房的产权状况明确;二手房的户型、楼层、建筑面积等房屋本身的信息准确;二手房的地理位置准确,包括标的物是否临街、周边有无明显建筑物等方面,要提供详细位置示意图;二手房的修理记录、损坏情况必须如实提供;售房者的身份和中介机构的资质情况属实,即要求售房者能够提供具有处置权的证明材料和中介机构持有国家许可的中介资质证明。

2. 针对性原则

针对性原则要求发布二手房信息要有针对性地面向潜在的购房者。房产是生活必备的耐用品，普通民众重复购买的可能性较低，因此，发布二手房信息要选择具有购买意向且具有购买实力的潜在购买人群，这样能够提高信息反馈率。潜在购买人群的规模大小主要与年龄、生活地域、社会阶层、消费观念等因素密切相关。例如，按照年龄划分潜在购买人群：25岁以下人群一般处于学习阶段，无收入，一般不会购买二手房，但其家长有时以其名义购买；25～35岁的人群刚进入社会，收入和积蓄较少，但一般只能支付首付以贷款形式购买；35～50岁事业有成，是购买房产比率最高的人群；50岁以上的人群往往考虑退休后的生活，购买处于环境安静地区的新房比例较高，同时他们也是二手房的主要提供者。如果要出售二手房，则主要关注25～50岁的人群，针对这类人群的需求特点制订信息发布方案；如果要购买二手房，则可以关注50岁以上的人群。

3. 可衡量性原则

售房者提供的信息必须是便于购房者分析、比较的信息，其中需要数字表示的部分要详细、准确。二手房的买卖涉及的交易金额较大，一般情况下不能够用约数来表示，使用约数难以确定准确的交易金额，不利于购房者进行横向比较。

4. 易懂性原则

由于购买二手房的购房者素质参差不齐，涉及房地产交易机会不多，对房地产专业术语不了解，大量使用房地产行业专用术语，不利于大多数非房地产专业人员了解二手房的信息，易造成沟通障碍。因此，在传达基本信息时尽量使用通俗易懂、约定俗成的语言进行描述；在涉及具体交易过程、签署合同书不得不使用专业术语时，房地产中介机构、房产管理人员以及房地产经纪人应该给予必要的解释和帮助。

5. 可用性原则

可用性原则，是指售房者应发布能够帮助购房者判断二手房基本情况的信息。发布信息要有助于购房者筛选备选二手房，有助于购房者进行横向和纵向比较，也就是信息对购房者的购房行为有指导作用。尤其是某些必备信息，如房屋面积、地理位置、价格等必须是可用的，因为这类信息是购房者判断此房产是否符合其要求、是否可以进入重点考察范围的重要依据。

6. 详略得当的原则

发布二手房信息时采用的渠道和方式不同，费用就会有较明显的差异。在收费的信息发布渠道，信息量与渠道费用之间存在着正相关，信息量越大，费用越高。例如，在报纸上发布二手房信息的做法很普遍，但是版面费用较高,不会占用大量版面,因此一般只有求购或者出售的二手房的面积、价格、户型、位置以及联系方式等基本信息;在互联网上发布信息成本较低,甚至无须费用,除了详细说明出售或者求购的二手房条件外,还可以提出售房者和购房者的要求和期望,甚至可以附相关插图。

(二)二手房信息发布的渠道

通常情况下,二手房信息通过二手房中介机构、二手房交易市场、网上交易中心、各种传统媒体等向外分布。

1. 二手房中介结构

售房者一般缺乏专业的交易知识,又受其时间和精力所限,将拟出售二手房信息存储于某一特定的中介机构中,由中介机构帮助其寻找合适的购买者,可以极大地方便售房者,提高交易效率。

2. 二手房交易市场

二手房交易市场是二手房买卖交易的场所,有大量的房屋交易信息,售房者可以在此发布二手房信息等待购买者选择。二手房交易市场发布信息集中,信息更新快,信息较为真实,能够反映最新市场行情。

3. 网上交易中心

网上交易中心以信息量大、收集和发布能力强、信息更新速度快等优势吸引了越来越多的二手房交易者。购房者只要轻点鼠标或者输入简单的汉字即可获取想要的经过整理的各种信息,售房者也可以及时获知其二手房的关注程度和市场需求状况。互联网已经成为较受市场交易者欢迎的信息发布渠道。

4. 各种传统媒体

报纸、杂志、电视、广播等媒体是发布二手房市场信息的一个重要渠道。在报纸、杂志上的相应版面可以经常看见出售二手房的相关信息;电视、广播通过广告、开设公众服务栏目等途径也对外发布二手房供求信息,但收费较高。

总之,二手房的信息可以由二手房中介机构、二手房交易市场、网上交易中心以及各种传统媒体发布,但是信息本身还是要由售房者提供,各类中介机构和媒体起发布二手房信息渠道的作用。房地产无法像普通商品一样直接摆上柜台,只能依靠特定渠道传递房地产买卖信息撮合交易,因此发布二手房信息的渠道在交易过程中是必不可少的。

四、二手房交易资讯管理

在二手房交易过程中,任何一个环节对于交易双方来说都不容忽视,市场管理者更是需要加强对各环节信息的管理,以保障信息的合法、准确。在二手房交易中,有价值的信息可称为资讯。二手房交易的买卖双方只有了解了完整信息,才会作出购买决策;二手房经纪人更是需要掌握其委托人的需求信息以及市场变化的信息,才能开展中介业务,因此,二手房交易资讯管理就显得比较重要。对于变幻莫测的信息,无论从市场管理者角度,还是从交易活动参与者角度,都需要对其进行管理,选择有效信息,剔除无效和非法信息。

二手房资讯需要通过一定的管理系统来实现,并依靠适当的管理制度作保障。建设二手房交易资讯管理系统的基本要求有:能够及时、准确、灵敏、迅速地反映各种交易信息;及时捕捉各种可能的市场信息;对于变化的信息,要能够及时、准确地予以更正,保证交易行为的连续性;对已经发生的交易信息,要作好准确的记录和分析,为有关部门和人员提供决策和管理的信息依据。为了保障管理系统的有效运行,需要配合资讯管理系统建立并且连续性地实施交易资讯管理制度。完善的信息管理制度主要要求包括:高效率的管理人员,合理的信息收集、传递与分析制度,灵敏的信息反馈系统以及通畅的信息输入、输出机制等。

对于收集到的二手房信息,由信息管理人员对其进行加工处理,将有用的信息分类、归总、核实、确认,再用于二手房交易,这样可以防止二手房信息不对称、渠道不正规等情况的发生,避免欺骗购房者。二手房交易资讯管理者管理资讯的过程是:首先,需要向可能提供信息或者需求信息的潜在交易者征求意见,依据其基本要求,搜集、确认有效的信息,并建立相应档案;其次,在首次筛选的信息的基础上,深入现场考察实际的二手房情况,对信息进行实地核查,并找出所搜集信息与实际信息间的差别;再其次,在以上工作基础上,到相关管理部门验证二手房信息,通过官方渠道确认二手房信息的真实性;最后,经过加工过的资讯进入市场,为交易双方所用。

面对日益丰富与变化的市场交易信息,购买者并不一定能够及时得到各种可能的信息,售房者也无法了解所有购买者的信息,但市场信息服务管理部门可以发挥自己的优势与功能,帮助买卖双方获取尽可能的交易信息,并帮助处理各种信息。

第二节 二手房选购

一、二手房选购原则

选购二手房时,应坚持一定的原则,充分考虑自己的现实条件,不要轻易作购买决定;在选房、看房以及交易谈判中,采取一定的技巧,以直接有效地达成交易。一般来说,二手房选购时,可以坚持的原则有"四不谈"原则和六次观房法。"四不谈"原则和六次观房法对于购买者来说,是可以直接采用的一种交易谈判策略。具体如下:

(一)"四不谈"原则

1. 充分考虑二手房的区位,如果不合意就不谈

不管是居民还是经商人,都想选择好的区位居住或者从事经商活动等,区位不好,就会增加外出活动的其他成本。特别是在城市,如果房屋坐落在郊区,而其房主却在市区工作,则每天其花费在往返交通上的费用也就高于居住地近的同事。这在现代社会很普遍,而且得到大多数居民的赞同。但由于市区房屋价位高或者市区房屋紧俏等因素的存在,还是有很多人选择了郊区的房屋。但在购房过程中,购买者还是需要考虑区位问题,不要只顾着看价钱。在有可能选择到有更好区位的二手房时,就不要轻易放弃。因为二手房本来价格就相对要低点,在这种情况下,选择更满意的房屋还是有可能的。有时在提起房屋的区位不太理想时,卖主就会想尽办法试图说服买主。如果购买者在意区位的话,就应该立刻放弃谈判。

2. 不要将就着买房

如果在见到房屋后,对房屋的面积、建筑风格或者质量等不满意,就应该放弃与卖主的谈判。不管卖主提出多么低的价位,坚持不谈原则。因为买房要买得称心,不满意的话,即使一时买下,以后还是会有点遗憾的,所以不要将就着买房,觉得还能住就买下,这并不符合内心深处对生活质量的追求,更何况有更满意的房子,为何不买?

3. 如果与购买者交谈的对象不是房主,则拒绝谈判

只有房主本人对房子最清楚,这样在谈判时也能够就有关问题进行细问,进而买的房子也会让自己放心。同时,房主本人才会清楚房屋的产权证等证件,才会给购买者提供准确的资料。一般而言,房屋的主人在居住一段时间后,会对房屋产生一定的感情,对房屋的爱护更有利于购买者与其进行细谈,而且也愿意与买主细谈。所以,如果购买者交涉的对象不是房主本人,就应该放弃谈判,等房主在时再谈不迟。

4. 没有产权证不谈

正如前面谈到的一样,产权证是房屋合法性的证明,购买者在买房时一定要注意房屋是否有产权证,以防止日后出现不必要的纠纷与麻烦。没有产权证的二手房交易本来就是非法的,购买者如果知道有关的法律法规规定,就应该明白没有产权证的房屋非法上市交易的法律后果,虽然不一定会涉及自身,但终会给自己带来点麻烦,所以在购房时,要先查看卖主的产权证,然后再作决策。

(二) 六次观房法

六次观房法主要是从购房的心态角度来考虑的,要求购房者在选择二手房时,不能操之过急,要按照一定的步骤来进行,不是只去看一次房,而是慢慢观察,分六次观察,这样才能保证所选房屋的满意度。六次观房法的内容是:

- 第一次观房研究房屋的区位。主要是研究二手房的区位是否合意以及房屋周边的交通状况、社区环境、公共设施。
- 第二次观房观看住宅环境。主要了解二手房的日照、通风、噪声控制、私密性、绿化、道路等。
- 第三次观房考察住宅的健康与安全性。主要是研究二手房的周边环境如绿化和健康体育运动设施等。
- 第四次观房研究住宅的合法性。主要是询问房屋的来源以及相关的证明文件如房产证等,以确认房屋的合法性。
- 第五次观房探究住宅的品质。主要是研究房屋的质量指标、价格构成、建筑材料、建筑规格等。
- 第六次观房观察房屋的配套性。主要是研究各种隐蔽工程、公共设施工程、物业管理服务等。

六次观房法是二手房交易买卖方面的一种比较有效的购房建议,在此介绍,旨在供读者掌握二手房买卖中的技巧问题。当然,购买二手房的具体过程或者技巧,仁者见仁,智者见智。

二、影响二手房选购的因素

如同新房,在选购二手房时,也需要考虑众多的因素,这些因素影响到房屋的居住水平以及房屋的价值。购房者在选购过程中,必须要充分考虑各种可能的影响因素,才不至于在居住后产生各种不良情绪。一般影响二手房选购的因素可以归类为硬件因素和软件因素两种。硬件因素主要是指影响到二手房本身质量、本身构造以及建筑风格等的因素,如建筑结构、质量、房屋面积、朝向、层次、采光、层高等;软件因素主要是指二手房所在区域的环境,如地理位置、城市总体环境、市政基础设施以及政府政策等。在选购二手房时,购买者需要对这些因素进行评价。具体如下:

(一) 硬件因素

1. 建筑

建筑是房屋的基础,建筑情况决定着居住质量与安全,影响居住者的有效使用,因此有必要对二手房的建筑情况进行评价。对二手房进行建筑评价主要涉及二手房建筑的层数、朝向、平面、层高四个方面。

(1)二手房建筑的层数

在选择二手房时,要根据购房者实际能力,明确其购房目的和使用状况,分析各楼层的优劣,选择最适宜自己的楼层。不同楼层的房屋在使用过程中可能出现的问题也不同,对居住的影响程度也有所差异。二手房在使用过程中会或多或地暴露出一些问题,在一些特殊的楼层可能更加明显,如底层、顶层、设备层、地下或者半地下层,挑选时应该小心谨慎。

①挑选底层应注意的问题

第一,应该注意其防潮设计和措施。尤其是在没有架空半层和地下室时,在潮湿多雨的季节缺少防潮措施的房屋地面、墙壁会潮湿霉变。

第二,检查下水设施的设计。下水管道堵塞影响最严重的是底层,如果底层的排水管道自成系统,与其他住户分用,一般不会出现其他用户的不正常使用造成堵塞的情况;如果底层的管道与上面各层是相连的,那么就要看其管道是否在底层变粗、变大。

第三,底层周边环境。底层住户有时会有一块绿地,环境较好。但如果底层四周下水管道、化粪池设计存在问题,会使居住环境十分恶劣。因此,下水管道畅通,化粪池口最好远离住宅。

第四,地面排水系统。不完善的地面排水系统会使雨后地面留有积水,不但使居民出行不便,而且使室内潮湿。

②挑选顶层应注意的问题

第一,房顶隔热设施的设计和质量。顶层受太阳直射的机会多,面积大,因此顶层的隔热就直接关系到顶层空间的居住质量。购房者在挑选顶层时,就要考察顶层隔热的措施和效果。屋顶的形式是否作了特殊处理,如设计成坡屋顶形式可以有效地隔热。

第二,通风设计。购房者检查屋面是否设置通风板,其位置和高度情况如何;顶层的层高应大于其他层的层高,利于空气流动和散热。

第三,防水、防雨措施。顶层漏雨,多出现在结构和构造变化部位,购房者要重点考察这些部位;其次要考察防水措施的施工质量,泛水的收口是否结实、均匀;再者要考察其雨篷伸出距离是否合适,既要防止下雨时雨水吹入室内,也要防止遮挡阳光。

③其他问题

购房者在购买时,注意房屋是否为设备层。许多管道的阀门、仪表设计在设备层,在装修时可能给购房者带来不便。此外,正常的房屋检查维修也会影响住户的正常生活。

除此之外,防潮措施设计、地面排水措施、进出通道是否通畅也是购买地下室、半地下室结构时应考虑的因素。

（2）二手房建筑的朝向

建筑物的朝向直接影响二手房的通风、采光、隔热、保暖等方面的性能，从而直接影响二手房住户的生活质量。

①通风

房屋内保持空气新鲜是保证人身体健康的基本条件，因此必须考虑建筑的朝向和开窗。

第一，客厅。客厅是一套住房中使用频率最高，其空气质量最为重要。客厅一般以朝南为最佳，其他朝向的优劣顺序大致为东南、东、西南、北、西。

第二，卧室。卧室也以朝南为最佳，最好不要靠外墙。一般以主卧室朝向好或多数卧室朝向好为评判标准，其他朝向的优劣顺序大致为东南、东、东北，一般不选择朝西或者朝北。

第三，卫生间。一般要求能直接采光、通风即可。一般避免选择西向的卫生间。

第四，厨房。厨房的通风性能要求最高，必须能够迅速排除油烟。因此最好不选择迎风向，防止油烟倒灌。一般厨房不选朝北的。

②采光

室内光线充足是保证居住环境质量的重要内容。

第一，客厅、卧室。要能够保证光线直射，故朝正南或偏南方向最佳。

第二，厨房。厨房内已有热源，应避免阳光直射，尽量避免朝西受到午后阳光直射。

第三，卫生间。卫生间相对阴暗潮湿，阳光直射可避免病菌滋生。

第四，阳台。至少有一个阳台朝南。

③隔热与保暖

良好的隔热与保暖措施可以避免室内出现较大的温差，提高居住者的居住质量。房屋的朝向影响阳光的直射程度。朝向好的房间，如果有良好的隔热保暖的措施，可以使各个房间内温度平均，四季都能够保证合适的室温，有效地利用阳光和自然风。

（3）二手房建筑的布局

建筑布局是否合理，影响居民对二手房的使用效率，决定二手房的适用性。

①房屋之间是否相互干扰

每个房间都有其专门的用途，房间之间不相互干扰为宜。客厅的声响不能影响卧室休息的人；厨房、卫生间与卧室、客厅要方便使用，但要避免相互影响和干扰；厨房接近房屋的大门，但要远离卧室。

②房屋有效的使用面积比率

房屋内能够正常使用的面积越高其房屋的价值越高,而二手房一般设计老旧,空间浪费得比较大。选择二手房应尽量选择过道、角落、走廊空间比例较小的房屋。过道一般不采光、不通风、不能存放物品,使用效率极低。

③建筑的整体布局

建筑的整体布局直接影响居住质量,每层户数应该适宜,过多的户数使采光面积和采光方向受到局限,在通风、采光等各方面都十分不便;户数过多也会使相邻住户之间相互干扰,房屋的防盗、防火等安全性能也因距离过近而下降。

(4)二手房建筑的层高

建筑层高影响房屋在垂直空间上的可使用程度。

①比例协调度

房屋是三维空间,长宽高的比例合适才能给居住者以舒适的感觉。如果层高较低,给人以压抑的感觉,而且没有装修的空间可利用;房屋层高过高,则给人以阴森恐怖的感觉。二手房的层高要与房间的平面相搭配,主要以购房者个人感官的舒适为准。

②空间利用率

建筑层高主要是方便居住者使用。建筑的层高主要满足人们生理需要(如有足够新鲜的空气,光线充足)和心理需要(对空间感觉的舒适程度)。合适的层高便于购房者进行装修,设计自己心仪的内部装饰,有时也可利用上层空间进行储藏。

购买二手房要综合考虑以上四个方面的搭配,挑选综合使用性能最高的二手房。

2.质量

二手房的质量问题是引起房地产交易纠纷的重要原因。二手房经过一定时间的使用,某些质量问题已经暴露出来,售房者往往为了获得更高的卖出价格,会重新装修来掩饰问题的存在,因此对质量的鉴别十分重要。

(1)评估二手房质量的基本要点

● 有无渗漏。这是最常见的房屋质量问题。检查的主要位置包括屋顶、水箱、供水管道、下水管道、地面、地下室、卫生器具、墙体等。

● 管道是否通畅。二手房较陈旧,采用的管道较窄。检查的要点为上水管道、下水管道的节点、阀门、路线等。

● 排水系统是否畅通。排水不畅是造成房屋渗水的主要原因。主要检查位置是阳台、天沟、屋顶、厨房和卫生间的地面等。

● 有无起壳、开裂。起壳、开裂可以造成房屋渗水、倾斜,甚至变成危房。主要检查墙体(主要是承重墙)、屋顶、地面、房梁等部位。

- 门窗质量。此类问题将影响房屋的保温隔热性能。检查的重点：木质门窗有无变形、开裂、密封不严、虫蛀等现象；钢制门窗有无开启不灵活、关闭不严、零件脱落、生锈、弯曲变形等现象；铝合金门窗有无渗水、锈蚀、变形等问题。
- 有无污损。地面、墙面、门窗、上下水管道、卫生器具是否受到垃圾和泥浆污染；门窗、壁柜等是否有油漆脱落；地面、墙面、屋顶是否粗糙、有修补过的痕迹。
- 电路安装是否安全。可能存在的问题包括线路混乱、短路、漏电、烧毁、缺件、污损、电压不稳等现象，容易造成电器无法使用，甚至发生火灾。

(2) 检查二手房的基本方法

二手房的售房者可能采取一定措施掩饰房屋存在的细节问题，细节需要专门的建筑施工人员来鉴别，对于基本情况可通过了解一些要点做到心中有数。

① 裂缝状况

裂缝的走向、形状对房屋使用的影响是不同的。检查房屋的裂缝主要观察房屋的房顶、地面、墙体和房梁等几个关键部位。房梁和承重墙有裂缝的一般都是存在严重的隐患的二手房；房屋的外墙有裂缝，表明房屋存在严重的质量问题；墙体有裂缝且与房梁垂直或者与墙角有 45 度斜角，说明房屋存在沉降问题。如果裂缝与房梁平行，虽有质量问题但是不会影响使用，只需简单修缮即可。

② 倾斜程度

房屋倾斜一般不会太明显，光靠观察很难发现，需要专门的仪器测量。如果倾斜程度不断变化，或者倾斜虽不大但房屋质量较差，说明房屋十分危险。造成房屋倾斜主要因以下几方面的原因：一是地基不稳固，有地基设计缺陷或者施工存在质量问题；二是地质比较松软，如房屋建在沙质的地块上；三是受到其他建筑施工影响，如建设地铁、邻近的房屋挖地基等；四是受到过洪水、泥石流的冲击浸泡。倾斜程度经过房屋评估部门鉴定认定可以居住的，才能够进行上市交易。

③ 防水性能

防水性能主要是检查四个地点：地面、屋顶、厨房和卫生间、阳台。屋顶主要是观察墙面、墙角是否有水渍、霉变、起泡、起皮、脱皮、掉灰痕迹，屋内是否有霉变的异常气味，即使是重新装修过的漏水的地方也比较潮湿，可用手来感觉一下。地面渗水可能影响楼下用户的使用，易引起纠纷；底层的防水性能较差会使地面颜色较深，墙角霉变、起皮，使屋内阴森潮湿，长期居住易生病。厨房和卫生间长期使用水，防水性能较差会发生渗漏，而且会不断地扩散,影响其他房间和楼下住户的使用。封闭阳台要观察顶棚是否有起泡、变色、掉皮等现象,地面角落是否潮湿;敞开式阳台要检查排水通道设计是否合理,排水是否通畅。检查防水性能最好在夏季的阴雨天实施。

④上水、排水性能

上水、排水性能主要是检查供水、采暖管道、卫生间。管道主要是观察是否有锈迹、断裂点,是否有私自改建、乱接的管道,是否有捆扎修理过的管道;阀门要检查能否灵活转动,是否起作用;水压是否足够,水质是否良好。观察卫生间地面是否有积水留存,水是否可以顺利流入下水道。

⑤墙体

检查墙体主要是对施工质量的评价。水泥中的各种成分比例不合理、水泥搅拌不均匀或者有偷工减料的行为都影响房屋的使用寿命和安全性。如果敲击后有大面积的脱落、疏松、水泥块易碎、沙子比例高等现象,房屋就存在质量隐患。

3. 内部空间

二手房室内是购房者主要的使用区域,是决定居住和使用质量的关键部分。作为购房者主要的生活空间,房间内部的状况直接影响购房者的使用心情。房屋建筑有明显的时期特征,不同时期的内部设计理念不同,内部的设计会有较大的区别,有时凭直觉难以作出准确的评判,需要从各个侧面来综合反映房屋内部的情形。

(1) 室内空间环境的整体感受

二手房室内环境评价的内容,包括由各种界面所围成的空间形状、空间尺度的室内空间环境,室内声、光、热环境,室内空气环境(空气质量、有害气体和粉尘含量、放射剂量……)等室内各种环境因素。人是室内环境服务的主体,从人们对室内环境身心感受的角度来评价,通过人对室内的视觉、听觉、触觉、嗅觉等方面体验室内舒适度,即人们对室内空间环境的生理和心理主观感受,其中视觉感受最为直接和强烈。

二手房室内环境与建房时的设计和使用者的使用状况有很大的联系。社会生活发展和科技的进步,室内设计理念会有较大的变化,设计的理念有超前的预测性是能够为使用者带来长久的舒适感;使用时的保养维修状况、装修状况影响二手房室内的物理环境和折旧速度。室内舒适优美的环境,既需要考虑文化的内涵、运用建筑美学原理进行创作,同时又需要以使用者良好的使用状况为基础。

虽然主观感受是难以把握的,主要是二手房使用者的主观体验,但是这对于二手房交易的达成是至关重要的,因为主观感受使购房者从感觉上能够认可并支配其购买行为。

(2)室内空间客观因素评价

室内空间是由各种客观要素所组成的,每一客观因素都对房屋本身的价值产生重要影响。这些客观要素一般会涉及房屋的本身的设计、施工、维护等方面的工作。

①室内空间组织结构

二手房的室内空间组织,即房屋内的平面布置。一个好的空间组织需要对原有建筑设计的意图充分理解,对建筑物的总体布局、功能分析、人流动向以及结构体系等有深入的了解;同时,适应现代生活方式对建筑功能发展或变换要求,也需要对室内空间进行改造或重新组织。良好的空间组织便于个人的改造方案实施。

对于居住用二手房来说,客厅、卧室、厨房和卫生间是很重要的,方便使用和装修是必备条件。客厅要宽敞明亮,形状以方形为佳;卧室要考虑布置床的位置,一般是采光性能好的阳面的矩形空间;厨房和卫生间要以能够方便使用、通风换气良好为基本要求。

对于办公、商业用二手房来说,首先要考虑如何便于开展工作。空间应该以同一、规则、完善为宜,使用空间内灵活程度、自由度大,便于布置。

②界面处理

室内界面处理,是指对室内空间的各个围合——地面、墙面、隔断、平顶等各界的使用功能和特点的分析,界面的形状、图形线脚、肌理构成的设计,以及界面和结构的连接构造,界面和风、水、电等管线设施的协调配合等方面的设计。建筑中某些房屋的主要结构构件需要凸出,但是如何处理才能够令人感觉舒适是房屋建筑设计的技巧。从建筑的使用性质、功能特点方面考虑,一些建筑物的结构构件稍加装饰,便使突兀的构件成为令人惊喜的一部分。室内空间组织和界面处理,是确定室内环境基本形体和线形的设计内容,是房屋装修的重要依据。

③室内光照、色彩设计

"正是由于有了光,才使人眼能够分清不同的建筑形体和细部",光照是人们对外界视觉感受的前提。室内光照是指室内环境的天然采光和人工照明,光照除了能满足正常的工作生活环境的采光、照明要求外,光照和光影效果还能有效地起到烘托室内环境气氛的作用。室内的色彩因素是室内的主要色调,通过人们的视觉感受产生的生理、心理和类似物理的效应,形成丰富的联想、深刻的寓意和象征,是提高居住质量的重要因素。光和色不能分离,除了色光以外,光照和色彩影响界面、家具、室内织物、绿化的设计和摆放。

④材质选用

材料质地的选用,是室内环境中直接关系到实用效果和经济效益的重要环节。房间中的形、色,最终必须和所选"载体"——材质,这一物质构成相统一。在光照下,室内的形、色、质融为一体,赋予人们以综合的视觉心理感受。饰面材料的选用,同时具有满足使用功能和人们身心感受这两方面的要求,如坚硬、平整的花岗石地面,洗手间干净的瓷砖等。近年来,一些住宅的室内装修,在居室中过多地铺设陶瓷类地砖,也许是从美观和易于清洁的角度考虑而选用,但是从室内热环境来看,由于这类铺地材料的导热系数过大,尤其是在北方的冬天,感觉室内较冷,给较长时间停留于居室中的人体带来不适。

⑤公共空间

室内不同房间之间,还有一些使用的公共室内空间,如门厅、过厅、电梯厅、中庭、盥洗间等。在具体评估二手房过程中,这些室内空间的规模、标准和相应的使用要求还会有不少差异,需要具体分析。

(二)软件因素

二手房的环境和位置是购买二手房考虑的重要因素,购房者考虑环境因素主要是获得相对满意的居住环境,考虑位置因素主要是获得便利的生活条件。

1. 二手房的环境

二手房要根据购房者的具体使用用途选择购房的环境。二手房的周边环境又可以分为硬环境和软环境。硬环境是指建筑所在区域的基础设施建设情况,主要指标包括道路情况、绿化面积、驻车情况、垃圾回收与处理设施、通信设施、教育条件、购物条件等;软环境是指建筑所在区域的人文环境,包括街区的历史文化、周围居住者文化层次、工作背景等。无论是硬环境还是软环境都会影响居住者的生活,因此都有同等的重要性。

城市规划一般把城市划分成几个区域,明确不同的区域的发展方向和具体用途。一般可以把二手房所在的周边环境划分为文化区、居住区、商业区、工业区等几部分。每一个区域都有其特点,对于购房者的不同需求都有可能成为购房者的选择。

居住区可谓是居住用购房者的专用社区,是购买二手房的首选。在居住区内,几乎所有的设施都是为居住而设计的,充满了人性化,在购物、交通、教育、休闲、娱乐、餐饮等各个方面都有具体的措施予以保证。居住区可谓是专门为城市人口开辟的避风港。

文化区的二手房价值也很明显。文化区内校园较多,文化氛围浓厚;绿化率较高,城市一般都能够达到8%的底线;居住者文化层次较高,人文环境较高;人口密度较低,一般在500~700人/公顷,人均用地面积一般在13~19平方米/人;区内不从事生产活动,物流活动相对较少,生产造成的噪声、废水、废气污染较少；生活配套设施比较完善，便于购买生活必需品；信息通畅且集中；教育、科研氛围好……在文化区内可以实施居住、经商、办公等多种用途。

商业区也是购买二手房的一个不错的选择。商业区一般是比较繁华的地段，开发时间较长，可提供的二手房源种类较多，基本可以满足购房者的需要。在商业区购二手房的优缺点都很明显。其优点是靠近商业中心可以提供较多商业机会；交通比较便利，有方便的出行条件；市政配套设施比较齐全，污水处理、排水等设施比较完善。其缺点是地价较高，故建筑物楼层较高；地处商业区比较吵闹，人口密集；卫生和治安状况较差；距离学校较远。在商业区购买二手房一般都是靠近上班地点，有时也改变居住用途为商业用途，可以开展商业、娱乐等经营性活动。

工业区是不适合居住的。工业区污染普遍比较严重，无论办公还是生活都极为不便，除非有特殊需要，一般不会在工业区购买二手房。

2. 二手房的位置

二手房的位置价值最直接反映在二手房的市场价格上，二手房的位置因素是价格构成的重要方面。同时，房地产商品具有位置上不可移动的特点，使位置对于二手房的未来使用价值具有显著的影响。

良好的位置可以为购房者的工作、生活、出行等方面带来极大的便利；对于实施二手房投资将有较高的利润上升空间。位置在无论二手房用做何种用途都是很重要的考察因素，必须谨慎选择。

（1）评估二手房位置所要考虑的因素

根据二手房购买者的实际用途，有所侧重地综合考虑各种因素。

①自然条件

自然条件指二手房周边的自然因素状况。主要指标包括气象条件（日照、温度、风向、风力、降水等）、地形地貌条件（河流、山地、绿地、土质等）、灾害状况（洪水、台风、地震、泥石流等）。气象条件往往是决定二手房使用状况和折旧速度的重要因素，恶劣的气象条件会加速房屋的折旧，可能会造成房屋的漏水、开裂、门窗变形等后果；地形地貌条件影响居住的景观状况，依山傍水的生活条件是都市生活中难得的享受，地形地貌还影响建筑的结构、安全性能、施工质量等方面；灾害状况主要是历史上曾经发生的洪涝灾害、台风等灾害造成的破坏程度，检查房屋的抗灾性能以及对灾害的预防措施。自然条件是影响房屋的使用寿命的重要因素。

②环境条件

环境条件指二手房所在区域的城市规划、周边建筑景观、污染状况等方面条件。城市规划影响二手房周围的居住条件和所在区域的城市功能，可能涉及房屋的拆迁问题;周边建筑景观影响二手房使用的协调性,购买二手房要尽量避免在高楼林立的楼群中,也不要在工业区的周边,尽量选择居住区集中、公园绿地等设施齐备的区域;污染状况主要指空气质量、水质、污染源的状况,选择二手房尽量远离污染源,应该选择污染源的上风向或者上游,避免直接靠近污染源。

③交通条件

交通条件主要指二手房周边的交通网络状况、道路状况等方面的情况。交通网络直接关系到居住者的出行便利程度,一般的居住区和文化区的公共交通设施状况比较完善;道路状况影响居民出行的时间,道路状况优越可以减少交通堵塞、交通事故等情况的发生。城市中心位置的交通条件比较完善,而城市郊区的交通条件需要经过一段时间的建设才能够逐渐完善,购买时要谨慎考虑建设预期与周期。

④配套条件

配套条件主要是指二手房周边的水、电、热力、通信等网络以及学校、银行、商店、餐饮、娱乐等设备设施的情况。配套设施直接影响居住者的使用价值和地价的升值潜力,对于居住用、办公用、商业用、投资用二手房都有较大的影响。城市的中心位置的居住区、文化区的二手房的配套条件一般比较齐全。

以上几个条件可能存在此消彼长的关系,购房者应该抓住主要因素考虑,其他的一般因素部分满足即可。

(2)特殊用途的二手房选购影响因素

①办公用二手房的位置选择影响因素

第一,二手房所处的区域。应该处于城市的中心商业区或者专门的办公专用区,在此区域专门为办公提供方便,有良好的交通、停车、办公条件,房屋的保值、升值潜力巨大。

第二,二手房周边的服务配套设施。要满足办公所需要的各种服务,包括银行、邮电、通信、餐饮等设施,主要是实现办公便利和高效率,也能带来潜在的二手房升值空间。

第三,办公环境。避免区域内的建筑功能混杂,否则不但享受的配套服务会打折扣,其二手房的升值空间也会降低。

②商用二手房的位置选择影响因素

第一,二手房所处的区域。选择商业区内最佳,商业气氛浓烈,具有良好的经营环境。对于零售业的经营者,靠近目标顾客、方便目标顾客最为重要,因此选择居住区和文化区的价值最大,商业区和办公区的人口流动较大的区域也可以作为选择。

第二,道路状况。商用二手房靠近道路,交通便利便于顾客上门,也便于出货、进货活动的开展。靠近道路,人的流动频繁,增加潜在顾客数量。

③投资用二手房的位置选择影响因素

第一,所处的区域。主要寻找升值空间较大的二手房,这需要购房者的眼光和预判能力,一般可考虑拆迁区、商业区边缘,甚至是可能改变用途的工业区。在拆迁区可以在将来拆迁时获得高额补偿;商业区边缘可能因商业区扩大而受益;工业区地价较低,城市内的工业区向外搬迁是趋势,改变用途是必然趋势。

第二,城市规划。考虑的重点是城市未来的规划功能是否有利于其房产升值,甚至将来是否有改变用途的可能,尤其是居住用房屋改为商用房屋的,升值空间最大。

3. 所在区域政府房屋政策

所在区域政府对二手房的政策规定以及政府规划项目等亦会影响到二手房的选购。如二手房是否处于政府规划拆迁期,如果处于这一阶段,则应考虑是否购买。由于国家以及各地方城市规划建设的需要,特定的区域在某一时间段可能被纳入规划中,有些建筑是预计用来作特殊用途的,如旅游观光、商业街布局等,而有些则被规划为拆迁建筑。处于拆迁规划中的房屋,可能是由于区位、房屋破旧或者与周围建筑景观极不协调等原因,必须要拆迁。准拆迁的房屋虽然在交易时还没有任何动静,但在一段期限后就会正式施工。如果购买者购买了准备拆迁的房屋,那么在住一段时间后就不得不重新搬家,这自然给购买者带来一定麻烦。因而购买者在买房时必须慎重地选房。

第三节 二手房的销售

一、二手房销售资格的认证

在购买二手房时,首先要确认二手房具有上市交易的资格,这是保证二手房合法交易的前提。因为只有具备上市资格的二手房才能办理产权转移证明,交易结果受法律保护。

(一)销售二手房的必备手续

销售二手房的必备手续包括产权协议书、声明书、委托书三类。

1. 产权协议书

二手房的产权归属应当清楚,有合法的产权证明。通过购买、继承或赠与等方式取得的二手房,必须办理房屋产权证变更登记手续;未获得房屋产权证明的,不能进入二手房市场交易。售房者只有正式取得房屋产权证明,并且是房屋产权证明上登记的产权人,才真正拥有房屋的所有权、处置权,才能出售该二手房。此外,对于共同拥有房屋产权的情况,只有所有产权共有人一致同意出售该房产时才能出售;对于不同意出售房屋的产权共有人,可以通过办理析产协议公证,确定每一产权共有人的权益比例,由拟售房者购得其他共有人的产权份额,并变更产权后才能出售。

2. 声明书

对于共住房屋的情况,售房者必须取得共同居住人同意放弃对此房屋使用权的书面证明。房屋产权和居住使用权是可以分离的,产权可归某一产权人单独所有,共同居住人享有共同使用权而不具有产权,这种使用权已经获得产权人(欲售房者)的许可。但是购房者需要取得完整的使用权,因此,共同居住人必须事先书面声明同意售房,即放弃对该房的居住使用权。声明书的内容将直接影响签订售房合同的部分内容,是重要的售房条件。

3. 委托书

包括产权共有人全权委托售房者处理其产权份额的授权公证书,在有中介机构或经纪人参与的情况下,还要包括售房者与中介组织签订的委托协议。同意售房者售房的产权共有人需出示书面委托证明表示同意;未取得产权共有人委托书时,该房产不得进入二手房市场交易;中介组织代理出售二手房必须出示委托人(售房者)的委托协议,以确保具有代为出售的权利。

以上文件是进行二手房买卖的先决条件,真正交易时还需要提供国家法定的相关证明文件:土地使用证(商品房及部分房改房)、原购房协议书、土地划拨证明、房屋上市申请确认表、身份证、户口本,已婚者还需要提供结婚证。经过改建、扩建的房屋,还应在房地产行政管理部门办妥变更登记手续之后,重新办理产权证明方能进入市场交易。

(二) 不得销售的二手房情形

根据国家法律规范要求二手房上市要具备一定手续,获得相应资格,对有严重瑕疵的二手房不得进入市场出售,有以下九种情形的二手房不得销售。

- 所有权未经确认的、存在所有权纠纷未了结的、城市房地产管理机关或人民法院认定限制产权转移的以及其他权利不清的房屋。
- 所有权共有的房屋,其他共有人不同意出售的房屋。
- 已被列入拆迁公告范围内的、被征用划拨的建设用地范围内的房屋。
- 以低于城镇住房制度改革政策规定的标准价格购买,并且没有按照规定补足房屋价款的房屋。
- 依法查封或者依法以其他形式限制产权转让的房屋。
- 已经出质且在抵押合同执行期内,未经抵押权人书面同意转让的房屋。
- 未经有关主管部门批准,擅自违章改建、扩建的房屋,擅自改变房屋使用性质的房屋。
- 房屋上市出售后售房人获得新住房困难的情形。
- 法律、法规、条例所规定的其他不得出售的情形。

(三) 特殊形式二手房的销售

1. 房改房的销售

房改房是国家机关、国有企事业单位出售给职工个人的带有福利性质的准商品房,其价格一般低于商品房市场价格的成本价,因此职工购买房改房可以认为是一种福利政策。房改房的上市销售是推进我国住房制度改革的重要内容,是明晰企业和个人财产权的重要步骤。

房改房的前身是公房,由于购得公房的形式、价格以及购房时政策有较大差别,房屋产权的形式也不统一,对房改房的出售必须按照国家相关法规执行,居民在出售房改房时必须依照该房产的现状具体问题具体分析。二手房市场中房改房的比例最高,因此房改房出售时的政策限制对二手房市场影响也较大。房改房具体可以分为三类:

(1) 市场价购买的公房

根据法律规定,按照市场价格合法购买的公有住房,其产权归购房者所有,可以依法享有使用、收益、处分的权利,任何组织、单位和个人都不得以任何理由侵害其权利。对于此类合法取得的公有住房,购房者必须按照《城市私有房屋管理条例》到购买住房的当地房地产行政管理部门进行产权登记;如果依法对房产进行出售,必须到当地房屋行政管理部门进行产权变更登记,并且按照规定缴纳相关税费。

(2) 成本价购买的公房

按照相关规定,成本价购买的公有住房,其产权由购买人所有,但是如果进入二手房市场进行交易买卖,必须在购房之日起 5 年之后,并且在出售所得收益中扣除土地使用权出让金和相关税费,其余收入才可归个人所有。所以按照成本价购买的房改房既要考虑到 5 年内的折旧费用因素,同时也要考虑到该地段在二手房出售时的土地使用权出让金费用。

(3) 标准价购买的公房

按照标准价购买的公房是由个人和单位共同出资建设或者购买的房产,即该房产成本价格的构成既有单位出资部分又有个人出资部分,个人仅仅拥有使用权、有限的收益权和处分权、部分产权,单位拥有部分产权和收益、处分权。按照标准价购买的公房实际上也是单位对职工的一种福利政策,是对职工贡献的一种奖励。单位与个人的产权分割比例要按照双方出资额占成本价格的比重来确定的。

职工以标准价购买的住房欲出售时,在同等条件下,原单位享有优先购买权。原单位放弃优先购买权,并且售房者取得部分使用权已满5年,此类房产才能进入二手房市场流通。原单位倒闭或者已经被撤销的,当地房产行政管理部门可获得优先购买权。售房收入在补交土地使用权出让金和按规定缴纳有关税费后,个人按产权比例获得售房收入,单位或者房屋行政管理部门也获得相应比例的产权收入。

2. 共有二手房的销售

由于社会利益关系复杂,某些拟出售的二手房产权由两个或者两个以上的产权人共同占有,此类二手房就是共有二手房。

(1)共有二手房的占有形式

共有二手房包括共同共有和比例共有两种占有形式。共同共有和比例共有两种形式的二手房在销售时有各自的特点和要求。

①共同共有

共同共有二手房是在共同劳动、共同生活等共同行为基础上形成的共同所有的关系,所有各方对房屋的贡献认为是相同的,共同所有的各方应获得平等的权益。只有当共同行为结束时,才可对房屋进行出售,以权益平等为出发点对出售所得收益进行分割。分割时应该注意以下问题:第一,共同共有人共同商议,取得分割售房收益的一致意见,即使有一位共有人不同意分割方案或提出异议也不能进行分割;第二,共有人未能达成一致意见的,可请求人民法院调解,在调解无效的情况下,由人民法院按照实际情况,确定每个共有人的份额。

②比例共有

比例共有是各共有人按出资比例分享某二手房的所有权、收益权和处置权。如果各共有人一致同意该房屋在二手房市场出售,其所获得的收益在缴纳相关税费后按照各共有人出资份额进行分割。收益的分割程序为:首先,共有人协商一致同意出售二手房,这是出售该二手房的前提条件;其次,确定分割方案,分割方案不可损害其他共有人的利益,不能取得一致意见的,按照份额超过半数的共有人的分割意见实施,不同意分割方案的共有人可以协商补偿;最后,按照分割方案分割收益。若共有人认为其实际利益受损害可申请仲裁或者起诉;对损害其他共有人利益的行为要根据法律规定和法院判决由损害者进行补偿。

(2) 出售共有二手房的注意事项

● 一致同意。这是销售此类二手房的前提条件。销售此类二手房必须要取得其他共同占有人的同意,应事先把出售二手房的相关信息通知每一个房屋共有人;未取得其他共有人同意,擅自出卖共有房屋的买卖行为无效,造成其他共有人损失的必须予以赔偿。

● 优先购买权的处置。只有部分共有人同意出售房产时,出售人应说明拟出售的价格、付款方式及期限等主要问题,不同意出售的共有人在同等条件下享有优先购买权。只有在其他所有共有人明确表达放弃优先购买权后,该房产才能在二手房市场出售。其他共有人一般通过两种形式放弃优先购买权:提交放弃优先购买权的证明文书,一般包括房屋的概况、欲出售价格、不购买的明确意思表示等内容;其他共有人不按约定的期限和条件出资购买其他共有人份额的。

● 对于部分共有人向非共同持有人出售自己所享有的产权时,必须经过其他共有人的一致同意,其他共同持有人在同等条件下有优先购买权。

3. 抵押二手房的销售

抵押二手房有两种含义:一是以抵押贷款的方式购买的二手房;二是购买后用于抵押活动的二手房。二手房抵押后,在抵押期结束前,不会改变产权人对二手房的所有权。

不同含义的抵押二手房处理方式也所有不同。以抵押贷款形式购买的二手房,在合同的执行期内,所有权人不得出售、出租、赠送已抵押的二手房。当合同执行完成,所有权人付清本息,银行退还房产证明之后,该房产才能进入二手房市场销售。对于购后再抵押的二手房,只要购买行为已经结束,可以按照一般抵押物的情形处置。只要产权人与抵押权人进行协商,征得抵押权人的同意,并且拟出售方可以提供新的抵押物给抵押权人或者由其他担保人担保,二手房即可出售。

4. 出租中二手房的销售

若产权人拟出售处于承租期间的房屋,房屋产权人必须提前三个月通知承租人,承租人有优先购买权。如果承租人有意向购买,产权人需提供出售价格、付款方式、付款期限等信息。承租人在接到产权人通知后三个月内不做购买意思表示或者不按约定的条件购买的,可视做放弃优先购买权,房屋即可进入二手房市场出售;如果产权人未按通告条件出售该房屋,承租人可以请求人民法院确认交易无效,承租人可继续行使其优先购买权。

二、二手房销售方式的选择

售房者销售二手房可根据其实际情况选择不同的销售方式。在二手房交易市场上,常用的几种销售方式有:直接交易方式、房地产市场撮合交易方式、委托中介机构代理方式、委托拍卖机构方式、房地产置换方式。

(一)直接交易方式

直接交易是指买卖双方直接接触并商谈购买二手房的条件,最终实现房屋产权转移的过程。在直接交易的过程中,无须中间人撮合,买卖双方面对面地商谈交易的所有细节,直接表达自己的意愿,敲定购买合同的细节。

直接交易方式的主要优点有:费用较低,无须支付中介费用和拍卖费用;售房者直接与购房者交流,能准确而迅速地表达真实意思;直接接触并交换信息;一般采用现金交易;交易双方需本着平等互利、等价有偿的原则,是平等的法律利益主体。

直接交易方式的缺点也比较明显:买卖双方直接收集相关信息,信息量小,可选择范围有限;发布信息的渠道有限,一般采取街头广告、报纸广告形式;对房地产交易的相关知识缺乏,交易过程可能存在不符合政策规定的情况;时间成本很高,花费相当的时间解释、谈判;信息不对称,交易双方了解程度不够,售房者有时隐瞒缺陷,有较高的欺骗风险。

直接交易的程序:

- 准备相关的交易证件。主要包括房产证、产权协议书、声明书等,必须具备交易资格。
- 发布出售信息。发出出售意向,一般采取街头广告或者报纸广告。
- 选择意向客户。在联系的意向者中,凭个人判断选择交易对象。
- 安排看房。安排购房者直接考察标的物,解答疑惑。
- 谈判协商。确定价格、付款方式等细节问题,并向房地产管理部门申请估价、勘察等事宜。
- 签订购房协议。签订正式协议,确定买卖关系。
- 缴纳相关费用和办理审批备案手续。向房地产管理部门申请审批并缴纳办证费用和税费。
- 办理过户手续。凭房地产买卖契约到房地产管理部门办理房屋产权、土地使用权转移登记手续,取得新的产权证。

(二)房地产市场撮合交易方式

交易双方直接到专门的交易市场登记各自信息,再由交易市场公布买卖双方的基本信息,买卖双方根据这些基本信息自主选择交易对象。房地产交易市场撮合交易的优点是:市场信息比较集中,买卖双方的选择余地较大,撮合成功率较高;信息比较真实,供需双方必须出具各种证件;交易成本较低;比较便利,买卖双方只需向交易市场提供信息即可,适于普通交易者。其缺点是:交易市场信息复杂,需要认真筛选;等待周期较长;个案信息不突出,容易被忽略。房地产市场适合那些有出售意向但并不急于出售的售房者。

(三) 委托中介机构代理方式

委托中介机构代理方式,是指把出售二手房的相关事宜委托给房地产中介机构,由它们代理交易。委托中介机构代理交易的优势有:中介机构掌握的信息量大而且全面;交易过程专业化,中介机构熟悉相关的法规;可协助办理相关手续,交易效率较高,为买卖双方节约时间成本;可以为买卖双方提供信息以及相关咨询建议。委托中介交易也有一定的缺点:中介费用会使房屋价格有所抬升;中介机构单方面接触交易双方,缺乏交易透明度;可能存在利用买卖双方对相关知识的缺乏欺骗交易者。这些缺陷能够随着中介行业的发展、经纪业道德建设的不断加强而得到改善。

委托中介机构代理买卖的程序是:

- 准备相关的证件。即要确保该房产具备交易资格,必须有房产证、土地使用证等关键证件。
- 考察中介机构。对中介市场进行了解,对比各个中介机构的佣金水平、信誉程度、交易周期、服务质量等关键信息。
- 选择中介机构和经纪人。从备选经纪机构和经纪人中,选择信誉较好、佣金较低、服务上乘且具有资质的中介机构和经纪人。
- 签订委托合同。签订中介合同即形成正式的委托代理关系。中介合同主要内容包括委托标的物、中介服务的标准、佣金数额或者比例、佣金支付方式和期限、任务完成期限、代理期限、违约责任等。

(四) 委托拍卖机构方式

拍卖是指将标的物卖给出价最高的买家的一种交易方式,出售二手房也可以采取公开拍卖的形式。拍卖机构就是接受售房者委托并组织拍卖活动的机构。

通过拍卖出售的房产一般能够获得较高的出售价格;售房者可自行决定出售条件,自主程度高;交易完成迅速,拍卖现场即可签订意向性协议,效率较高;价格决定过程透明。二手房拍卖的缺点也比较明显:费用较高,售房者必须事先缴纳一定的开拍手续费;流拍的可能性较高,即未能找到合适的购房者;拍卖会一般定期召开,有时周期较长;拍卖过程的竞争程度、宣传力度等都可能对最终拍卖结果产生影响。委托拍卖机构的客体一般是有较高升值空间或用途特殊的房产,主体一般是法院或者机构售房者,但近年来也出现了针对个人房产举行的房地产拍卖会。委托拍卖机构程序较简单,只要签订委托拍卖合同即可进行。

（五）房地产置换方式

房地产置换是指交易双方本着自愿的原则,对房屋的产权和使用权进行交换。交换的形式可以是等价交换,也可以是不等价交换;交换的标的物可以是房屋产权,也可以是房屋使用权或者兼而有之。现阶段允许进行房地产置换的标的物主要包括:自然人拥有的私房、房改房产权,国家或者单位出租给职工的住宅使用权,房产管理部门的出租房产的使用权等。

二手房置换能够同时满足买卖双方的特定目的,如工作、学习需要;能够快速地实现产权和使用权交割,效率较高;避免交易双方可能出现的住房困难;减少直接的现金交易,减少某些费用。二手房置换同样存在一定的风险:信息不对称,可能出现产权不清损害某一方利益的情况;二手房的真实价值不能准确确定,存在不公平交易的情况。但在现阶段房地产置换仍然是解决买卖双方实际困难的有效手段。置换过程中具体涉及的问题可以参见不同地区出台的相关政策。

二手房置换可以按照以下步骤进行:

- 寻找换房信息。一般可以到换房市场或者房地产交易市场搜集。
- 筛选换房对象。确定符合自己意向的备选房产。
- 互相看房。实地考察并确定房产的关键问题,重点是对产权和使用权的认定。
- 协商谈判。就置换房产的相关事宜进行全面协商,主要涉及价格、差价补偿等问题。
- 签订置换合同。双方共同起草合同,明确合同中的各项条款,并在合同上签字。
- 办理相关手续、缴纳相关费用。取得房地产管理机构的认可和备案,从法律上对置换行为进行认定。

第八章 二手房交易的程序

二手房交易主要有个人私房交易、已购公房交易以及差价换房等几种类型。二手房交易的程序与房地产市场交易的程序有相通之处,但由于二手房与新房不同,其交易涉及房屋产权关系转让、产权界定、交易材料的特殊性以及税费计算等特殊问题,因而二手房交易的程序与新房交易程序不同。本章在介绍房地产交易程序的基础上,以二手房的几种交易类型为基点,介绍二手房交易的一般程序。

第一节 房地产交易程序

一、房屋买卖程序

房屋作为不动产,是一种特殊的商品,它的一项重要特征是:交易的对象是房屋的产权。为了保证双方当事人的合法权益,我国对房屋的买卖实行审查和登记制度。建设部颁布的《城市房地产转让管理规定》规定房屋买卖必须按以下程序办理:

(一) 签订书面买卖合同

房屋买卖当事人必须签订书面买卖合同。合同应当注明下列主要内容:

- 双方当事人的姓名或者名称、住所。
- 房地产权属证书名称和编号。
- 房屋坐落位置、面积、四周界线。
- 房屋成交价格和支付方式。
- 房屋交付使用的时间。
- 违约责任。
- 双方约定的其他事项。

（二）具体办理程序及要求
- 买卖双方当事人必须同时持合法证件向房地产管理部门提出申请并申报成交价格。按规定，当事人应在买卖合同签订后 30 日内持房地产权属证书、当事人的合法身份证明、房屋买卖合同等有关文件提出申请并申报成交价格。
- 房地产管理部门对提供的有关文件进行审查，并在 15 日内作出是否受理申请的书面答复。
- 房地产管理部门核实申报的成交价格，并根据需要对买卖的房屋进行现场查勘和评估。
- 房屋买卖双方当事人按照规定缴纳有关税费。
- 房地产管理部门核发过户单，办理房屋产权转移手续。

二、房屋置换程序

（一）服务范围

房屋置换的服务范围包括房改房交易，房改房与商品房、经济适用房等各类房屋间置换的中介、鉴证，房屋置换价格评估，房改房贷款担保。

（二）置换程序

房屋置换一般应遵循如下程序：
- 确定置换意向。
- 房屋出售登记。
- 房屋需求登记。
- 房屋置换登记。
- 信息提供。
- 价格评估。
- 抵押担保。
- 办理成交手续。
- 办理两证。

（三）置换收费

成交后，卖方按售房款 1.5%，买方按 1% 向置换中心缴纳中介服务费。

三、房屋租赁程序

（一）提交文件

办理房屋租赁应提交以下材料：
- 房屋所有权证、国有土地使用证、租赁书面协议、身份证件。
- 单位须提交法定代表人身份证明、授权委托书。

（二）程序及要求

房屋租赁合同要使用管理部门监制的规范合同文本，合同经房管机关鉴证后，发放"房屋租赁证"（该证正本由出租方持有，副本由承租方持有），并缴纳有关税费。房管机关将当事人整套房屋租赁材料汇集备案。

（三）租赁管理费

- 居住房屋按租赁合同期租金总额的 0.8%，由租赁双方均担。
- 非居住房屋按租赁合同期租金总额的 1.5%，由租赁双方均担。

四、房屋抵押程序

（一）房屋抵押程序

房屋抵押应遵循以下程序：

- 提交房屋抵押申请。
- 到各省市的房地产管理处或管理局的官方网站上下载或填写申报所需表格。
- 填写业务申请表。
- 填写完毕上交申请表、上传申请表。
- 申报完毕，申报资料送达抵押办理处。

（二）办理房屋抵押须提交的证件

情况不同，办理房屋抵押所需提交的证件也会有所不同，大致包括如下几种情形：

1. 私房抵押

房屋所有权证、国有土地使用证（庭院住宅）、评估报告、抵押合同、借款合同、房屋他项权登记申请书、身份证（夫妻双方）、户口簿或结婚证（离婚证），共有房设立抵押的须提交有效的共有人的同意书。

2. 商品房按揭贷款

商品房销售合同、抵押合同（含按揭贷款合同）、借款合同、他项权申请书、开发公司同意办产权证明、购房发票或收据、身份证（夫妻双方）、户口簿、结婚证。

3. 全民所有制和集体所有制企业抵押

房屋所有权证、国有土地使用证、评估报告、抵押合同、借款合同、企业营业执照及法人代码证、法人代表授权书、身份证及受托人身份证、上级主管部门证明、担保书（担保贷款）。另外，集体所有制企业应出具经职代会或职工大会通过的文字材料。

4. 股份制企业抵押（含有限责任公司和股份有限公司）

房屋所有权证、国有土地使用证、评估报告、抵押合同、他项权申请书、借款合同、企业营业执照及代码证、法人代表授权书、身份证及受托人身份证、担保书(担保贷款)、股东会或董事会同意抵押文书及成员身份证复印件、董事会章程。

5. 在建工程抵押

在建工程抵押除提供上述相应内容的材料外,另须提供:建设用地许可证及征用土地批准文件、建设工程规划许可证、立项批文、建设工程施工许可证、施工单位营业执照、建筑工程承包合同。

第二节 个人私房交易

一、个人私房交易的注意事项及当事人双方需提供的材料

(一) 个人私房交易应注意的事项

二手房交易中,个人私房交易是一个重要的组成部分。个人私房,是指公民个人具有占有、使用、收益、处分权利的,可直接进入房地产交易市场交易的房屋,又称为个人产权房。在购买私房中有以下一些注意事项:

- 私房必须有合法的《房产证》。
- 购买者必须与售房方签订合同,由产权人签名并到房地产行政主管部门办理有关产权变更手续。
- 对于已经给银行作抵押但仍未还清贷款的房屋,若要购买,则当事人双方必须签订合同,规定双方的权利和义务。

(二) 个人私房交易当事人双方需提供的材料

由于个人私房交易过程中涉及房屋转让问题,因而交易双方需要出示相关的证件和材料。按照一般规定,所需提供的材料主要有以下几项:

1. 自管房地产转让所需材料

- 买卖双方主体资格证明。自然人提供身份证等证件的复印件,单位则提供营业执照或法人代码证的复印件。
- 凡有委托代理情形的须提交授权委托书(其中,自然人委托代理须公证;单位委托代理的,委托书须由法人代表签章并加盖单位公章)。除此之外,经办人需要提供身份证件复印件。
- 原房屋所有权证。
- 土地使用权证或用地证明文件。
- 实施产权转移的相关文件、资料。
- 国有资产转让必须符合国有资产管理的有关规定。

- 测量报告或申请按原权证记载要素确权的申请书原件。

2. *私房转让所需材料*
- 买卖双方主体资格证明。自然人提供身份证等证件的复印件,单位则提供营业执照或法人代码证的复印件。
- 凡有委托代理情形的须提交授权委托书(其中,自然人委托代理须公证;单位委托代理的,委托书须由法人代表签章并加盖单位公章)。除此之外,经办人需要提供身份证件复印件。
- 原房屋所有权证及共有权证。
- 土地使用权证或用地证明文件。
- 实施产权转移的相关文件、资料(如:买卖合同,已生效的法院判决、裁定等法律文书,继承、赠与、析产公证书等)。
- 共有房产转移须提供共有人同意转让的书面证明原件。
- 测量报告或申请按原权证记载要素确权的申请书原件。

3. *私房他项权利登记所需材料*
- 抵押双方当事人的主体资格证明。自然人提供身份证等证件的复印件,单位则提供营业执照或法人代码证的复印件。
- 凡有委托代理情形的须提交授权委托书(其中,自然人委托代理须公证;单位委托代理的,委托书须由法人代表签章并加盖单位公章)。除此之外,经办人需要提供身份证件复印件。
- 原房屋所有权证。
- 国有土地使用权证或土地抵押许可证明。
- 借款合同和抵押合同,以及可以证明抵押物价值的材料。
- 以共有房产抵押的须提供《房屋共有权证》以及共有人同意抵押房屋的书面证明。

4. *办理私房产权互换手续所需材料*
- 当事人双方的房屋产权证。
- 双方书面申请。
- 当事人互换房屋协议书。
- 当事人双方的身份证、私章。

二、个人私房交易中的办证程序

(一) *办理房屋租赁证程序*

1. *填写房屋租赁登记申请表*
按要求填写房屋租赁登记申请表。

2. 提交证件

提交申办房屋租赁证须提供的证件：

- 《房屋所有权证》。
- 可出租的房屋有共有房屋、委托代管房屋、抵押房屋等多种类型。出租时，根据房屋类型不同，需提交的材料不同。若出租共有房屋，则必须提交其他共有人同意出租的书面证明；若出租委托代管的房屋，必须提交房屋所有权人授权出租的证明；若出租已抵押的房屋，必须提交抵押权人同意出租的证明；若承租人将承租的房屋转租，则必须提交出租人同意转租的书面证明。
- 若出租房屋作为营业场所，则必须提供工商营业执照或企业名称核准通知书、双方法定代表人或自然人身份证。
- 租赁双方当事人签订的租赁合同。

3. 交费、领证

在办理完上述手续后，按规定的领证日期及要求，到房屋交易所发证处交费、领证。

（二）办理房屋买卖程序

1. 提交材料

房屋买卖双方需要提交的材料：

- 房屋所有权登记申请书。
- 房地产买卖合同。
- 卖方产权证。
- 买卖双方身份证件。
- 若单位购买私房，则需要提交法人代表委托书以及法人任命书复印件（加盖单位公章）；若全民所有制单位出卖公有住房，则需提交国资管理部门批文、法人代表委托书以及法人任命书复印件（加盖单位公章）；若集体所有制单位出卖公有住房，则需提交职工代表大会批文、法人代表委托书以及法人任命书复印件（加盖单位公章）。

2. 交费、领证

在办理完上述手续后，按规定的领证日期及要求，到房屋交易所发证处交费、领证。

（三）遗失《房屋所有权证》后申请补发程序

遗失《房屋所有权证》后申请补发新的《房屋所有权证》，应按以下程序办理：

1. 办理相关证明材料

- 产权人到当地档案科出示已遗失《房屋所有权证》的产权证号、产权人(含共有人)、门牌、结构、层数、建筑面积等详细状况的证明。
- 产权人出示具结保证书,书面陈述产权证遗失的相关情况。
- 由建设管理单位、测绘局核发具有房产测绘资格的单位测绘的房屋分户图和分幅图。

2. 申办遗失登报声明

产权人携带上述材料到当地房屋交易所收件处申办遗失登报声明。遗失补发登报公告期满无异议后,将按有关程序办理补发手续。

3. 交费、领证

遗失人按收件收据的领证日期和要求,到房屋交易所发证处交费、领证。

(四)办理房屋产权证遗失补证程序

- 遗失者凭本人的书面申请到所在地房屋产权监管处房产档案部门查档,由房产档案馆按规定出具登报证明。
- 提交刊登挂失作废启事的报纸和书面申请。

三、个人私房交易中的税费计算

个人私房交易双方均要根据国家有关规定缴纳一定的税费。私人房屋买卖双方需纳税的房产税具体税种和税率不一样。根据"住宅买卖"和"非住宅买卖"的不同,私人房屋买卖双方执行不同的纳税标准。一般情况下,个人私房交易中的税费主要有以下几种:

(一)个人私房交易中属住宅买卖情况下买方的税费计算

按照国家法律规定,个人购房时必须缴纳房地税,包括契税、印花税等,这也是购房方必须尽到的义务。

1. 印花税

根据《中华人民共和国印花税暂行条例》的规定,按合同交易金额的万分之五缴纳。

2. 契税

国家《契税管理条例》规定,凡国有土地使用权出让、转让、房屋买卖、典当、赠与或交换,均由承受人依法缴纳契税,契税税率规定为成交价的3%~5%。

- 免纳契税。根据《中华人民共和国契税暂行条例》规定,凡国有机关、事业单位、社会团体、军事单位承受土地,房屋用于办公、教学、医疗、科研和军事设施的,均免纳契税。各个地方也有免纳契税的相关规定,如北京市规定:属本市常住户口职工向所在单位或现住房产权单位购买公有住宅楼房按住房制度改革规定办理的,第一次购买公有住宅楼房,免征契税。个人购买社会商品房,则应按照相关规定,缴纳契税。

● 华侨、香港、澳门、台湾同胞用外汇、侨汇买卖、承典、承受赠与或交换房屋产权的,则给予减半征税的优惠。

● 在住房买卖中,契税又分两个档次缴纳,即属普通住宅的按房价的1.5%缴纳,属高档住宅的按房价的3%缴纳。

(二)个人私房交易中属非住宅买卖情况下买方的税费计算

1. 印花税

买方应缴交易金额的万分之五的印花税。

2. 契税

买方应缴交易金额的3%的契税。

(三)个人私房交易中属住宅买卖情况下卖方的税费计算

在个人私房交易中,卖方需缴纳的税有印花税、营业税和个人所得税三种。

1. 印花税

同买方一样,按合同交易金额的万分之五缴纳。

2. 营业税

按照规定,对于个人购买并居住超过一年的房屋,卖方免交营业税,但不足一年的应按销售价减去购入原价后的差额征收5%的营业税,并按营业税征收7%的城建税和3%的教育费附加。

3. 个人所得税

售房方在出卖房屋后,获得一定的房屋买卖收入,按照规定,必须向国家缴纳一定比例的个人所得税。

(四)个人私房交易中属非住宅买卖情况下卖方的税费计算

在非住宅买卖情况下,卖方应缴以下四种税:交易价总额的万分之五的印花税、5%的营业税和个人所得税以及土地增值税。其中,应缴纳个人所得税的计算方法为:

个人所得税应纳税额 =(售房价 - 购入价 - 交易的税费)×20%

土地无增值情况下,免缴增值税;若有增值,则按房价的3%缴纳增值税。

(五)其他税费计算

除上述对个人私房交易的有关税费计算的规定外,对出租自有房产作为住宅的也有规定,但对减免税有条件限制,主要是:一是对以房租收入维持生计、照章纳税确有困难的孤寡老人、残疾人、烈属等私房业主需要减免税的,应持当地管理部门开具的有效证明,报经主管地方税务机关核准后,方可减免征税;二是对符合免征城市房地产税的华侨、港、澳、台胞以及外国人，可凭税务机关的免税证明，在有效免税年度内按规定综合征收率的 60% 缴纳各项税收。

第三节 已购公房交易的程序

一、以成本价购买的公有住房上市交易的程序

公有住房上市交易的成本价，是指按照公有住房建造时的平均成本而制定的价格。根据《国务院关于深化城镇住房制度改革的决定》的规定，成本价包括：①征地和拆迁补偿费；②勘察设计和前期工程费；③建筑安装工程费；④住宅小区基础设施建设费；⑤管理费；⑥贷款利息；⑦税金。

以成本价购买的住房，其房主对房屋享有充分的占有、使用、收益和处分的权利。按照规定，在交清全部房款并取得房屋产权证后，一般住用 5 年以后可依法进入房屋交易市场出售或出租；在按规定缴纳土地使用权出让金或所含土地收益以及有关税费后，个人可以获得全部收入。职工以成本价购买的住房，产权归个人所有，经登记核实后，发给《房屋所有权证》，产别为"私产"。在实际中，由于公布的公有住房成本价与开发建设时的实际造价以及市场价格间存在一定的差别，因而，职工按成本价购买住房所享有的所有权，受到一定限制。

(一) 办理公有住房上市出售手续的程序

1. 上交所需证件和材料

申请上市出售已购公有住房的房屋所有权人，必须持有相关证明材料到指定的单位办理上市交易手续。办理上市交易手续的单位一般为所在地的房地产交易管理部门，或者是国土资源和房屋等相关管理部门指定的房地产中介机构。按照规定，房屋所有权人必须持有的材料有：房屋所有权证、身份证或其他有效身份证明；房屋所有权共有的，除了前述几项材料外，还要持其他房屋共有人同意出售的书面意见。申请人申领的表格为《已购公有住房和经济适用住房上市出售申请表》和《已购公有住房和经济适用住房上市出售征询意见表》。

自申请人将材料及填好的表格上交到管理部门之日起，房地产交易管理部门应立刻办理。按一般规定，最长不得超过 3 个工作日（如有特殊情况可适当延长）完成已购公有住房上市出售的审查工作并作出批准或不予批准的书面决定。

2. 办理过户手续

经批准上市出售的房屋经过市场交易达成买卖合同后,买卖双方须持买卖合同和相关证件及材料到交易管理部门办理立契过户手续。卖方必须提交的材料是:房屋所有权证或确权证明、身份证或其他有效身份证明;若房屋所有权是共有的,卖方还必须提供其他房屋共有人同意出售的书面意见;交易管理部门批准上市出售的书面材料。买方必须提交的材料是:身份证或其他有效身份证明;若非本地户口的居民,还须提交有关部门批准的购房证明。

下级交易管理部门完成立契过户手续后,须及时将相关材料报送到上级管理部门。

(二) 职工以成本价购买公有住房上市交易的程序

1. 签订合同

若职工以成本价购买公有住房时没有与原单位签订公有住房买卖合同,则必须先按照相关规定与公有住房现在的所有权人或受托人签订《公有住房买卖合同》。公有住房上市交易的卖方可凭《公有住房买卖合同》,与买方签订《已购公有住房出售合同》。

2. 办理交易过户审核手续

已购公有住房上市交易买卖双方在签订《已购公有住房出售合同》的规定期限内,应持《出售合同》、《公有住房买卖合同》、《职工所购公有住房上市出售交易进户申请表》以及有关资料,到房屋所在地房地产交易中心办理交易过户审核手续。

3. 办理购房手续

公有住房上市交易中的买方,在取得房地产交易中心审核的《职工已购公有住房上市交易过户审核表》后,持《公有住房买卖合同》以及《出售合同》、《过户审核表》等有关资料,向公有住房所有权人办理购房手续,并缴纳公有住房购房款项和首期房屋维修基金。

4. 缴纳税费

按照规定,已购公有住房上市交易买卖双方必须向财税部门和房地产交易中心缴纳税费或其他相关费用。双方当事人缴纳税费所参照的资料是《过户审核表》及有关资料。在缴纳税费后3天内,当事人凭税费交款凭证及有关资料,向房地产登记处办理变更登记手续,申请领取房地产产权证。

(三) 已购公有住房交换价格确定

根据规定,双方当事人可按实际购入价交换公有住房,也可按市场成交价交换公有住房;但所购公有住房与私有住房交换必须按实际市场价进行。其中,实际购入价即购买已租公有住房时的价格。

房价的计算各地规定不同,北京的房价计算公式为:

成本价购房的实际房价=[(成本价-标准价高限×年工龄折扣率×夫妇工龄和)×(1+调节因素之和)×(本套楼房建筑面积+阳台面积系数)+装修设备价]×(1-已竣工年限×2%)-负担价×现住房折扣率×(本套楼房建筑面积+阳台面积)。

二、以标准价购买的公有住房上市交易的程序

(一)标准价的概念

标准价,是指没有足够的能力以成本价向中低收入职工家庭售房的地区,依据该地区职工家庭平均收入情况所确定的房屋出售价格。标准价比成本价要低,并不是一经确定就永世不变的,可以随着售房对象收入的提高而提高,最终达到成本价格。购房人和原售房单位共同拥有以标准价购买的住房的产权,但二者的产权拥有比例是不同的。一般而言,按售房当年标准价占成本价的比率来确定各自的产权。其中,购房个人拥有部分产权,即占有权、使用权以及有限的收益权和处分权,同时也可以继承该房屋的部分产权。按标准价购买公有住房的买房者在取得相应产权证以后,可依法进入市场进行交易,但必须是在住用规定的年限以后才能出售或者出租房屋。

(二)以标准价购买的公有住房上市交易

以标准价购买的公有住房上市交易,交易双方所需提供的材料、缴纳的税费与以成本价购买的公有住房上市交易基本相同,二者主要区别体现在对售后收益的分配上。在以标准价购买公有住房的情况下,买方仅享有所购住房的有限使用权、有限的收益权和处分权,而以成本价购买住房,买方拥有完全的产权。以标准价购买的住房,购买者所拥有的产权比例是按照售房当年标准价占成本价的比重来计算的。

按照一般规定,以标准价购买的公有住房一般在住用5年后才可进行市场交易,并且在同等条件下,原售房单位拥有优先购买权。若原售房单位撤销或者不存在,则当地政府房产管理部门拥有优先购买权。在出售时,卖方必须提供原单位或当地政府房产管理部门放弃优先购买权的证明材料。

(三)以标准价购买的公有住房上市的收益分配

建设部颁布《已购公有住房上市出售管理暂行办法》,对以标准价购买的公有住房上市交易进行了规定:如果房屋是以标准价再出售的,则售房款归售房人所有;按市场价出售的,售房款相当于届时标准价,部分归售房人所有,其余部分归原售房单位所有。

在实际运作过程中,以标准价购买公有住房的职工所拥有的房屋产权比例按售房当年标准价占成本价的比重确定。按照这种确认方法,若职工

以1500元/平方米的标准价购买公有住房,当年的成本价为2000元/平方米,则该职工对该住房拥有3/4的产权。

第四节 差价换房的程序

一、不可售公有住房的转让使用

(一) 不可售公有住房差价交换以及换房方式

不可售公有住房是指根据现行政策,还不具备能力出售给所居住居民的公有住房,主要包括旧式、新式厨房,卫生合用的不成套房屋,同时也包括部分公寓、花园住宅等成套房屋。而不可售公有住房差价换房,则是指居民按照商定的价格将自己租住的不可售公有住房,作出适当的处理,如与他人租住的不可售公房互换使用,或者转让给他人使用,或者按照一定的程序换购商品住房的行为。有三种差价换房方式可供选择。第一,将租住的不可售公房使用权进行转让,一般可转让的对象有房地产开发公司、房屋置换公司或其他居民等。第二,以租住的不可售公房使用权换购其他类住房,如商品住房、个人私有住房、平价房和安居房等。第三,将自己所租住的不可售公有住房与其他人租用的不可售公有住房交换使用权,双方互换使用各自所租用的不可售公有住房。

(二) 不可售公有住房上市的相关规定

1. **不可售公有住房上市应该遵守的要求**

不可售公有住房进行换购或差价交换时,应该体现出自愿、等价、公平的原则。在具体实施过程中应该遵守以下几项规则:

- 不可以造成新的居住困难。
- 承租人在换购或者差价换房之前,应该征得其配偶以及同住处拥有常住户口人(未成年人除外)的同意。
- 公有住房换购或转让后,原承租人不得再向单位申请住房或购买成本价的公有住房。

2. **不可售公有住房上市的禁止规定**

《不可售公有住房差价交换试行办法》规定以下不可售公有住房不得进行差价换房:

- 整幢独自使用的公有花园住房。
- 户籍冻结地区的房屋。
- 已经列入危棚简屋改造或年度成套改造计划的房屋。

- 承租人拖欠租金尚未还清的房屋。
- 因纠纷已经进入诉讼、仲裁、行政处罚程序的房屋。
- 全家出国(境)保留承租权的房屋。
- 需要落实政策的或按法规规定应该由出租人收回的房屋。

(三) 不可售公有住房转让使用的程序

1. 申请

不可售公有住房承租人若将其承租的公有住房转让给房地产开发公司、房屋置换公司或当地居民，必须先填写《不可售公有住房换购申请书》，并持此《申请书》向公有住房出租人或出租人委托的物业管理公司申请办理，出租人或出租人委托的物业管理公司应在规定期限内给予答复。

2. 签订合同

不可售公有住房承租人在得到出租人或出租人委托的物业管理公司的肯定答复以后，需要与其签订房屋置换合同，规定不可售公有住房转让使用的相关事项。

3. 办理审核手续

合同签订之后规定期限内，不可售公有住房承租人必须持相关材料，向公有住房所在地区房地产交易中心申请办理审核手续，办理审核手续时需要提交的材料有：

- 《申请书》。
- 《置换合同》。
- 《租用公房凭证》或保留承租权的证明。
- 承租人的户籍证明和身份证明。

4. 申报和缴纳公房转让使用的有关费用

承租人在办理完上述手续后，应该向房地产交易中心申报公房转让的成交价格，房地产交易中心对此进行审核。在房地产交易中心审核同意后，承租人按相关规定缴纳费用。

5. 办理公有住房租赁户名变更或保留承租权手续

置换人在房地产交易中心审核同意后的规定时间内，持《审核表》、《租用公房凭证》等材料，向出租人办理公有住房租赁户名变更或保留承租权手续。

二、不可售公有住房换购商品住房

(一) 不可售公有住房换购商品住房的概念

不可售公有住房换购商品住房，是指职工通过一定的手续将自己拥有的不可售公有住房转让给房地产公司、房屋置换公司或者居民使用，而职工另外再购买商品房的行为。此处商品房主要指经过有关部门的批准后建造,直接用于销售的房屋。房屋销售或者购买者购买的价格受到市场同类房屋供求关系的制约,随着供求关系的变化而出现波动。居民购买的房屋可以再到市场上进行销售。

(二)不可售公有住房换购商品住房的相关规定

国家以及地方有关部门对不可售公有住房的差价换房进行了相应规定,规定主要涉及换房原则、禁止或限制换房的规定以及价格确定规定等方面。

● 不可售公有住房换购商品住房应当遵循自愿、公平和有偿的原则。

● 按目前政策规定,以下不可售公有住房不可以换购商品住房:

整幢使用的公有花园住宅;属部队、宗教团体所有或者在学校校园内的;产权不明晰的;已列入危棚简屋改造或者住房成套改造计划的;已进入行政处罚程序,或因纠纷已进入诉讼、仲裁程序的。

● 不可售公有住房换购商品住房的价格由当事人双方协商议定。

● 不可售公有住房换购商品住房或者其他住房所有权的,到商品住宅或者其他住房所在地的市、区、县房地产交易管理机构办理。

(三)不可售公有住房换购商品住房的程序

1. 办理承租转让手续

不可售公有住房换购商品住房是职工通过一定的手续,将自己拥有的不可售公有住房转让给房地产公司、房屋置换公司或者居民使用。因而首先应该与房地产公司、房屋置换公司或居民办理公有住房转让使用手续。与一般的不可售公有住房转让手续一样,不可售公有住房换购商品住房的成组转让手续也包括以下几项:

(1)填写申请

承租人将其承租的公有住房转让给房地产开发公司、房屋置换公司或本市居民使用的,先填写《不可售公有住房换购申请书》,并持《申请书》向公有住房出租人或出租人委托的物业管理公司征询,出租人应在规定期限内给予答复。房屋置换公司是指具有房屋置换经营业务并具备房地产经纪人资格的经营企业。

(2)签订合同

承租人需与置换人签订房屋置换合同,对不可售公有住房转让使用的相关条目进行规定。

(3)办理审核手续

合同签订之后规定期限内,承租人必须持相关材料,向公房所在地区房地产交易中心申请办理审核手续,办理审核手续时需要提交的材料有:

- 《申请书》。
- 《置换合同》。
- 《租用公房凭证》或保留承租权的证明。
- 承租人的户籍证明和身份证明。

(4) 申报和缴纳公房转让使用的有关费用。

承租人在办理完上述手续后,应该向房地产交易中心申报公房转让的价格。经房地产交易中心审核后,承租人按相关规定缴纳费用。

(5) 办理公有住房租赁户名变更或保留承租权手续

置换人在房地产交易中心审核同意后的规定日期内,持《审核表》、《租用公房凭证》或保留承租权的证明等材料,向出租人办理公有住房租赁户名变更或保留承租权手续。

2. 签订合同

在办理完承租转让手续后,承租人再与房地产开发公司签订有关商品房预售或出售的合同。

3. 办理过户手续

承租人应该根据当地的房地产转让有关规定,到商品房所在地的房地产交易中心办理房地产转让过户手续,获得商品房的使用证明和权证。

4. 税费缴纳

不可售公有住房换购商品住房后,承租人应该缴纳契税、交易手续费等费用。

三、不可售公有住房互换使用

(一) 不可售公有住房互换使用概念

不可售公有住房互换使用是差价换房的一种形式,具体指公有住房的承租人没有所有权,但为了改善现有的居住条件,承租人之间互换所承租公有住房的使用权,并补偿差价的行为。

(二) 不可售公有住房互换使用的程序

1. 填写申请

不可售公有住房互换使用时,各方承租人应该填写申请书,并向出租人征询,出租人应该在规定的工作日内给予答复。

2. 签订合同

互换使用承租人应该签订《公有住房差价交换合同》。

3. 办理审核手续

双方在合同签订后规定日期内,持有关证件到交换价格高的公有住房所在地房地产交易中心申请办理公房互换使用的审核手续。需要提交的材料主要包括以下几项：
- 《申请书》。
- 《交换合同》。
- 《租用公房凭证》或者《保留承租权的证明》。
- 双方当事人的户籍证明或身份证明。

4. 开具《审核表》

房地产交易中心接到申请后，在规定日期内完成审核，开具《审核表》。

5. 办理公有住房租赁户名变更或保留承租权手续

当事人在房地产交易中心同意申请后一定期限内，持《审核表》、《租用公房证明》或保留承租权的证明材料，分别向对方出租人办理公有住房租赁户名变更或保留承租权手续。变更户名的，换发《租用公房凭证》；保留承租权的，开具保留承租权的证明。

第九章 二手房交易谈判

第一节 二手房购买谈判与交易

一、二手房购买谈判前期的准备

购买房屋是当今社会的一项重要消费,伴随着消费者权益的社会认可和价值提升,房屋消费者对其消费行为以及消费过程中的权益问题也越来越关注。在购买二手房之前,消费者必然会关注有关二手房买卖的信息以及售房方的有关信息,并进行筛选,再决定进行谈判。

(一)加强对市场的了解

购买者面对的房屋众多,对自己所选中的二手房均有着替代效应。购买方不应该只关注于自己所选择的某特定房屋,还应该在不同二手房之间进行比较。购买者需要了解市场上的二手房供给情况,调查清楚其他二手房的供求状况、价格等情况。这就是说,在选定意欲购买的二手房以及与售房方正式谈判之前,购买方应该尽可能详细地掌握市场信息,做到心中有数。特别在价格走势、房屋类型、用途等方面,要知道市场最新行情以及一般的市场交易规则,以使自己在谈判时处于有利地位。

(二)掌握售房方的有关信息

购买者购买二手房的途径主要有直接于售房方处购买以及经过房屋中介公司、经纪人进行交易。如果是通过直接与卖方见面这种途径购买,则在见面过程中,购买者应逐渐增加对销售者的了解,包括其所售二手房的信息、信誉以及价格接受程度等,以便于在谈判时游刃有余。如果是通过房屋中介公司、房产经纪人等购买二手房,则购买者在选择房屋中介组织时,应该掌握其充分的信息,包括经营信息、财务信息、交易记录、市场宣传策略、销售业绩以及市场知名度等。因为经纪人、中介组织的经营情况在一定程度上反映着其能力以及信誉度、规模等。具体包括以下信息：

1. 经营信息

包括房屋中介组织或经纪人的经营规模、销售业绩、经营历史年限、经营人员数及其素质，也可以查看其经营环境以及工作人员的工作态度。这是对中介组织和经纪人一般情况的了解，以便于在总体上对所选择的中介和经纪人进行认识和比较。

2. 交易记录

具体指所中介的房屋规模、结构以及类型、用途和所中转的房屋数量，这有助于掌握中介组织和经纪人的水平以及市场受欢迎度。

3. 市场宣传策略

如果市场宣传度不够，或者说在大众传媒上的出现频率不高，则说明这家中介机构的经营实力不够或者说规模小、财力弱、信誉度不高。除非采取低成本策略或者通过口碑宣传，一般情况下，中介组织和经纪人都会针对自己的经营情况进行广告宣传的。

当然，以上几个方面的信息需要综合起来考虑，才能尽可能全面地掌握信息，使购买者在交易谈判过程中，始终对对方有所了解，在谈判时做到心中有数。

（三）对市场上的房价进行清楚的估算和判断

购买者在正式选定二手房后，应该根据一定的原则对房屋的价格进行评估。在评估二手房的价值时，需要考虑一系列因素。一般而言，影响房屋定价的因素有：物业类型、结构、层次、建筑年代、面积、建筑质量、造型、朝向、外部环境、绿化、地域分布、区域规划等。购买者在与售房方进行谈判之前先进行估价，以了解同等类型的房屋在市场上价值多少，有利于在谈判时合理定价，促成交易。

（四）制定谈判方案

购买者需要对谈判对象、目标、谈判方式以及相关的谈判细节作出必要的选择和筹划，不至于在谈判桌前因没有准备而陷入被动境地。在谈判之前，购买者会遇到众多售房者。这就要求购买者必须确定谈判对象。在选择谈判对象时，如果时间允许的话，应该从容而来，不能草率行事，应该多花点时间准备谈判的一系列问题。一家一家地谈判，这也有利于购买者在谈判过程中作出更好的选择。确定谈判对象后，购买者应该制定出具体的谈判方案。一般的谈判方案包括以下几个方面的内容：

1. 确定谈判的目标

购买者必须要有个心理价位问题，即在心理上应该有所准备，确定一个明确的价位，也可以称为心理底价。这个心理底价是以预估价为基础的，在一定的区域空间上波动。在具体谈判时,也应该根据具体情况来调整价格谈判底线。一般而言,心理底价一旦形成,在谈判过程中就成了无形的指导价,谈判总会围着这个心理价格来展开,一般不会随意改变。但购买者由于信息、个人偏见等原因,在确定自己的心理底价时,过高确定底线的情况时有发生,此时就应该根据谈判时的具体情况进行相应的调整。购买者对于价格调整应该作好充分的心理准备。

2. 确定谈判方式

一般而言,房屋交易谈判有交易双方面谈、电话谈、请中介人谈判等方式。购房者必须根据自己的优势并考察谈判对方的情况来选择对自己最有利的谈判方式,因人而异、因时而异地选择。但在谈判时,无论采用何种谈判方式,都不可以无礼纠缠,而要把握分寸,妥善地谈判。在这里值得一提的是,在双方达成一致但仍有一些细节问题时,既应该表现出自己的不满,又要表现出自己的购房诚意,使双方在比较轻松愉悦的环境中达成交易。这也是许多房产专家和学者都赞成的做法,也体现出市场经济条件下人们的消费道德观念。

3. 准备谈判细节

谈判时,购买者的言谈举止的细节往往能够给售房方留下印象。房地产商或中介组织能够从购买者的细节中判断出购买者的身份、地位、经济收入状况等,这也在一定程度上为其谈判做好了准备,以便在谈判时随机应变。因而,购买者在谈判之前,也应对谈判时另一方可能会关注的事项、细节问题进行提前研究,揣摩对方可能的心理反应和语言反应,以及根据对方的可能反应购买者应该采取的应对策略。购买者应注意谈判时的着装、语气、语言、随同人员等,形成一种谈判气氛。除此之外,选择谈判时间对于购买者来说同样很重要。一般来说有原则可以参照。第一,不要在购房高峰时期谈判。购房高峰时期,卖主一般会遇到众多买主,较平时更具有价格等优势。购房者选择在非售房高峰期谈判,可以避免卖方认为购买者购房心切,在价格谈判时也可有很大的商讨余地。第二,如果是与中介组织或经纪人谈判,要选择房屋谈判负责人在场时与其谈判,能够更有效地谈成交易。

二、二手房价格谈判

二手房价格谈判对于买卖双方来说都至关重要,双方在交易之前需要就房屋有关具体事项进行商定,确定能让双方均满意的价格,交易才得以成功。对于购房方来说,在谈判时的价格谈判主要是询问价格,掌握对方的价格情况,以便采取恰当的策略灵活应对。

(一)询问价格

1. 了解售房方的报价方式

在谈判开始后,售房者一般会将自己可能出售的价格预先报告给购买者。通常售房方的报价方式有:

①以基价报价。也就是以某一位置的房屋为基准价格,其他位置的房屋在此基准上根据楼层、朝向、户型、面积、周围景观等因素加以调整。

②以最低价报价。将较差的房屋的价格作为最低价报给买者,其他的房价由此而起,逐步上升。

③以平均价报价。顾名思义,在房屋之间价格相差不大时,售房方可以计算众多房屋的平均价,以此为基准,报给购买者。

④灵活报价。即没有任何基准,而是参照谈判时买卖双方就房屋的具体情况而达成的协议,进而随机定价。

2. 询问底价的方法

购房谈判时,买者不仅要知道售房者的报价方式,还要了解其可能的底价。在谈判时,尽可能地询问售房方的底价也是购买者价格谈判的一个技巧。判断或者说掌握售房方的底价的方法一般有以下几点:

①通过熟人探询。即通过掌握房地产市场交易价格的朋友,了解当前市场上一般房地产尤其是二手房的交易价格,做好心理准备。

②比较法。购买者可以以他人购房的例子向售房方表明自己可以接受或理想的价格定位。

③"作托"法。即购买者提前请自己熟悉的人先去和售房方谈判,询问到其可能接受的价格或者说对购买者认为比较合理的价格的反应程度,然后自己再去和售房方谈判。

④"走人"法。即与卖主商讨价格时,如果卖主对顾客提出的价格不肯接受或作出让步时,顾客采取"走人"策略,掉头离开店铺,这一般会激起卖主留住顾客的想法,最终成交。但也会出现卖主不理会的情况,这种情况下,房屋购买者必须掌握好进一步谈判或者停止谈判的度,根据自身情况,灵活决定。

(二)谈判时让步与杀价策略

1. 杀价策略

与其他买卖相似,房地产价格也是可以谈判的,即根据买卖双方的要求与可接受度进行讲价。在对房价进行谈判时,首先应该确定有哪些内容可以进行讨价还价。二手房的价格较新房更有讲价的可能。对于一些硬性价格如物业管理费、房屋维修费等,因为是二手房也可以讲价还价。在与售房方谈判价格时,购买者必须坚持,直到卖主妥协。但购买者不可以感情冲动。在与卖主杀价时,也要正确面对售房方提供的附赠品,因为售房方有时会以一些不太有价值的物品或恩惠来做诱饵,以抵挡购买者的杀价。购买者只有冷静面对,才能最大程度地获得自身的利益。

2. 让步策略

购买者在与售房方谈判时,需要深思熟虑,不要轻易地"妥协",即便是到需要自己作出让步的时候,也要坚持一定的策略。按照一般购房时的经验,让步的策略有下列几种:

①不要轻易让步。如果对方没有提出具体的交换条件,购买者则不要轻易让步,坚持住自己的观点。

②购买者需要认真地考虑售房方给予的优惠条件,不要不假思索地接受卖主的条件。

③如同购买商品,购房者对于售房者提出的条件,如果想作出让步,也不要立刻表现出来。

④为了获得更多的可能优惠,购买者需坚持自己的意见,以求获得更多的利益。

第二节　二手房销售谈判与交易

随着社会步入商品经济时代,消费者面对众多可选择的类似商品,变得越来越挑剔,要求也不断变化。房地产界也遵循着同样的规律。当遇到不同类型和需求特征的消费者或称为房屋购买者时,在市场上房地产竞争加剧的情形下,销售房屋的售房方或者房产中介以及经纪人需要采取一定的策略,与顾客周旋,以有效的方式与客户达成交易。销售二手房亦如此。在与购买者进行谈判时,售房方有必要介绍二手房的方方面面,进而双方就一系列的具体问题进行交谈。在这过程中,需要售房方掌握一定的谈判与交易技巧。

一、购房者特性分析

任何商品生产经营商或卖主在生产经营产品或其他服务项目时,都需要对客户特征进行详细的分析。尤其进入买方市场,顾客就是上帝的观念充实着生产经营者,也是多数厂家的经营理念。房地产市场是个特殊的市场,但顾客仍然是卖主追求的重点。如何招徕顾客并实现交易是房地产商关注的核心。在与购买者谈判之前、之中,甚至在达成交易之后,都需要对顾客进行分析,掌握客户的特征,以迎合其需求。

(一)分析顾客类型

顾客一般因收入水平、生活状态、生活习惯、价值观念等不同,而展现出不同的特征。因而就有不同的顾客类型。一般房地产顾客类型有:个人私有住房购买者、集体事业型单位用房购买者、商品房购买者;也可以分为新房购买者和二手房购买者,即通常所说的房地产的一级市场和二级市场。同时,在分析顾客类型时,也可根据顾客其他的特征如性别、在家庭中的决策地位、年龄等来进行细分。

(二)分析购房者的性格

在与顾客谈判过程中,售房方一般会遇到不同性格的顾客。如购房者对房屋不太了解而在谈话时借故拖延,表现对房屋的不满,此时卖主应该对其讲明房屋的具体细节,晓之以理,动之以情;购房者比较理智、冷静、谨慎,此时卖主应该对其讲明房屋的事实,客观地陈述房屋的种种特征、构造,不能随意虚夸;购买者对房屋风水等细节比较在意,卖主应该投其所好,灵活地推销房屋。诸如此类,卖主在谈判时往往会根据购房者的言语,从中分析出购买者的性格,然后根据不同的性格表现,具体而有策略地介绍。

(三)接听顾客询问或预约电话的技巧

由于多种原因,购买者一般都会通过打电话询问的方式与卖主进行第一次交流谈判。此时,卖主的说话方式以及态度至关重要,一定要把握住谈话的度。力求通过第一次谈话,吸引住客户。因而语气应该亲切,吐字发音清楚,表述有条有理,思路清晰。

二、二手房情况介绍

与购买者首次见面时,应该注意言谈举止,要给购买者留下美好的第一印象。最好不要直接进入话题,而要创造一个轻松的谈话环境。在谈话时,一定要言辞真切,而不能让购买者有虚假和故意铺设的感受。卖主需要控制谈话时间和语速,不要让购买者有不舒服的感受。

购买者在与卖主进行正式谈判时,一般会要求卖主对房屋的基本情况进行介绍。因而卖主需将二手房的规划、环境、结构、绿地、交通、区位、付款方式等情况向买主说明。通常应遵循以下原则:

1. 按照一定的顺序简洁、明了地介绍房屋的情况

卖主一定要将房屋的基本情况都介绍给购买者,让购买者了解房屋的基本情况。卖主可以在谈判之前初拟介绍内容,可以按照一定的顺序介绍。

2. 尽量站在购买者的角度介绍二手房的特色

在介绍时,应该考虑购买者的需求爱好,迎合其兴趣,而不能一味地讲解房屋的种种优势或好处,让购买者有着听解说词一般的感觉。

3. 注意察言观色

在谈话过程中,购买者会故意或者非故意地表现出不同的表情。卖主应该有针对性地作出解释,力求解除购买者的疑惑。

4. 多方面介绍二手房质量

尽可能多地介绍二手房的建筑年代、建筑材料、建筑风格、建筑特色等情况,让购买者更多地掌握二手房的信息。

5. 灵活地提出价格

在介绍二手房价格时,应该注意价格的灵活性,要给购买者一定的讨价还价余地和空间,使购买者获得一定的讨价还价后的成就感。

三、交易成功的方法与技巧

面对精明的顾客,售房者必须掌握一定的售房技巧,方能促成购买者购买。

(一)说服购买者的技巧

介绍二手房的情况也只是让购买者了解房屋的基本构造等信息,介绍完后并不一定就会产生交易行为。多数情况下,买者尽其所能地介绍房屋的方方面面,最终却不能留住购买者。这就涉及卖主的说服技巧问题,而说服购买者与其达成交易的技巧因人而异,但终归是有本可参的。此处介绍几种策略或技巧,以供售房方参考。

1. 摆事实,讲道理

售房者应重点介绍对购买者有益的二手房信息,提供充足的理由,使购买者切切实实感觉到与自己利益相关的因素,正确地判断,进而作出决策。

2. 以情动人

售房者从购买者家人或情感方面出发,提出购房的种种益处,使购房者感动,进而产生购买的念头,最终作出决策。

3. 现场展示

也就是让购买者现场体验房屋的优势或好处。卖主可以充分发挥想象力,用种种办法来刺激购买者的感观,或者让购买者亲临房屋,使其能够产生在此房屋居住的想象,同时抓住其所关心的利益体。例如,如果想突出房屋的方便性如交通或社区设施便捷等,可以邀请购买者一同出外活动,使其在出外活动时亲身感受到居住环境的便利性或好处。

(二)促成购买者最后下定决心购买的方法与技巧

如同一般的消费者,房屋购买者的购买过程也包括开始注意、产生兴趣、产生欲望、形成决心、作出最终决策等几个环节。为了促使购买者最后下定决心购买,售房方可以采取的策略有:

1. 二者选一法

卖主可以提出两种售房方案供购买者选择，使购买者在两者之间进行选择。

2. 仔细观察法

卖主应该仔细观察购买者的言谈举止，而这些言谈举止往往能够表明购买者内心的活动，卖主如果能够捕捉到购买者的信号，则可以趁机对其进行劝导和讲解。这就要求卖主具备敏锐的观察力和对人情世故的洞察能力。

3. 强化优点法

由于二手房不是新房，购买者在与卖主商讨过程中会觉得自己占有一定的优势，因而在谈判中表现得非常理直气壮。按照通常的心理，如果在购买者对二手房坚持提出质疑时，卖主作出让步就可能会使购买者怀疑二手房的质量。因而卖主应该强化二手房的优势，让购买者发自内心地觉得房屋的价值。而在展现或者介绍房屋的优点时，应注意购买者的心理感受，避免引起购买者的反感。

4. 合理价格法

卖主在提出价格时，应努力让购买者相信价格的真实合理性以及可信度。但是卖主需要阐述定价的因素，将价格的合理组成部分介绍给购买者，使其相信价格的真实性，然后再提出自己的价格底线，如此购买者较易接受。

5. 附赠物品法

卖主可以向购买者提供各种赠品，如家具、卫生设备等，从而避免降价；也可以采取提供附加服务等方式，如代办手续、代顾客交纳某些税费，以此让顾客觉得获得优惠。

第十章 二手房合同管理

二手房合同是维护二手房交易的根本依据。在房地产市场中,商品房买卖合同对交易双方的行为进行了约束。商品房买卖合同内容以及签订程序等对二手房市场合同有着一定程度的借鉴意义。随着我国二手房市场发展的不断深入,二手房合同也向规范化、制度化以及标准化方向发展。

第一节 商品房购销合同

一、商品房购销合同的标准文本

在房地产市场中,商品房买卖合同对买卖双方都起着至关重要的作用。一份好的合同可以避免许多不必要的纠纷,保证买卖双方的交易顺利地进行。2000年,建设部和国家工商行政管理局对旧的商品房买卖合同文本进行了修订和完善,并联合印发了《关于印发〈商品房买卖合同示范文本〉的通知》,以下就是商品房买卖合同的标准文本。

商品房买卖合同

(合同编号:_____)

合同双方当事人:

出卖人:_____

注册地址:_____

营业执照注册号:_____

企业资质证书号:_____

法定代表人:_____ 联系电话:_____

邮政编码:_____

委托代理人:_____ 地址:_____

邮政编码：_____   联系电话：_____
委托代理机构：_____
注册地址：_____
营业执照注册号：_____
法定代表人：_____   联系电话：_____
邮政编码：_____
买受人：
　【本人】【法定代表人】姓名：_____国籍_____
　【身份证】【护照】【营业执照注册号】【　】
　地址：_____
　邮政编码：_____   联系电话：_____
　【委托代理人】【　】姓名：_____国籍：_____
　地址：_____
　邮政编码：_____   电话：_____

根据《中华人民共和国合同法》、《中华人民共和国城市房地产管理法》及其他有关法律、法规之规定，买受人和出卖人在平等、自愿、协商一致的基础上就买卖商品房达成如下协议：

第一条　项目建设依据。
出卖人以_____方式取得位于_____、编号为_____的地块的土地使用权。【土地使用权出让合同号】【土地使用权划拨批准文件号】【划拨土地使用权转让批准文件号】为_____。
该地块土地面积为_____，规划用途为_____，土地使用年限自____年____月____日至____年____月____日。
出卖人经批准，在上述地块上建设商品房,【现定名】【暂定名】_____。建设工程规划许可证号为_____，施工许可证号为_____。
_____。

第二条　商品房销售依据。
买受人购买的商品房为【现房】【预售商品房】。预售商品房批准机关为_____，商品房预售许可证号为_____。
_____。

第三条　买受人所购商品房的基本情况。
买受人购买的商品房(以下简称该商品房,其房屋平面图见本合同附件一,房号以附件一上表示为准)为本合同第一条规定的项目中的：
第____【幢】【座】____【单元】【层】____号房。该商品房的用途为_____，属_____结构，层高为_____，建筑层数地上

_____层,地下_____层。

　　该商品房阳台是【封闭式】【非封闭式】。

　　该商品房【合同约定】【产权登记】建筑面积共_____平方米,其中,套内建筑面积_____平方米,公共部位与公用房屋分摊建筑面积_____平方米(有关公共部位与公用房屋分摊建筑面积构成说明见附件二)。

_____。

　　第四条　计价方式与价款。

　　出卖人与买受人约定按下述第_____种方式计算该商品房价款:

　　1.按建筑面积计算,该商品房单价为(_____币)每平方米_____元,总金额(_____币)_____仟_____佰_____拾_____万_____仟_____佰_____拾_____元整。

　　2.按套内建筑面积计算,该商品房单价为(_____币)每平方米_____元,总金额(_____币)_____仟_____佰_____拾_____万_____仟_____佰_____拾_____元整。

　　3.按套(单元)计算,该商品房总价款为(_____币)_____仟_____佰_____拾_____万_____仟_____佰_____拾_____元整。

　　4.

　　第五条　面积确认及面积差异处理。

　　根据当事人选择的计价方式,本条规定以【建筑面积】【套内建筑面积】(本条款中均简称面积)为依据进行面积确认及面积差异处理。

　　当事人选择按套计价的,不适用本条约定。

　　合同约定面积与产权登记面积有差异的,以产权登记面积为准。

　　商品房交付后,产权登记面积与合同约定面积发生差异,双方同意按第_____种方式进行处理:

　　1.双方自行约定:

　　(1)_____;

　　(2)_____;

　　(3)_____;

　　(4)_____。

　　2.双方同意按以下原则处理:

　　(1)面积误差比绝对值在3%以内(含3%)的,据实结算房价款;

　　(2)面积误差比绝对值超出3%时,买受人有权退房。

　　买受人退房的,出卖人在买受人提出退房之日起30天内将买受人已付款退还给买受人,并按_____利率付给利息。

买受人不退房的,产权登记面积大于合同约定面积时,面积误差比在3%以内(含3%)部分的房价款由买受人补足;超出3%部分的房价款由出卖人承担,产权归买受人。产权登记面积小于合同约定面积时,面积误差比绝对值在3%以内(含3%)部分的房价款由出卖人返还买受人;绝对值超出3%部分的房价款由出卖人双倍返还买受人。

$$面积误差比 = \frac{产权登记面积 - 合同约定面积}{合同约定面积} \times 100\%$$

因设计变更造成面积差异,双方不解除合同的,应当签署补充协议。

第六条 付款方式及期限。

买受人按下列第_____种方式按期付款:

1. 一次性付款_____。
2. 分期付款_____。
3. 其他方式_____。

第七条 买受人逾期付款的违约责任。

买受人如未按本合同规定的时间付款,按下列第_____种方式处理:

1. 按逾期时间,分别处理(不作累加)

(1)逾期在_____日之内,自本合同规定的应付款期限之第二天起至实际全额支付应付款之日止,买受人按日向出卖人支付逾期应付款万分之_____的违约金,合同继续履行;

(2)逾期超过_____日后,出卖人有权解除合同。出卖人解除合同的,买受人按累计应付款的_____%向出卖人支付违约金。买受人愿意继续履行合同的,经出卖人同意,合同继续履行,自本合同规定的应付款期限之第二天起至实际全额支付应付款之日止,买受人按日向出卖人支付逾期应付款万分之_____[该比率应不小于第(1)项中的比率]的违约金。

本条中的逾期应付款指依照本合同第六条规定的到期应付款与该期实际已付款的差额;采取分期付款的,按相应的分期应付款与该期的实际已付款的差额确定。

2. _____。

第八条 交付期限。

出卖人应当在_____年_____月_____日前,依照国家和地方人民政府的有关规定,将具备下列第_____种条件,并符合本合同约定的商品房交付买受人使用:

1. 该商品房经验收合格。
2. 该商品房经综合验收合格。

3. 该商品房经分期综合验收合格。

4. 该商品房取得商品住宅交付使用批准文件。

5. _____。

但如遇下列特殊原因,除双方协商同意解除合同或变更合同外,出卖人可据实予以延期:

1. 遭遇不可抗力,且出卖人在发生之日起_____日内告知买受人的;

2. _____;

3. _____。

第九条　出卖人逾期交房的违约责任。

除本合同第八条规定的特殊情况外,出卖人如未按本合同规定的期限将该商品房交付买受人使用,按下列第_____种方式处理:

1. 按逾期时间,分别处理(不作累加)

(1)逾期不超过_____日,自本合同第八条规定的最后交付期限的第二天起至实际交付之日止,出卖人按日向买受人支付已交付房价款万分之_____的违约金,合同继续履行;

(2)逾期超过_____日后,买受人有权解除合同。买受人解除合同的,出卖人应当自买受人解除合同通知到达之日起_____天内退还全部已付款,并按买受人累计已付款的_____%向买受人支付违约金。买受人要求继续履行合同的,合同继续履行,自本合同第八条规定的最后交付期限的第二天起至实际交付之日止,出卖人按日向买受人支付已交付房价款万分之_____〔该比率应不小于第(1)项中的比率〕的违约金。

2. _____。

第十条　规划、设计变更的约定。

经规划部门批准的规划变更、设计单位同意的设计变更导致下列影响到买受人所购商品房质量或使用功能的,出卖人应当在有关部门批准同意之日起10日内,书面通知买受人:

(1)该商品房结构形式、户型、空间尺寸、朝向;

(2)_____;

(3)_____;

(4)_____;

(5)_____;

(6)_____;

(7)_____。

买受人有权在通知到达之日起15日内作出是否退房的书面答复。买受人在通知到达之日起15日内未作书面答复的,视同接受变更。出卖人未在规定时限内通知买受人的,买受人有权退房。

买受人退房的,出卖人须在买受人提出退房要求之日起_____天内将买受人已付款退还给买受人,并按_____利率付给利息。买受人不退房的,应当与出卖人另行签订补充协议。_____。

第十一条 交接。

商品房达到交付使用条件后,出卖人应当书面通知买受人办理交付手续。双方进行验收交接时,出卖人应当出示本合同第八条规定的证明文件,并签署房屋交接单。所购商品房为住宅的,出卖人还需提供《住宅质量保证书》和《住宅使用说明书》。出卖人不出示证明文件或出示证明文件不齐全,买受人有权拒绝交接,由此产生的延期交房责任由出卖人承担。

由于买受人原因,未能按期交付的,双方同意按以下方式处理:_____。

第十二条 出卖人保证销售的商品房没有产权纠纷和债权债务纠纷。因出卖人原因,造成该商品房不能办理产权登记或发生债权债务纠纷的,由出卖人承担全部责任。_____。

第十三条 出卖人关于装饰、设备标准承诺的违约责任。

出卖人交付使用的商品房的装饰、设备标准应符合双方约定(附件三)的标准。达不到约定标准的,买受人有权要求出卖人按照下述第_____种方式处理:

1. 出卖人赔偿双倍的装饰、设备差价。
2. _____。
3. _____。

第十四条 出卖人关于基础设施、公共配套建筑正常运行的承诺。

出卖人承诺与该商品房正常使用直接关联的下列基础设施、公共配套建筑按以下日期达到使用条件:

1. _____;
2. _____;
3. _____;
4. _____;
5. _____。

如果在规定日期内未达到使用条件,双方同意按以下方式处理:

1. _____;
2. _____;
3. _____。

第十五条 关于产权登记的约定。

出卖人应当在商品房交付使用后_____日内,将办理权属登记需由出卖人提供的资料报产权登记机关备案。如因出卖人的责任，买受人不能在规定期限内取得房地产权属证书的，双方同意按下列第_____项处理：

1. 买受人退房，出卖人在买受人提出退房要求之日起_____日内将买受人已付房价款退还给买受人，并按已付房价款的_____%赔偿买受人损失。

2. 买受人不退房，出卖人按已付房价款的_____%向买受人支付违约金。

3. _____。

第十六条 保修责任。

买受人购买的商品房为商品住宅的，《住宅质量保证书》作为本合同的附件。出卖人自商品住宅交付使用之日起，按照《住宅质量保证书》承诺的内容承担相应的保修责任。

买受人购买的商品房为非商品住宅的，双方应当以合同附件的形式详细约定保修范围、保修期限和保修责任等内容。

在商品房保修范围和保修期限内发生质量问题，出卖人应当履行保修义务。因不可抗力或者非出卖人原因造成的损坏，出卖人不承担责任，但可协助维修，维修费用由购买人承担。

_____。

第十七条 双方可以就下列事项约定：
1. 该商品房所在楼宇的屋面使用权_____；
2. 该商品房所在楼宇的外墙面使用权_____；
3. 该商品房所在楼宇的命名权_____；
4. 该商品房所在小区的命名权_____；
5. _____；
6. _____。

第十八条 买受人的房屋仅作_____使用，买受人使用期间不得擅自改变该商品房的建筑主体结构、承重结构和用途。除本合同及其附件另有规定者外，买受人在使用期间有权与其他权利人共同享用与该商品房有关联的公共部位和设施，并按占地和公共部位与公用房屋分摊面积承担义务。

出卖人不得擅自改变与该商品房有关联的公共部位和设施的使用性质。

_____。

第十九条 本合同在履行过程中发生的争议，由双方当事人协商解决；协商不成的，按下述第_____种方式解决：

1. 提交＿＿＿＿＿＿仲裁委员会仲裁。
2. 依法向人民法院起诉。

第二十条 本合同未尽事项,可由双方约定后签订补充协议(附件四)。

第二十一条 合同附件与本合同具有同等法律效力。本合同及其附件内,空格部分填写的文字与印刷文字具有同等效力。

第二十二条 本合同连同附件共＿＿＿＿页,一式＿＿＿＿份,具有同等法律效力,合同持有情况如下:

出卖人＿＿＿＿份,买受人＿＿＿＿份,＿＿＿＿份,＿＿＿＿份。

第二十三条 本合同自双方签订之日起生效。

第二十四条 商品房预售的,自本合同生效之日起30天内,由出卖人向＿＿＿＿＿＿申请登记备案。

出卖人(签章):　　　　　　买受人(签章):
【法定代表人】:　　　　　　【法定代表人】:
【委托代理人】:　　　　　　【委托代理人】:
　(签章)　　　　　　　　　　(签章)
＿＿年＿＿月＿＿日　　　　＿＿年＿＿月＿＿日
　签于　　　　　　　　　　　签于

附件一: 房屋平面图

附件二: 公共部位与公用房屋分摊建筑面积构成说明

附件三: 装饰、设备标准

1. 外墙:
2. 内墙:
3. 顶棚:
4. 地面:
5. 门窗:
6. 厨房:
7. 卫生间:
8. 阳台:
9. 电梯:
10. 其他:

附件四: 合同补充协议

商品房买卖合同说明

1. 本合同文本为示范文本,也可作为签约使用文本。签约之前,买受人应当仔细阅读本合同内容,对合同条款及专业用词理解不一致的,可向当地房地产开发主管部门咨询。

2. 本合同所称商品房是指由房地产开发企业开发建设并出售的房屋。

3. 为体现合同双方的自愿原则，本合同文本中相关条款后都有空白行，供双方自行约定或补充约定。双方当事人可以对文本条款的内容进行修改、增补或删减。合同签订生效后，未被修改的文本印刷文字视为双方同意内容。

4. 本合同文本中涉及的选择、填写内容以手写项为优先。

5. 对合同文本【 】中选择内容、空格部位填写及其他需要删除或添加的内容，双方应当协商确定。【 】中选择内容，以打√方式选定；对于实际情况未发生或买卖双方不作约定时，应在空格部位打×，以示删除。

6. 在签订合同前，出卖人应当向买受人出示应当由出卖人提供的有关证书、证明文件。

7. 本合同条款由中华人民共和国建设部和国家工商行政管理局负责解释。

二、商品房购销合同的基本要求

购房者签订了合同、付了首期房款，意味着购房者已行使完了自由选择的权利，也就是说，在购房后续活动中，没有了自由选择的权利，只能是按合同约定履行自己的义务，并期望对方也能按合同履行义务。要实现这一点必须做到：合同公平、合法、全面、具体、准确、有效；双方依照合同办事。这些要求具体体现在：

(一) 内容全面、准确、没有冲突

一份购房合同，就是买卖双方所有权利和义务的具体约定，必须全面、具体，否则就没有应有的保障。

(二) 条款要明确

每一个条款都要有一个核心的表达内容，避免使用含糊的说法，比如可能、大约、估计、左右，除非当事人对能否履行合约没有强烈要求。对于不得已使用的原则性规定，要有法律或事先约定的评判标准。对于不可抗力、免责条款的认定，一般质量问题、重大质量问题的认定，要么双方遵循共同约定，要么以法律部门或双方共同认定的权威部门出具的证明材料为准，不能只有原则规定，而没有实际可依据的具体条款。对于合同样本，购房者要仔细检查，不能存在侥幸心理。

(三) 公平、没有隐藏事项

公平是买卖双方需要遵循的最起码的标准。公平一方面体现在合同内双方的权利和义务是平等的；另一方面体现在买卖过程中或更大范围内的平等关系。双方当事人的所有要求都应该准确无误地体现在合同中。在商

品房的买卖过程中,买卖双方在房地产知识、法律知识的掌握程度上是不平等的,开发商处于优势地位,如果出于自己利益的考虑,制定有利于自己的合同条款,在为将来的诉讼调解打下基础,这就是合同中的"藏雷"。比如,开发商对自己一方违约率最高的"房屋交付时间"的条款,往往以遇到重大技术难题和特殊情况时需要延期为某一条款,一旦延期交付成为事实,这一条款就成为其逃避责任的理由。

在合同中,一方当事人事先设定一些有利于自己而又不被对方察觉的条款,这是一种正常的现象,只不过是向对方提出一种更高的要求;但是必须要避免那些显失公平的条款,一旦发现要立即改正,以免在履约过程中遭受重大损失。

(四) 合法、符合法律规定的程序

看一份合同是否合法,不仅要看合同的条款是否符合现行的法律、法规,而且要具有长远的目光,具体来说包括:

①买卖双方符合法律要求,有民事行为能力,可以承担相关法律责任。

②标的物具有合法的来源,拥有商品房开发、经营的法律手续,特别是商品房销售许可证。

③标的物的交易价格及有关费用、交易方式要符合国家有关法律的规定。

④对双方权利义务、争议处理、违约责任的规定,必须符合法律规定,否则会导致合同部分或全部无效。

⑤合同签订过程以及整个交易过程符合法律程序,双方当事人要依法办事在先,买卖行为在后;商品房批准合同在先,签订合同在后;代理人被授权在先,签字履行和约在后。购房合同签订之后,要按照有关规定及时办理登记、立契、过户手续。

签订合法合同的重要性在于:得到有关部门的认可,确保双方确实履行和约;双方发生争议时可以得到有关法律的支持和保护。确保合同合法的办法是:严格审查各项文件,包括当事人身份、资格证明,商品房批准销售文件,商品房代理销售文件等,上述文件必须真实有效;使用或全面考察有关部门编订的标准合同文本;签订合同之前,购房者要做到心中有数,知法守法,并要求对方守法。

三、商品房合同的基本内容

(一) 合同双方当事人

在商品房交易过程中,买卖双方利益分明,但只有通力合作,才能实现大家的利益。双方当事人要以法律为准绳,不能凭主观好恶办事,这样才能

最终成为体现在合同中相互承认的买卖双方。

1. 买方

购房者在签订合同时，不仅要具有相应的民事权利能力，还要具有民事行为能力。但是在这里要注意，代理方只是在一定时期内代表买方实施购房前后的各项经济活动、民事行为，他并不是买方，不能以买方自居，否则签订合同后，权利义务的主体会由买方变为买方代理人。

2. 卖方

卖方是将自己拥有合法产权的房子卖给其他单位或个人的一方。新建商品房的开发商都是房地产开发企业，按照有关规定，签订合同的卖方应与立项批准文件的投资建设单位完全一致，如有变化要作出必要说明，签字人应为法人代表本人或法律上授权的或公司章程上授权的开发商主要负责人，其他人员签字必须有上述人员的授权委托书。签字人要有有效的个人身份证明，以保证没有假冒行为。

有一些商品房的开发项目，在批准立项后，开发商因某种原因把项目转让给其他单位或与其他单位合作，而又没有办理项目变更手续，商品房真正的投资商已不再是原有的开发商，在这种情况下，卖方的认定有三种情况：以开发商为卖方；以投资商为卖方；以开发商和投资商为共同的卖方。在第一种情况下，有利于房产登记过户，但开发商已不承担房屋建设、保修和物业管理的责任。第二种情况下，必须在交付之前办理一次性卖方转移手续，即卖方由投资商转为开发商，才能办理产权登记过户手续。在第三种情况下，产权登记过户问题可以解决，但各种责任问题相对混乱，这就要求开发商与投资商密切合作，内部要明确分工，分清责任。购房者在遇到开发商与投资商分离的情况下，要认定卖方，明确要求其中一方承担相关责任，并写入协议中。同样，代理商不能以卖方自居，否则将难以办理产权登记过户手续，留下产生纠纷的隐患。

（二）标的

标的是购房合同中卖方出售的、买方购买的房屋。一份购房合同的标的，是世界上独一无二的，除非双方协商一致，不能以其他规模、标准、质量相同的房屋取代。一份商品房买卖合同的标的，除了要有品名标准、质量、数量要求外，还要有明确的具体名称、位置，具体来说，有以下几个方面：

1. 名称

新建的商品房项目，在报批报建过程中要有项目名称。项目建成后，经有关部门批准的地名、小区名，都可以出现在购房合同中。在管理部门批准之前，项目名称是可以随意更改的。

2. 具体位置

要确定项目的具体位置,表述方法有两种:一种是按行政区域划分,如××市××区××乡××村;另一种是行政区域加街道名称加门牌号码或单位名称,如××市××区××街××号(或原××厂厂址)。总之,要尽量清楚明确。如果购买的标的是一幢房子中的一套或数套,尤其要注明门牌号;如果门牌号尚未确定,要用该项目的平面图加以确定,以免引起不必要的麻烦。

3. 户型与面积

在购房合同中,一定要注明户型与面积的准确描述,如有特殊层次、特殊单元还要另加说明,标的的面积用词要准确,内容包括标的的总面积(建筑面积和使用面积),每套住房的具体面积,如以建筑面积计算,还应有使用率的说明。标的面积不仅是房屋面积,还应包括相应的占地面积。标的的户型面积如有特殊性,要在合同中明确说明。

4. 档次、装修标准

对于标的物所属建筑的结构类型、建筑材料、内外整体装修标准、标的内外装修标准都要给予详细说明,一般采用附件形式,附在购房合同之后。标的的装修标准至少应满足有关部门颁发的行业标准,如果实际标准超过规定,必须详细到门、窗、墙面等细节的说明。如果购房合同中只用"进口""高档""先进"等字样,购房者只按普通标准对待。此外,内部设施的种类、负荷标准、供应能力也要一一加以说明,可以在合同附件中以清单方式列出,以备购房者入住时检查。比如,共用天线入户,是指缴纳使用费即可使用该天线,而不必再缴纳安装费。

5. 质量要求

对于购房合同的质量要求,国家建设主管部门有严格的标准,开发商必须严格按规定执行,对质量问题承担相应的责任。

(三)价格费用及其计算方法

1. 单价

单价的作用在于标的的面积发生变化或价格因某种原因需要调整时,有一个计算标准以及与原始数据加以比照。重新计算总价要以单价为准,因此,合同单价一定要明确币种及货币单位。如果币种为外币,要有明确的汇率。建筑面积和使用面积要体现在单价之中,并在合同中保持一致。

2. 总价

总价是购房者向开发商支付房款的总金额,合同中的付款比例、付款进度,都是针对总价而言的。总价应该是单价与销售面积相乘的结果,如果总价与二者相乘的积不合,购房者应以合同总价为准,调整价格时以单价为准。

3. 额外费用

额外费用指不包括在房价之内的,买卖双方共同承担的费用,主要是交易过程及入住使用过程中的税费。如果开发商与购房者事先协商一致把本应属于房价内的成本费用置于房价之外,由购房者支配,但应在合同中说明,否则购房者没有义务承担此类费用。额外费用的承担方式的规定,在合同中有以下几种:只作原则性规定,不作具体的税费种类标准的规定,如"有关交易税费全部由卖方承担";将具体的税费种类、标准、承担者——列举出来;将主要额外费用的税费种类、标准、承担者——列举出来,其他税费只作原则性说明。

4. 价格、费用的调整

合同中房价税费可能因为以下原因进行调整:有关部门实测的标的面积与合同面积发生分歧;一方违约,另一方要求调整房价,双方达成一致的调整价格;国家有关政策重大调整,房地产行情突变,双方一致认为有必要调整;房屋价格为国家所定,在房屋交付前,国家的价格规定发生变化。费用调整的方法包括:明确规定需要调整价格的情况发生后,有关费用的计算方法及调整幅度的处理方法,这种办法适用于面积变化引发的价格调整;按变化了的法律、规定的具体调整办法进行调整,这种办法适用于国家定价的房屋价格调整及商品房额外费用的调整;当市场行情发生大幅度变化或国家政策发生重大变化时,守约方可以提出调价要求。

最终达成费用价格调整要经过下列程序:要求调价一方拿出调价合法依据,书面通知另一方执行或与另一方协商;若对方不执行也不同意协商,即构成争议,按有关处理条款进行处理。

在这里要指出,在购房合同执行完毕之后,除因设计、施工存在重大质量问题被发现或导致事故外,任何一方无权要求调整价格费用。

(四)付款方式

房价款的支付方式有两种:一次性付款和分期付款。一次性付款是指签订合同后在较短时期内交付全部房价款,而后取得入住资格。分期付款是指在一段较长的时期内按比例分期支付房价款,支付了一定数目或一定比例的房价款后即取得入住资格,其余房价款入住后再继续支付。以所购房屋向银行抵押贷款,用于支付房价款即按揭,对开发商来讲,属于一次性付款;对购房者来说,由于包括本金和利息,还要在一定时期内分期偿还,所以属于分期付款。

一次性付款与分期付款在支付的总金额上有以下差异:一次性付款的购房者有价格优惠;分期付款的购房者被适当提高售价,还要支付利息。

基于对两种付款方式的了解,购房者要做好以下工作,以作出最后选择:

1. 付款方式之间的一般比较和特殊比较

一般比较是指根据资金的时间价值,如利息因素算出哪一种付款方式更合算;特殊比较是指购房者按照自己的实际情况,如现有存款、收入来源、未来收入状况预测,决定采取哪一种付款方式。

2. 一次性付款需要注意的事项

在购买期房时,如采用一次性付款,首先取得对开发商实力、信誉的保证;其次要取得对开发项目进度和质量的保证。

3. 分期付款需要注意的事项

采用分期付款的方式,首先,要做好未来若干年的收入预测;其次,要知道贷款利息的高低;最后,要了解有关手续的办理情况是否具备现实可能性。

写入合同内的付款时间可规定为以下几种方式:在××××年××月××日之前支付的数量及比例;自购房合同签订之日起或合同生效之日起,按约定付款的期限和比例;按有关事项的办理进度支付各期款项,如工程进度、产权登记过户手续办理进度。对购买期房的用户来说,第三种方式较为合理。

(五)产权保证

在商品房的买卖合同中,有关产权的条款应包括:①合同中承诺,购房者购买房屋拥有其所有权以及相应占地土地使用权,并有合法手续作保证。②开发商得到的国有土地使用权要一次性转让给购房者,土地使用权期满后,开发商也无权收回。③房屋买卖、产权转让受到一定限制,可能会有以下情况:房地产抵押,出售前必须经抵押权人的同意;房屋已出租,对于合法出租的房屋,如终止租赁合同,需征求承租人的同意;房地产产权归若干单位或个人所有,要有权利人的一致同意;如果房屋产权有争议,购房合同在法律上是无效的。④有关办理产权过户手续的责任者、办理时间或条件、程序要在合同中明确规定,以免分不清责任。购房者在购买非商品房时,产权可能受到一定的限制,如安居房、解困房等,合同中要对购房者的权利与义务明确规定。

(六)入住时间与交接方式

入住需要具备一定的条件,包括房屋验收合格,必要设施已经开通;存量房屋原有住户已搬走等。入住时间可以按下列几种方式确定:签订合同后的一定时期内;约定的某一时间搬入;根据付款状况确定入住时间。如果在规定的时间内不能入住,卖方必须提出可信服的理由,并在合同中有具体说明。

卖方通知买方入住到买方实际入住需要一系列手续，房屋能否入住以卖方向买方发出的入住通知书为准；买方是否入住，以领取钥匙为准。买方要对标的物进行全面检查，各种条件符合合同规定之后，方可接受入住。

对于交接方式的具体事项，一般不在合同中明确指出，主要按照卖方出示的有关规定、须知或者惯例进行，但买方一定要清楚这一系列程序是否侵害了自己的利益。

（七）物业管理与保修

合同中对物业管理单位的产生办法或具体的物业管理单位，应有明确的说明。保修是开发商向购房者交付房屋后一定时期内必须承担的免费维修任务，但对非设计、施工原因所造成的问题没有保修责任。自1998年9月1日起，《住宅质量保证书》作为购房合同的补充约定，用于开发商应承担保修责任、质量责任的依据。

（八）附属、补充协议与文件

购房合同涉及的内容复杂，执行期限较长，未知事项也较多，因此，需要较多的附属、补充协议与文件。对于签订正式合同时可以预测的事项，双方应签订附属文件、协议；对于后期可能发生的变化，双方应签订补充协议。

签订正式购房合同往往要签订下列附属文件：小区、楼层及房屋平面图；装修标准；付款方式、物业管理规定。在购房合同执行过程中，需要进行局部补充的内容往往涉及：平面设计、装修标准、面积及价格的更改；付款方式的变动；交付时间的变动；签约时未确定事项的标注。必须说明，如果买卖双方发生变化，不能采用补充协议的方式解决，而要按合同转让处理。

在合同执行过程中，一方以文件、电报、信函等书面方式通知另一方变更或补充某些具体内容，另一方在接到上述材料后，应以书面形式作出反应，否则视为同意。

（九）违约责任

购房合同的违约责任与一般商品购销合同的违约责任没有差别。违约责任的约定要按下列原则进行：

1. 符合法律规定

对法律有明确规定的可以不作具体规定，但不能作出违反法律的规定。比如法律规定，支付定金的一方违约，无权索回定金；收取定金一方违约，要双倍返还定金。如果开发商违约，不能仅仅承担返还定金的责任。

2. 承担的责任要与自己未履行的义务与对方的损失相对应

如购房者不能以一扇门的质量问题，要求退房或要求对方承担房价款的一定比例（10%）的损失。

3. 违约处罚要有现实性

违约一方应该承担违约金，但扣留对方做人质就是违法的，是不可行的。

4. 相同性质的违约，双方的违约责任要对等

购房者延期付款需按日承担千分之一到千分之三的违约金，而开发商延期交付，只需承担银行存款或贷款利息，这是显失公平的。

5. 重大违约责任，最好通过仲裁、诉讼方式解决

承担违约责任的事项包括：签订认购书后，购房者不买房或要求退房，开发商不卖房或要求换房；购房者不按期付款，开发商不按期交房；面积变动超过约定幅度；房屋质量不合要求，保修不到位；过户手续不合规范，不能按期办理入住手续。

（十）争议处理

签订合同之后可能会构成合同争议的条件包括：双方对合同的理解有分歧；修改合同意见不一致；一方认为对方违约，双方互相认定对方违约。争议产生后，可以按照以下方式解决：协商、调解、仲裁、诉讼。前两种方法解决合同争议最为常见，后两种方法具有强制性，双方必须执行。需要说明的是，后两者不能同时使用，采用仲裁方式需在合同中明确约定，或签订合同后订立仲裁协议。如若不然或事后未达成协议才可以向人民法院起诉。

（十一）合同生效

双方在合同中约定的生效条件具备后，合同才会生效。合同生效条件的约定有以下几种：签订之日起生效，如果签署时间不同，以时间在后的日期为准；支付定金或首期款后生效；经某一方或双方上级主管部门批准后生效；经法律鉴证或公证后才可生效；经有关部门批准、登记、备案后才可生效。法律、法规对合同生效有特殊规定的，按法律、法规执行。

第二节 二手房交易合同

一、签订二手房交易合同时的注意事项

由于二手房市场的特殊性，通常在签订二手房买卖合同时，都是由当事人自己协商议定。与房地产整个红火的一级市场相比较，二手房市场则显得不仅规模小，而且零散、随意，而二手房买卖由于交易主体的多样，使得其情形复杂，风险较大。因此，二手房买卖合同在签订前和签订时都需要特别注意。

(一) 合同签订前应注意的事项

通常来讲，在签订二手房买卖合同前，购房者需要对售房者有较为全面的了解：

首先，查看产权所有人的身份证件。房屋产权证上的产权所有人是一位还是几位共有，如果是几位共有，则共有人是否全部同意。出售房产时，房屋的产权共有人一定要全部同意。在签订房产买卖合同时，也要全部到场。如有特殊情况不能到场，需出具经过公证的委托书及代理人身份证件，由委托代理人替其签章。

其次，购房者要对即将进行交易的房产进行必要的了解。这主要包括售房者提供的房屋产权证是否属实；房产面积多大；该房产用途是什么；是办公还是居住或是其他；该房产有没有被司法机关和行政机关依法裁定、决定查封或以其他形式限制房地产权利；该房产是否已设定抵押。根据《中华人民共和国担保法》的规定：抵押期间，抵押人转让已办理登记的抵押物的，应当通知抵押权人并告知受让人转让物已经抵押的情况；抵押人未通知抵押权人或者未告知受让人的，转让行为无效。在这里，如果该房产已设定抵押，那么抵押方即为售房者，抵押权人就是售房者将该房产抵押的第三方即某人、某公司或某银行；受让人就是购房者。这个规定的意思也就是，售房者已将该房产抵押给第三方，在转让该房产时，并未通知第三方或未告知购房者此房已设定抵押，那么转让行为无效。只有在抵押登记注销或抵押权人同意的情况下，此房产方可进行买卖。

最后，还要注意该房产是否已设定租赁。如果该房产已经出租，则需要售房者提供该房产的承租方出具的在同等条件下放弃优先购买权的声明。同时购房者还要查询售房者与该房产的承租方所签订的租赁合同是否登记备案。

(二) 合同签订时应注意的事项

购买二手房时，除了在签订二手房合同前，要对该房产有一个大体的了解外，在签订二手房合同时也需要注意以下问题：

1. 需要准备的证明材料

购置房地产，购房者可能是一人，也可能是数人。无论哪种情况，都需要购房者准备好如下材料：身份证原件或护照原件及复印件；未成年人的户口簿或出生证明；有委托代理人的，须提供经公证的委托书及代理人身份证。购房者如是境外人士，所提供的公证材料是外文的，需到翻译公司翻译。境外人士提供的有些材料如委托书、同意书等必须由境内、外机构公证、认证后方为有效。

2. 需看清楚合同中的约定内容

主要包括以下内容：当事人的名称或姓名、住所。这里主要是搞清当事人的具体情况、地址、联系办法等，以免出现欺诈情况；双方应向对方作详细清楚的介绍；应写明是否共有财产、是否夫妻共同财产或家庭共同财产。

①标的。这里应写明房屋位置、性质、面积、结构、格局、装修、设施设备等情况；同时还要写明房屋产权归属（要与第一条衔接），房屋转卖是否有约束条件；是否存在房屋抵押或其他权利瑕疵；是否有私搭乱建部分；房屋的物业管理费用及其他交费状况；房屋相关文书资料的移交过程。

②价款。这也是很主要的内容，主要写明总价款、付款方式、付款条件、如何申请按揭贷款、定金、尾款等。

③履行期限、地点、方式。这里主要写明交房时间，条件，办理相关手续的过程，配合与协调问题，双方应如何寻求中介公司、律师、评估机构等服务，各种税费、其他费用如何分摊，遇有价格上涨、下跌时如何处理。

④违约责任。这里主要说明哪些系违约情形，如何承担违约责任，违约金、定金、赔偿金的计算与给付，在什么情况下可以免责，担保的形式，对违约金或定金的选择适用问题。

⑤解决争议的方式。这里主要约定解决争议是采用仲裁方式还是诉讼方式，需要注意的是，如果双方同意采用仲裁的形式解决纠纷，应按照我国《仲裁法》的规定写清明确的条款。

⑥合同生效条款。双方在此约定合同生效时间；生效或失效条件；当事人不能为自己的利益不正当地阻挠条件成就或不成就；生效或失效期限；致使合同无效的情形，几种无效的免责条款；当事人要求变更或撤销合同的条件；合同无效或被撤销后，财产如何进行返还。

⑦合同中止、终止或解除条款。按照《合同法》第六十八条、第九十一条、第九十四条之规定，合同当事人可以中止、终止或解除房屋买卖合同。有必要在此明确约定合同中止、终止或解除的条件；上述情形中应履行的通知、协助、保密等义务；解除权的行使期限；补救措施；合同中止、终止或解除后，财产如何进行返还。

⑧合同的变更与转让。在此约定合同的变更与转让的条件或不能进行变更、转让的禁止条款。

⑨附件。在此说明本合同有哪些附件；附件的效力等。

因此，对任何购买二手房的消费者来说，在签约过程中要慎之又慎，对所签条款要逐条推敲，不能模棱两可；所有条款内容购房者都要真正认可，不要勉强签订；最好在合同文本签订前请专家或律师审核，这样才能确保您的权益不受损害。只有在签订合同前后,对所购房产有一个清楚全面的认识,方能做到在购买时心中有数,购买后不会后悔。

二、二手房买卖标准合同范例

二手房在交易过程中要签订很多合同,包括卖方与中介公司的委托合同、买方与中介公司的委托合同、买卖双方之间的买卖合同、居间中保合同、借款合同等。应该说,其中最核心的就是买卖双方之间的二手房买卖合同。因此,二手房买卖合同对于交易是否能够成功是至关重要的,以下就是二手房买卖的标准合同文本。

二手房买卖标准合同

卖方:＿＿＿＿＿＿＿＿＿(简称甲方)身份证号码:＿＿＿＿＿＿＿＿＿

买方:＿＿＿＿＿＿＿＿＿(简称乙方)身份证号码:＿＿＿＿＿＿＿＿＿

根据《中华人民共和国经济合同法》、《中华人民共和国城市房地产管理法》及其他有关法律、法规之规定,甲、乙双方在平等、自愿、协商一致的基础上,就乙方向甲方购买房产签订本合同,以资共同信守执行。

第一条 乙方同意购买甲方拥有的坐落在＿＿＿＿市＿＿＿＿区＿＿＿＿＿＿拥有的房产(别墅、写字楼、公寓、住宅、厂房、店面),建筑面积为＿＿＿＿平方米。(详见土地房屋权证第＿＿＿＿＿＿号)。

第二条 上述房产的交易价格为:单价:人民币＿＿＿＿元/平方米,总价:人民币＿＿＿＿＿元整(大写:＿＿佰＿＿拾＿＿万＿＿仟＿＿佰＿＿拾＿＿元整)。本合同签订之日,乙方向甲方支付人民币＿＿＿＿＿元整,作为购房定金。

第三条 付款时间与办法:

1.甲乙双方同意以银行按揭方式付款,并约定在房地产交易中心缴交税费当日支付首付款(含定金)人民币＿＿拾＿＿万＿＿仟＿＿佰＿＿拾＿＿元整给甲方,剩余房款人民币＿＿＿＿＿元整申请银行按揭(如银行实际审批数额不足前述申请额度,乙方应在缴交税费当日将差额一并支付给甲方),并于银行放款当日付给甲方。

2.甲乙双方同意以一次性付款方式付款,并约定在房地产交易中心缴交税费当日支付首付款(含定金)人民币＿＿拾＿＿万＿＿仟＿＿佰＿＿拾＿＿元整给甲方,剩余房款人民币＿＿＿＿＿元整于产权交割完毕当日付给甲方。

第四条 甲方应于收到乙方全额房款之日起＿＿＿＿＿天内将交易的房产全部交付给乙方使用,并应在交房当日将＿＿＿＿＿等费用结清。

第五条 税费分担

甲乙双方应遵守国家房地产政策、法规,并按规定缴纳办理房地产过户手续所需缴纳的税费。经双方协商,交易税费由_____方承担,中介费及代办产权过户手续费由_____方承担。

第六条 违约责任

甲、乙双方合同签订后,若乙方中途违约,应书面通知甲方,甲方应在____日内将乙方的已付款不记利息返还给乙方,但购房定金归甲方所有。若甲方中途违约,应书面通知乙方,并自违约之日起____日内应以乙方所付定金的双倍及已付款返还给乙方。

第七条 本合同主体

1. 甲方是_____共_____人,委托代理人_____即甲方代表人。
2. 乙方是_____,代表人是_____。

第八条 本合同如需办理公证,经国家公证机关_____公证处公证。

第九条 本合同一式_____份。甲方产权人一份,甲方委托代理人一份,乙方一份,_____市房地产交易中心一份、_____公证处一份。

第十条 本合同发生争议的解决方式:在履约过程中发生的争议,双方可通过协商、诉讼方式解决。

第十一条 本合同未尽事宜,甲乙双方可另行约定,其补充约定经双方签章与本合同同具法律效力。

第十二条 双方约定的其他事项:

出卖方(甲方):_____ 购买方(乙方):_____
身份证号码:_____   身份证号码:_____
地　　　址:_____   地　　　址:_____
邮　　　编:_____   邮　　　编:_____
电　　　话:_____   电　　　话:_____
代理人(甲方):_____ 代理人(乙方):_____
身份证号码:_____   身份证号码:_____
见 证 方: 鉴证机关:
地　　　址:
邮　　　编:
电　　　话:
法人代表:
代　　　表: 经办人:
日　　　期:　年　月　日 鉴证日期:____年____月____日

第三节 二手房经纪合同

一、二手房经纪合同的种类

二手房买卖双方不是直接在二手房市场上交易,而是通过经纪人来选房、示房和谈判的,需要在与经纪人协商之前,签订相关的经纪合同,对经纪双方的权利和义务进行商定,明确各自的职责,以保障经纪人以及其委托方的利益。在实际中,二手房经纪合同有委托合同、行纪合同以及居间合同三种类型,其中,代理、居间、行纪中两种或两种以上内容同时存在于委托事项中时,则构成合同联立。一般而言,三种主要类型经纪合同在合同法律特征、合同条款以及注意事项等方面与一般的经纪合同是相同的,与房地产经纪合同亦相似,但不同之处在于,二手房经纪合同的具体条款内容是围绕二手房买卖而组织的,在具体事项方面也直接牵扯二手房交易的现实问题,有着特殊要求。

二手房经纪活动的内容主要包括二手房交易、二手房投资代理、代办购房按揭贷款、代办房产手续等。二手房经纪合同签订有三种情形:

1. 经纪机构与委托人签订委托合同

根据委托业务内容,经纪人以委托人代理人的身份,在代理权限内以委托人的名义与第三人从事二手房交易。在委托人授权下,二手房经纪人与委托人之间建立委托代理关系,此种法律关系以委托合同的形式予以确立。

2. 经纪人与委托人签订居间合同

经纪人为了成功完成经纪业务,向委托人报告订立二手房交易合同的机会或者提供二手房交易合同的中介服务,其正当行为需要受到法律的保护,必须签订居间合同,以明确各自的职责,收取适当的佣金。

3. 经纪人与委托人签订行纪合同

二手房经纪人提供的行纪服务主要是接受委托人的委托,以自己的名义为委托人完成交易提供服务,经纪人直接承担相应的法律后果并收取佣金。为此,经纪人需要与委托人签订行纪合同,以确定合同双方的职责以及违约责任等。

二、二手房经纪合同的基本要求

二手房交易活动如果有经纪行为发生,则必须签订相应的经纪合同。签订二手房经纪合同必须要符合合同签订的基本要求,以保证经纪合同的法律效果。其基本要求体现在：所签订合同的内容必须为国家法律法规允许范围内的二手房经纪业务；合同订立形式符合法律规定；合同签订不得损害当事人任何一方的权益，任何一方当事人不得以非法手段胁迫、欺骗另一方与之签订合同，否则合同无效；合同的基本条款与格式要符合《合同法》的规定。

三、二手房经纪合同的基本内容与范例

（一）二手房经纪合同的基本内容

二手房经纪合同必须具备《合同法》所规定的合同应具有的基本内容、条目，同时由于所属范围在于经纪活动，因而二手房经纪合同主要条款的具体内容应围绕经纪行为而形成。根据我国《合同法》的规定，结合二手房交易的实际情况，一般二手房经纪合同的基本内容包括：

1. 二手房经纪活动双方的名称或姓名、住所

包括二手房经纪人的姓名、住址；委托人的姓名、住址以及双方当事人的联系方式等，确保双方当事人信息的真实性与合法性。

2. 标的

对于委托事项进行说明，包括二手房交易中的产权所属、土地所有权、二手房地点、房屋面积、相关证明材料的转移与归属情况等，在经纪合同中均应有所解释。

3. 价款

价款是所有经济合同中必须要涉及的项目。对于二手房经纪合同同样成立。二手房经纪行为必然会涉及房屋交易费用、佣金以及其他具体业务活动中可能产生的费用等，在经纪合同中必须要写明，以免产生纠纷。

4. 履行期限、地点、方式

包括经纪行为发生的时间、地点以及方式等。对合同履行期限、地点以及方式进行事先规定，有利于督促当事人按照要求履行合同，并对合同的履行给予法律上的保障。

5. 违约责任

包括界定违约情形范围，以及约定可能要承担的违约责任，说明违约金、定金、赔偿金等的计算方式和适用问题。

6. 解决争议的方式

一般解决争议的方式主要有仲裁方式和诉讼方式两种。合同签订时，应对此进行详细规定。对于可能出现的争议行为，若当事人同意采用仲裁的方式解决，应按照我国《仲裁法》的规定写清明确的条款。

7. 合同生效条款

包括合同生效时间、生效期限、生效条件;合同无效的情形以及无效的免责条款;当事人要求变更或撤销合同的条件等。

8. 合同中止、终止或解除条款

我国《合同法》第六十八条、第九十一条、第九十四条规定:合同当事人可以中止、终止或解除房屋买卖合同。因而二手房经纪合同中也有必要明确约定合同中止、终止或解除的情形和条件。

9. 合同的变更与转让

如果有必要,对于可能会遇到的合同变更或者转让等情形,双方当事人需要在合同中另行规定,约定合同变更或转让的相关规定以及条件,事先明确双方的责任。

上述合同内容是根据我国《合同法》的规定而提出的,二手房经纪合同可以根据具体经纪活动情况写进相关内容,并作详细解释。但一般二手房经纪合同必须包括双方当事人、标的、价款、合同履行时间与地点、违约责任、解决争议的办法等基本条款。

(二)二手房经纪合同的范例

北京市房屋出租居间合同

委托人(甲方):

居间人(乙方):

依据《中华人民共和国合同法》及相关法规、规章的规定,出租人与房地产经纪机构在平等、自愿的基础上,就房屋出租居间的有关事宜达成协议如下:

第一条 委托事项

甲方委托乙方为其居间出租具备以下条件的房屋(附件略。内容包括所有人、产权证号、租金标准、面积、朝向、家具清单等房屋基本情况),并协助其与承租人签订房屋租赁合同。

房屋用途:_____;对承租人条件的特别要求:_____。

乙方还应提供以下服务:_____。

第二条 委托期限

自____年____月____日至____年____月____日。

第三条 现场看房

本合同签订后____日内乙方应到房屋现场对甲方提供的房屋资料进行核实,经核实房屋状况与甲方提供的资料不一致的,乙方应要求甲方对合同进行修改。

乙方陪同承租人现场看房的,甲方应予以配合。因甲方提供的资料与房屋状况不一致造成承租人拒付看房成本费的,甲方应支付全部费用。

第四条　甲方义务

(一)应出示身份证、营业执照、_____等真实的身份资格证明;

(二)应出示房屋所有权证书或证明自己对出租房屋依法享有出租权利的其他证明;

(三)应保证自己提供的房屋资料真实、合法;

(四)应对乙方的居间活动提供必要的协助与配合;

(五)应对乙方提供的承租人资料保密;

(六)不得在委托期限内及期限届满后_____日内与乙方介绍的承租人进行私下交易;

(七)在委托期限内不得将出租房屋同时委托其他房地产经纪机构出租;

_____。

第五条　乙方义务

(一)应出示营业执照、房地产经纪机构资质证书等合法的经营资格证明;

(二)应认真完成甲方的委托事项,按照房屋用途和甲方对承租人条件的特别要求寻找承租人,将处理情况及时向甲方如实汇报,并为承租人现场看房及甲方与承租人签订房屋租赁合同提供联络、协助、撮合等服务;

(三)不得提供虚假信息、隐瞒重要事实或与他人恶意串通,损害甲方利益;

(四)收取必要费用、佣金的,应向甲方开具合法、规范的收费票据;

(五)本合同签订后,乙方不得以任何形式向甲方收取任何名目的预收费用:_____。

第六条　佣金

委托事项完成后,甲方应按照实际月租金的_____%(此比例不得超过100%)向乙方支付佣金。

佣金应在甲方与承租人签订房屋租赁合同后(即时/_____日内)支付。

佣金的支付方式:现金□;支票□;_____。

委托事项未完成的,乙方不得要求支付佣金。

第七条　费用

委托事项完成的,居间活动的费用由乙方承担。

非因乙方过失导致委托事项未完成的,甲方应向乙方支付必要费用如下:_____。

第八条 转委托
甲方(是/否)允许乙方将委托事项转委托给第三人处理。

第九条 本合同解除的条件
(一)经核实房屋状况与甲方提供的资料不一致,乙方要求甲方对合同进行修改而甲方拒绝修改的,乙方有权解除合同;
(二)甲方没有房屋所有权证书或证明自己对出租房屋依法享有出租权利的其他证明或身份证、营业执照等身份资格证明的,或提供虚假的房屋资料的,乙方有权解除合同,由此造成的乙方一切损失,均由甲方承担;
_____。

第十条 违约责任
(一)甲方未如约支付佣金、必要费用的,应按照_____的标准支付违约金;
(二)甲方与乙方介绍的承租人进行私下交易的,乙方有权要求甲方按照_____的标准支付违约金,甲方与承租人私下成交的,乙方还有权取得约定的佣金;
(三)甲方违反保密义务的,应按照_____的标准支付违约金;
(四)甲方在委托期限内将出租房屋同时委托其他房地产经纪机构出租的,应按照_____的标准支付违约金;
(五)乙方提供虚假信息、隐瞒重要事实或有恶意串通行为的,除退还已收取的佣金外,还应赔偿甲方因此受到的损失;
_____。

第十一条 合同争议的解决办法
本合同项下发生的争议,由双方当事人协商或申请调解解决;协商或调解解决不成的,按下列第___种方式解决(以下两种方式只能选择一种):
(一)提交北京市仲裁委员会仲裁;
(二)依法向有管辖权的人民法院起诉;

第十二条 其他约定事项
_____。
本合同在双方签字盖章后生效。合同生效后,双方对合同内容的变更或补充应采取书面形式,作为本合同的附件。附件与本合同具有同等的法律效力。
(双方当事人签字、联系方式、签约时间、地点等从略。)

第十一章 二手房交易管理

二手房市场交易需要在法律框架范围内、在政府的宏观管理下有秩序地运作。我国在政府行政和法律法规等方面,对二手房交易实施了相应的管理,制定了管理政策,同时也不断地对二手房交易中的一系列问题进行了不同程度的改革与完善,促进了我国二手房市场的发展。

第一节 二手房交易行政管理

一、二手房交易秩序管理

二手房交易是房地产交易的重要组成部分。二手房市场交易秩序对于整顿规范房地产交易秩序,对于维护消费者合法权益,稳定住房价格,促进房地产市场持续、健康发展,具有十分重要的意义。二手房交易秩序是由各地房地产、发展改革、价格、工商管理部门等部门齐抓共管的重要领域,必须遵循"深化改革和加强法治并举、坚持整顿规范和促进健康发展并重"的方针,通过加强制度建设,加大对二手房交易环节违法违规行为查处力度,实现二手房市场的健康发展,努力营造主体诚信、行为规范、监管有力、市场有序的房地产市场环境。

建设部根据《国务院办公厅转发建设部等部门关于调整住房供应结构稳定住房价格意见的通知》(国办发〔2006〕37号)和《关于进一步整顿规范房地产交易秩序的通知》的基本精神,对二手房市场交易秩序管理提出了以下要求,这也是未来对二手房交易秩序监管的主要方向。

(一)加强对二手房交易活动的动态监管

二手房交易活动需要通过网络进行实时监管,建立健全二手房交易合同网上即时备案系统和房地产交易信息公示制度是大势所趋,是政府今后的努力重点之一。二手房的基本情况、销售情况、权利状态等基本信息应及时、全面、准确地在网上备案系统和交易现场进行公示。

(二) 严厉查处扰乱二手房市场的行为

对于二手房中介、买卖双方发布虚假信息、囤积房源等恶意欺诈、哄抬房价,或者房地产企业纵容或雇用工作人员炒作房价,扰乱市场秩序的,房地产、发展改革(价格)、工商管理部门应按各自职责依法从严查处。加强对参与二手房中介服务的人员的培训和管理,对违规从事的单位和人员,要从严处理。

(三) 加强二手房地产广告发布管理

发布二手房广告的中介机构、二手房售房者、二手房评估与测量机构要准确真实地发布二手房地产广告信息,房地产管理部门要对二手房广告内容的真实性进行必要的审查,核查的主要内容包括二手房位置、面积、价格、用途、位置、周边环境、配套设施等,对于广告中有关内容虚假违法的,由工商、发展改革(价格)、房地产管理部门依照《城市房地产管理法》《广告法》《价格法》以及《城市商品房预售管理办法》《禁止价格欺诈行为的规定》《房地产广告发布暂行规定》等法律法规,予以严肃处理。

(四) 加强二手房交易会等展销性质的二手房交易活动

此类活动包括房屋交易会、房屋置换交易市场等。对于举办此类活动,工商行政管理部门要严格展销许可管理,会同房地产管理部门加强对房地产展销活动的审查和监管。主要的监管方面包括:工商行政管理部门应审查展销活动主办方资格;房地产管理部门应审查参展企业的信用情况和参展房地产项目的合规情况。对于产权不完全的二手房应该进行提示。

二、二手房经纪管理

二手房交易中大部分是由二手房中介机构完成实施的,加强对二手房经纪机构的管理,对于保障二手房市场的正常运行有至关重要的作用。主要包括以下几方面:

(一) 资格管理

从事二手房经纪活动的经纪机构及其分支机构,应取得房地产经纪人资质,向工商行政管理部门申领营业执照,并在一个月内到房地产管理部门办理备案。

(二) 程序管理

二手房经纪人承办经纪业务必须按照二手房交易程序进行,要选择有资质的房地产评估机构,应当采用房地产、工商管理部门制定的房地产经纪合同示范文本。

(三)佣金管理

对二手房经纪人利用虚假信息骗取中介费、服务费、看房费等费用,在代理买卖过程中赚取差价等违规行为,由房地产、发展改革(价格)、工商管理部门依据各自职责,依法查处或联合予以查处。

三、二手房市场监管

对于二手房市场的监管需要落实主管部门的责任,政府主要从以下几方面加强对二手房市场的管理:

(一)建立协调的二手房监管联动机制

各级房地产、发展改革(价格)、工商管理部门要认真贯彻执行有关法律、法规和政策,加强部门间的协作配合,建立健全二手房交易信息共享、情况通报以及违法违规行为的联合查处机制。

(二)健全投诉举报机制

房地产、发展改革(价格)、工商管理部门要通过开设专项整治热线电话等方式,方便群众投诉,加强社会监督,及时发现和查处二手房交易环节的违法违规行为。各级领导干部不得利用职权干预二手房交易活动。

(三)提高消费者维护自身权益的能力

各地要结合二手房交易市场的现状,组织开展形式多样的二手房交易法律法规宣传活动,引导消费者依法维护自身合法权益。

(四)建立二手房交易诚信机制

房地产管理部门要加快构筑二手房交易信息服务平台,进一步完善二手房信用档案体系。培养二手房中介从业机构和人员的法律意识,二手房中介机构及其执业人员的失信行为情节严重的,要按照法规予以惩戒。

第二节 二手房交易税费管理

一、房地产交易的主要税种及相关税费

二手房交易的各项税收如契税、印花税等,以前一般委托房地产产权交易管理部门代为征收,有关减免优惠政策也由产权交易管理部门负责把握。最近出现了新的变化,某些税收改革地区,逐渐取消了各项房产交易税收的委托征收,和以往在办理过户可以同时缴纳各种税收不同,交易者在产权交易部门办理过户前,应当先到税务部门取得有关的完税证明或减免优惠证明。因此,交易者应该对自己应该缴纳的税费种类和完税金额有一定了解,

以便对自己的未来收益进行预测。

(一)二手房税收工作的基本要求

根据《中华人民共和国税收征收管理法》、《中华人民共和国税收征收管理法实施细则》以及其他法律、法规的相关规定,关于二手房的税收工作应该按照各地区地税局的税收征管办法实施。本书就国内二手房交易税费征缴原则比较明确的北京市为例(《北京市地方税务局关于调整二手房交易计税价格的通知》)。北京市二手房税收工作的基本要求如下。

①对于二手房交易涉及税收的计税价格,税务机关应以房屋交易双方签订的《房屋买卖合同》(协议)中确定的成交价格为依据,但对于成交价格低于二手房交易最低计税价格且无正当理由的,均以此最低计税价格作为核定征收税款的基数。

②对于不同类别的房地产,按不同建成年代、不同楼层、不同房屋类型进行相应系数修正,以修正后的价格作为计税价格征收税款。

③二手房交易最低计税价格由北京市地方税务局根据北京市房地产市场交易情况不定期进行调整。

④纳税人对税务机关核定的计税价格提出异议的,按照《中华人民共和国税收征收管理法》的有关规定处理。

⑤本通知中二手房交易最低计税价格依据北京市建设委员会测算的2005年房屋市场交易价格并考虑相关因素调整确定。

⑥本通知自2006年10月1日起执行。本通知发布前制定的文件与本通知内容不一致的,按本通知的规定执行。

(二)二手房交易的主要税种

房地产交易的税种根据交易的方式不同而不同。具体说来,包括如下几种情况:

1. 房屋买卖

在房屋买卖过程中,根据不同情况应缴纳契税、营业税、城市维护建设税、教育费附加、印花税、土地增值税和个人所得税。

(1)契税

契税是以所有权发生转移变动的不动产为征税对象,向产权承受人征收的一种财产税。现行契税是1997年7月7日重新颁布的《中华人民共和国契税暂行条例》,于同年10月1日起实施。其特点主要有:契税属于财产转移税以及契税由财产承受人缴纳。契税的征收范围是:① 土地使用权出让;② 土地使用权转让,包括出售、赠与和交换,不包括农村集体土地承包经营权的转移;③ 房屋买卖;④ 房屋赠与;⑤ 房屋交换。

在中华人民共和国境内转移土地、房屋权属,承受的单位和个人为契税的纳税人均要按3%~5%的税率缴纳税费。契税的适用税率,由省、自治区、直辖市人民政府在前款规定的幅度内按照本地区的实际情况确定,并报财政部和国家税务总局备案。

(2) 营业税

营业税是对提供应税劳务、转让无形资产和销售不动产的单位和个人开征的一种税。凡在我国境内提供应税劳务、转让无形资产或者销售不动产的单位和个人,为营业税的纳税人,包括国有企业、集体企业、私有企业、股份制企业、其他企业和行政单位、事业单位、军事单位、社会团体以及个体工商户及其他有经营行为的个人。

营业税的征税范围为提供应税劳务、转让无形资产和销售不动产。这里的应税劳务是指属于交通运输业、建筑业、金融保险业、邮电通信业、文化体育业、娱乐业、服务业税目征收范围的劳务。

(3) 城市维护建设税和教育费附加

城市维护建设税(以下简称城建税)是随增值税、消费税和营业税附征并专门用于城市维护建设的一种特别目的税。城建税以缴纳增值税、消费税、营业税的单位和个人为纳税人。对外商投资企业和外国企业,暂不征城建税。

教育费附加是随增值税、消费税和营业税附征并专门用于教育的一种特别目的税。教育费附加的税率在城市一般为营业税的3%。

(4) 印花税

印花税是对经济活动和经济交往中书立、领受的应税经济凭证所征收的一种税。1988年8月,国务院公布了《中华人民共和国印花税暂行条例》,于同年10月1日起恢复征收。中华人民共和国境内书立、领受本条例所列举凭证的单位和个人,都是印花税的纳税义务人。具体包括:立合同人、立账簿、立据人和领受人。现行印花税只对印花税条例列举的凭证征税,具体有五类:经济合同,产权转移书据,营业账簿,权利、许可证照和经财政部确定征税的其他凭证。

印花税票是缴纳印花税的完税凭证,由国家税务总局负责监制。其票面金额以人民币为单位,分为壹角、贰角、伍角、壹元、贰元、伍元、拾元、伍拾元、壹佰元九种。印花税票为有价证券,可以委托单位或个人代售,并由税务机关付给5%的手续费,支付来源从实征印花税款中提取。

印花税的主要特点是:①兼有凭证税和行为税性质;②征收范围广泛;③税收负担比较轻;④由纳税人自行完成纳税义务。

(5) 土地增值税

土地增值税,是对有偿转让国有土地使用权及地上建筑物和其他附着物产权、取得增值性收入的单位和个人征收的一种税。国务院于1993年12月13日发布了《中华人民共和国土地增值税暂行条例》,财政部于1995年1月27日颁布了《中华人民共和国土地增值税暂行条例实施细则》,决定自1994年1月1日起在全国开征土地增值税。土地增值税的纳税人为转让国有土地使用权及地上建筑物和其他附着物产权,并取得收入的单位和个人。

土地增值税的特点有:①以转让房地产取得的增值额为征税对象;②征税面比较广;③采用扣除法和评估法计算增值额;④实行超率累进税率;⑤实行按次征收。

(6) 个人所得税

个人所得税是以个人(自然人)取得的各项应税所得为对象征收的一种税。《中华人民共和国个人所得税法》是1993年10月31日第八届全国人民代表大会常务委员会公布的,自1994年1月1日起施行。国务院于1994年1月28日发布了《中华人民共和国个人所得税法》。个人所得税的特点有:①实行分类征收;②累进税率与比例税率并用;③费用扣除额较宽;④计算简便;⑤采用源泉扣缴和自行申报两种征收方法。

2. 出租房屋

出租房屋须缴纳营业税、城市维护建设税、教育费附加、房产税、印花税和个人所得税。下面仅说明各税种与上述房屋买卖不同之处,相同之处请参考房屋买卖情形。

(1) 营业税

每月应纳营业税税额 = 月租金收入 × 适用税率

如果出租的是营业用房,适用税率为5%;如果出租的是居民住房,适用3%的优惠税率。

(2) 城市维护建设税和教育费附加

按照营业税税额计算缴纳城市维护建设税和教育费附加。

(3) 房产税

房产税是以房屋为征税对象,按房屋的计税余值或租金收入为计税依据,向产权所有人征收的一种财产税。现行的房产税是第二步利改税以后开征的。1986年9月15日,国务院正式发布了《中华人民共和国房产税暂行条例》,从当年10月1日开始实施。房产税在城市、县城、建制镇和工矿区征收。房产税由产权所有人缴纳。产权属于全民所有的,由经营管理的单位缴纳。产权出典的,由承典人缴纳。产权所有人、承典人不在房产所在地的,或者产权未确定及租典纠纷未解决的,由房产代管人或者使用人缴纳。

(4) 印花税

个人出租门店签订的合同,签订合同的双方(包括出租方和承租方)还需要按照财产租赁合同税目缴纳印花税,适用税率为1‰。

应纳印花税税额＝月租金收入×租赁期限(月份数)×适用税率

(5)个人所得税

扣除上述缴纳的税费(包括纳税人负担的该出租财产实际开支的修缮费用)以及税法规定的费用扣除标准以后,就是个人出租房屋的应纳税所得额。个人还需要就这一所得额按照财产租赁所得计算缴纳个人所得税,适用优惠税率10%。

3.受赠或继承土地、房屋权属

受赠或继承土地、房屋权属须缴纳契税和印花税。

如果个人是通过签订产权转移书据继承或受赠经政府管理机关登记注册的房屋权属的,还需要缴纳印花税。印花税按商品房销售额的万分之五征收。

(三)房地产交易的主要税费

1.房屋交易手续费的收取规定

房屋交易手续费包括房屋转让手续费和房屋租赁手续费,主要用于房地产交易中心人员经费,房屋、设备等固定资产折旧、维护和购置费用,办公费用及缴纳税金等,其他部门、单位不得平调、扣缴、截留。

在办理房屋交易手续过程中,除房屋转让手续费和房屋租赁手续费外,不得以任何名义收取其他费用。根据国家计委、建设部《关于规范住房交易手续费有关问题的通知》(计价格[2002]号)精神,房屋交易手续费属经营服务性收费,应坚持公开、公平、质价相符的原则,由经批准建立的房地产交易中心提供交易服务,办理交易手续时收取。房地产行政管理部门不得收取房屋交易手续费。

2.房屋交易手续费的收取标准

(1)房屋买卖手续费

①手续费。办理了房屋买卖过户手续后,由买卖双方向房地产管理部门缴纳手续费。征收的标准是,按照国家房屋买卖成交价或最低保护价的1%,由买卖双方各缴纳一半。

②房屋产权登记费。办理房屋所有权登记时,除缴纳相关税费外,还应缴纳权证费、工本费。不按规定申请登记,又未获准缓期登记的,需缴纳罚金。已申请登记,但未按时办理手续的,同样征罚金。

③中介服务费。房地产中介经纪服务费,是指中介机构接受客户委托,采取居间或代理方式,向委托人报告房屋买卖或租赁的交易信息,提供订立合同等媒介服务,并促成成交而收取的费用,包括房地产价格评估费、房地产信息咨询费和房地产经纪服务费。

(2) 房屋租赁手续费

房屋租赁手续费的收费项目全国各省份基本相同,在具体的收取数额上差异较大,这与各地的经济发展水平和房屋供求情况密切相关。下面仅就相同的收费项目进行简单介绍。

①房屋登记费。办理房屋租赁业务要缴纳房屋登记费。由租赁双方根据登记的件数进行缴纳。各地的税率根据具体情况有所差别。

②房屋租赁手续费。房屋租赁业务同样需要缴纳房屋租赁手续费。它由租赁双方根据成交房屋价格各支付成交价的0.5%。各地税率可能有所不同。

(3) 房屋赠与手续费。房屋赠与分为公房赠与和私房赠与。若是公房赠与,受赠人按建筑面积缴纳手续费;若是私房赠与,受赠人应按件数缴纳手续费。

(4) 其他收费。按国家房改政策出售的公有住房一次性向购房户收取手续费每户60元。企业实施改革、改组、改造过程中涉及房屋交易的,免收交易手续费。

二、二手房交易税费政策

(一) 税费的优惠与减免政策

1. 契税的减免政策

下列情况可享受契税的减免政策:

- 国家机关、事业单位、社会团体、军事单位承受土地、房屋用于办公、教学、医疗、科研和军事设施的,免征。
- 城镇职工按规定第一次购买公有住房的,免征。
- 因不可抗力灭失住房而重新购买住房的,酌情准予减征或者免征。
- 财政部规定的其他减征、免征契税的项目。

2. 印花税的税收优惠

下列情况之一可享受印花税税收优惠政策:

- 已缴纳印花税的凭证的副本或者抄本。
- 财产所有人将财产赠给政府、社会福利单位、学校所立的书据。
- 国家指定的收购部门与村民委员会、农民个人书立的农副产品收购合同。
- 无息、贴息贷款合同。
- 外国政府或者国际金融组织向我国政府及国家金融机构提供优惠贷款所书立的合同。
- 对商店、门市部的零星加工修理业务开具的修理单,不贴印花。

- 对房地产管理部门与个人订立的租房合同，凡用于生活居住的，暂免贴印花。
- 对铁路、公路、航运、水路承运快件行李、包裹开具的托运单据，暂免贴印花。

企业与主管部门等签订的租赁承包经营合同，不属于财产租赁合同，不应贴花。

3. 个人所得税优惠政策

有下列情况之一可享受个人所得税优惠政策：

①出售自有住房并拟在现住房出售后一年内按市场价重新购房的个人，其出售现住房所应缴纳的个人所得税，视其重新购房的价值可全部或部分予以免税。

②个人转让自用五年以上、并且是家庭唯一生活用房取得的所得，不用缴纳个人所得税。

4. 土地增值税的税收优惠

有下列情况之一可享受土地增值税的税收优惠政策：

- 纳税人建造普通标准住宅出售，增值额未超过扣除项目金额20%的；
- 因国家建设需要依法征用、收回的房地产。

5. 房产税的税收优惠

下列房产免纳房产税：

- 国家机关、人民团体、军队自用的房产。
- 由国家财政部门拨付事业经费的单位自用的房产。
- 宗教寺庙、公园、名胜古迹自用的房产。
- 个人所有非营业用的房产。
- 经财政部批准免税的其他房产。

（二）部分税费的申报与违章处理政策

1. 契税的申报缴纳

国家对于房地产交易中的契税申报缴纳实施一定的政策引导与管理，主要有：

①契税人的纳税义务发生时间为纳税人签订土地、房屋权属转移合同的当天，或者纳税人取得其他具有土地、房屋权属转移合同性质凭证的当天。

②纳税人应当自纳税义务发生之日起十日内，向土地、房屋所在地的契税征收机关办理纳税申报，并在契税征收机关核定的期限内缴纳税款。

③契税征收机关为土地、房屋所在地的财政机关或者地方税务机关。具体征收机关由省、自治区、直辖市人民政府确定。

2. 房产税的纳税申报

按照有关规定,纳税人应根据税法的规定,将现有房屋的坐落地点、结构、面积、原值、出租收入等情况,据实向当地税务机关办理纳税申报。

房产税实行按年征收,分期缴纳。纳税期限一般规定按季或按半年征收一次。房产税在房产所在地缴纳。房产不在同一地方的纳税人,应按房产的坐落地点分别向房产所在地的税务机关缴纳。

3. 印花税的违章处理

对于印花税,国家对于纳税人的行为进行了一定的约束,如有下列行为之一的,由税务机关根据情节轻重,予以处罚:

①在应纳税凭证上未贴或者少贴印花税票的,税务机关除责令其补贴印花税票外,可处以应补贴印花税票金额3~5倍的罚款。

②对未按规定注销或画销已贴用的印花税票的,税务机关可处以未注销或者画销印花税票金额1~3倍的罚款。

③纳税人把已贴用的印花税票揭下重用的,税务机关可处以重用印花税票金额5倍或者2000元以上10 000元以下的罚款。

④伪造印花税票的,由税务机关提请司法机关依法追究刑事责任。

(三)二手房交易营业税最新征收政策

据统计资料分析显示,自2005年6月1日起,北京二手房成交中两年以内需要缴纳营业税的房屋占总成交量的11%。根据有关业内人士分析,进入2006年后涉及营业税的房源成交比例呈现上升趋势。营业税是二手房交易中的一项重要税种,对二手房市场交易亦产生影响。国家有关部门对营业税征收等实施了新的政策措施。

2005年1月24日北京市地税局出台了第55号通知,对二手房交税问题作出了明确的规定。《二手房交税新规》规定:对于二手房交易涉及税收的计税价格,若合同成交价格低于市建委发布的《北京市已购公房和经济适用房再上市买卖指导价格手册》中确定的指导价格且无正当理由,均以指导价格作为核定的基数征收税款。若采用指导价格作为征税基数,则将根据二手房建成年代的不同,乘以相应的百分比来确定计税价格。同时国税总局出台相关文件作了进一步的规定:个人应持住房的坐落位置、容积率、房屋面积、成交价格等证明材料及地方税务部门要求的其他材料,向地方税务部门申请办理免征营业税手续。对于购买满两年,如核定属于普通住宅的,可免征营业税。普通住宅需同时满足三个条件:住宅小区建筑容积率在1.0(含)以上;单套建筑面积在140(含)平方米以下;实际成交价低于同级别土地上住房平均交易价格1.2倍以下。若核定属于非普通住宅,应按售房收入减去原购买房屋价款后的差额缴纳营业税,如果成交价低于税务部门制定的基准住房交易指导价,则按指导价减去原购买房屋价款后的差额缴纳营业税。

2005年,建设部等七部委联合下发的《关于做好稳定住房价格工作的意见》规定:自2005年6月1日起,对个人购买住房不足两年转手交易的,销售时按其取得售房收入全额征收营业税;对个人购买住房满两年(含)转手交易的,普通住房销售时免征营业税,非普通住房销售时按其售房收入减去购买房屋的价款后的差额征收营业税。

上述内容均是国家税务等有关部门最近几年对二手房税种的新规定,新政策对交易市场的发展起着一定的推动作用,也使得市场交易更加成熟与完善。

(四)关于二手房交易个人所得税的问题

调控房产市场新政中,"对二手房交易强制征收20%个人所得税"这一规定,曾一度被视为打击投机、炒作行为的"有力措施"之一。据了解,国务院1994年颁布的《个人所得税法实施条例》,以及财政部、国家税务总局1994年颁发的《关于个人所得税若干政策问题的通知》中便明确规定:个人转让建筑物、土地使用权取得的所得,以转让财产的收入额减除财产原值和合理费用后的余额,作为应纳税所得额,依照20%的税率计征个人所得税。也就是说,如果个人以5000元的单价买入房屋,再以6000元的单价卖出,在忽略不计其中允许扣除的其他合理费用的情况下,只用就其超值的1000元单价部分按20%税率计征个税。北京曾经爆出的"二手房交易单价超4000元部分征收20%个人所得税",这一计税政策针对的仅仅是城镇职工根据有关城镇住房制度改革政策规定,按照成本价(或标准价)购买的公有住房的上市交易。因为这类房屋具有国家福利性质,按照其成本价(或标准价)的购置价格作为免税扣除额,显然过低。北京市人民政府在2003年发布的《北京市已购公有住房上市出售实施办法的通知》中明确规定:个人出售已购公有住房,其应纳税所得额为个人出售已购公有住房的售房款,减去住房面积的经济适用住房价款、向财政或原产权单位缴纳的所得收益以及税法规定的合理费用后的余额。其中,经济适用住房价格按县级(含县级)以上地方人民政府规定的标准确定,目前暂按每建筑平方米4000元掌握。其应纳个人所得税税额的计算公式为:应纳税所得额=售房款-住房建筑面积×4000元/平方米-合理费用;应纳税额=应纳税所得额×20%。合理费用包括已购公有住房购买、出售过程中按规定缴纳的税费。二手房交易单价超4000元部分征收20%个人所得税的情形并不适用于已购公房上市之外的其他二手房交易。

以前二手房转让是免征个人所得税的,在2006年7月前一直采取减免优惠政策。这些优惠政策主要包括:对个人转让自用达5年以上、并且是唯一的家庭生活用房取得的所得,暂免征收个人所得税;按照城市发展规划,在旧城改造过程中,个人因住房被征用而取得的赔偿费,属补偿性质的收入,无论是现金还是实物(房屋),均免予征收个人所得税。另外,对于为改善居住条件,个人出售自有住房前一年内购买了新住房的,如果新购房的金额大于或等于现住房的销售额,现住房销售时应缴纳的个人所得税免征;如果新购房的金额小于现住房销售额,则可以按照购房金额占现住房销售额的比例,减征同比例个人所得税。对于先出售自有住房缴纳了个人所得税后一年内,购买了新住房的个人,如果新购房金额大于或等于原住房的销售额,可以申请全额退还已缴个人所得税;如果新购房金额小于原住房的销售额,可按照购房金额占原住房销售额的比例,申请同比例退还。国家调控房地产市场各项有关政策的出台,针对的只是炒房投机者,而对二手房市场仅仅作政策规范,并不会压制二手房交易。目前,在征收个人转让住房的个人所得税中,各地又反映出一些需要进一步明确的问题。为完善制度,加强征管,根据个人所得税法和税收征收管理法的有关规定精神,必须对二手房的个人所得税的缴纳办法作明确的规定。

2006年7月,国家税务总局正式发布了《国家税务总局关于个人住房转让所得征收个人所得税有关问题的通知(国税发〔2006〕108号)》,对个人出售二手房征收个人所得税,使近年来二手房是否征收个人所得税的争论有了结果,对二手房转让的优惠也结束了。新的政策的根本依据是《中华人民共和国个人所得税法》及其实施条例规定,要求个人转让住房,以其转让收入额减除财产原值和合理费用后的余额为应纳税所得额,按照"财产转让所得"项目缴纳个人所得税;此外《财政部、国家税务总局、建设部关于个人出售住房所得征收个人所得税有关问题的通知》(财税字〔1999〕278号)(简称《通知》)对个人转让住房的个人所得税应纳税所得额计算和换购住房的个人所得税有关问题也作了具体规定。《通知》的主要内容包括以下五点:

第一,对住房转让所得征收个人所得税时,以实际成交价格为转让收入。纳税人申报的住房成交价格明显低于市场价格且无正当理由的,征收机关依法有权根据有关信息核定其转让收入,但必须保证各税种计税价格一致。

第二,对转让住房收入计算个人所得税应纳税所得额时,纳税人可凭原购房合同、发票等有效凭证,经税务机关审核后,允许从其转让收入中减除房屋原值、转让住房过程中缴纳的税金及有关合理费用。本条规定自2006年8月1日起执行。

①房屋原值具体为:
- 商品房。购置该房屋时实际支付的房价款及缴纳的相关税费。

- 自建住房。实际发生的建造费用及建造和取得产权时实际缴纳的相关税费。
- 经济适用房(含集资合作建房、安居工程住房)。原购房人实际支付的房价款及相关税费,以及按规定缴纳的土地出让金。
- 已购公有住房。原购公有住房标准面积按当地经济适用房价格计算的房价款,加上原购公有住房超标准面积实际支付的房价款以及按规定向财政部门(或原产权单位)缴纳的所得收益及相关税费。

已购公有住房,是指城镇职工根据国家和县级(含县级)以上人民政府有关城镇住房制度改革政策规定,按照成本价(或标准价)购买的公有住房。

经济适用房,价格按县级(含县级)以上地方人民政府规定的标准确定。

- 城镇拆迁安置住房。根据《城市房屋拆迁管理条例》(国务院令第305号)和《建设部关于印发〈城市房屋拆迁估价指导意见〉的通知》(建住房〔2003〕234号)等有关规定,其原值分别为:

房屋拆迁取得货币补偿后购置房屋的,为购置该房屋实际支付的房价款及缴纳的相关税费;房屋拆迁采取产权调换方式的,所调换房屋原值为《房屋拆迁补偿安置协议》注明的价款及缴纳的相关税费;房屋拆迁采取产权调换方式,被拆迁人除取得所调换房屋,又取得部分货币补偿的,所调换房屋原值为《房屋拆迁补偿安置协议》注明的价款和缴纳的相关税费,减去货币补偿后的余额;房屋拆迁采取产权调换方式,被拆迁人取得所调换房屋,又支付部分货币的,所调换房屋原值为《房屋拆迁补偿安置协议》注明的价款,加上所支付的货币及缴纳的相关税费。

②转让住房过程中缴纳的税金,是指纳税人在转让住房时实际缴纳的营业税、城市维护建设税、教育费附加、土地增值税、印花税等税金。

③合理费用,是指纳税人按照规定实际支付的住房装修费用、住房贷款利息、手续费、公证费等费用。

- 支付的住房装修费用。纳税人能提供实际支付装修费用的税务统一发票,并且发票上所列付款人姓名与转让房屋产权人一致的,经税务机关审核,其转让的住房在转让前实际发生的装修费用,可在以下规定比例内扣除:已购公有住房、经济适用房的最高扣除限额为房屋原值的15%;商品房及其他住房的最高扣除限额为房屋原值的10%。纳税人原购房为装修房,即合同注明房价款中含有装修费(铺装了地板,装配了洁具、厨具等)的,不得再重复扣除装修费用。
- 支付的住房贷款利息。纳税人出售以按揭贷款方式购置的住房的,其向贷款银行实际支付的住房贷款利息,凭贷款银行出具的有效证明据实扣除。

● 纳税人按照有关规定实际支付的手续费、公证费等,凭有关部门出具的有效证明据实扣除。

第三,纳税人未提供完整、准确的房屋原值凭证,不能正确计算房屋原值和应纳税额的,税务机关可根据《中华人民共和国税收征收管理法》第三十五条的规定,对其实行核定征税,即按纳税人住房转让收入的一定比例核定应纳个人所得税额。具体比例由省级地方税务局或者省级地方税务局授权的地市级地方税务局根据纳税人出售住房的所处区域、地理位置、建造时间、房屋类型、住房平均价格水平等因素,在住房转让收入 1% ~ 3% 的幅度内确定。

第四,个人所得税征收的弹性机制。按照《财政部、国家税务总局、建设部关于个人出售住房所得征收个人所得税有关问题的通知》(财税字〔1999〕278号)的规定,对出售自有住房并拟在现住房出售1年内按市场价重新购房的纳税人,其出售现住房所缴纳的个人所得税,先以纳税保证金形式缴纳,再视其重新购房的金额与原住房销售额的关系,全部或部分退还纳税保证金;对个人转让自用5年以上,并且是家庭唯一生活用房取得的所得,免征个人所得税。要不折不扣地执行上述优惠政策,确保维护纳税人的合法权益。这实际上就是在逐步落实有关住房转让个人所得税的优惠政策。

第五,对各级税务机关具体执行二手房所得税征收工作提出了指导意见。主要有以下三点。

①各级税务机关要适当改变相关的办税过程。各级税务机关要严格执行《国家税务总局关于进一步加强房地产税收管理的通知》(国税发〔2005〕82号)和《国家税务总局关于实施房地产税收一体化管理若干具体问题的通知》(国税发〔2005〕156号)的规定。为方便出售住房的个人依法履行纳税义务,加强税收征管,主管税务机关要在房地产交易场所设置税收征收窗口,个人转让住房应缴纳的个人所得税,应与转让环节应缴纳的营业税、契税、土地增值税等税收一并办理;地方税务机关暂没有条件在房地产交易场所设置税收征收窗口的,应委托契税征收部门一并征收个人所得税等税收。

②做好纳税保证金工作。各级税务机关要做好住房转让的个人所得税纳税保证金收取、退还和有关管理工作。要按照《财政部、国家税务总局、建设部关于个人出售住房所得征收个人所得税有关问题的通知》(财税字〔1999〕278号)和《国家税务总局、财政部、中国人民银行关于印发〈税务代保管资金账户管理办法〉的通知》(国税发〔2005〕181号)的要求,按规定建立个人所得税纳税保证金专户,为缴纳纳税保证金的纳税人建立档案,加强对纳税保证金信息的采集、比对、审核;向纳税人宣传、解释纳税保证金的征收、退还政策及程序;认真做好纳税保证金退还事宜,符合条件的确保及时

办理。

③认真宣传和落实有关税收政策,维护纳税人的各项合法权益。一是要持续、广泛地宣传个人所得税法及有关税收政策,加强对纳税人和征收人员如何缴纳住房交易所得个人所得税的纳税辅导;二是要加强与房地产管理部门、中介机构的协调、沟通,充分发挥中介机构协税护税作用,促使其协助纳税人准确计算税款;三是严格执行住房交易所得的减免税条件和审批程序,明确纳税人应报送的有关资料,做好涉税资料审查鉴定工作;四是对于符合减免税政策的个人住房交易所得,要及时办理减免税审批手续。

三、二手房交易的主要税费计算[①]

二手房交易中涉及的主要税费包括在房地产交易税费之中,按照前述房地产交易税种的介绍,以其为基础,阐述房地产交易的税费计算。二手房交易的主要税费计算以此为参考。

(一)房屋买卖时的税费计算

1. 契税应纳税额的计算

应纳契税税额 = 住房成交价格 × 适用税率

其中,契税税率各地不同,北京市对契税税率具体规定为高档房3%,普通房1.5%。

契税的计税依据为:国有土地使用权出让、土地使用权出售、房屋买卖,为成交价格;土地使用权赠与、房屋赠与,由征收机关参照土地使用权出售、房屋买卖的市场价格核定;土地使用权交换、房屋交换,为所交换的土地使用权、房屋的价格的差额。

2. 营业税的计算

(1)营业税税额

销售不动产的营业税税率为5%。出售房屋时要按照约定的房屋成交价格计算缴纳营业税。从2005年6月1日起,对个人购买住房不足两年转手交易的,销售时按其取得的售房收入全额征收营业税;对个人购买普通住房超过两年(含两年)转手交易的,销售时免征营业税;对个人购买非普通住房超过两年(含两年)转手交易的,销售时按其售房收入减去购买房屋的价款后的差额征收营业税。

税额计算公式为:应纳税额 = 营业额 × 税率

---

① 这里所介绍的税费计算仍沿用国家关于二手房交易的一般性规定。2008年以来暂行住房优惠政策下所适用税费率,可参看相关文件(财税〔2008〕137号、银发〔2008〕302号文件、国办发〔2008〕131号和财税〔2008〕174号文)。

(2) 营业税的计税依据

营业税的计税依据为提供应税劳务、转让无形资产或销售不动产取得的全部价款和价外费用(又称营业额)。

(3) 营业税的纳税义务发生时间和纳税期限

营业税的纳税义务发生时间为纳税人收讫营业收入款项或者取得营业收入款项凭据的当天。营业税的纳税期限分别为 5 日、10 日、15 日或者一个月,具体由主管税务机关根据应纳税额大小确定;不能按固定期限纳税的,可以按次纳税。

3. 城市维护建设税和教育附加费的计算

应纳城市维护建设税税额 = 实际缴纳的营业税税额 × 适用税率

其中,城市维护建设税的适用税率有三个档次:个人所在地为市区的,适用税率为 7%;个人所在地为县城、镇的,适用税率为 5%;个人所在地不在市区、县城或镇的,适用税率为 1%。

应纳教育费附加 = 实际缴纳的营业税税额 × 3%

4. 印花税的计算

印花税根据不同征税项目,分别实行从价计征和从量计征两种征收方式。

(1) 从价计税情况下计税依据的确定

各类经济合同,以合同上记载的金额、收入或费用为计税依据;

产权转移书据以书据中所载的金额为计税依据;记载资金的营业账簿,以实收资本和资本公积两项合计的金额为计税依据。

(2) 从量计税情况下计税依据的确定

实行从量计税的其他营业账簿和权利、许可证照,以计税数量为计税依据。

(3) 印花税的税率

现行印花税采用比例税率和定额税率两种税率。比例税率有五档,即千分之一、千分之四、万分之五、万分之三和万分之零点五。

适用定额税率的是权利许可证照和营业账簿税目中的其他账簿,单位税额均为每件 5 元。具体请看《中华人民共和国印花税暂行条例》中的印花税税目税率表。

(4) 印花税的缴纳方法

印花税实行由纳税人根据规定自行计算应纳税额,购买并一次贴足印花税票(以下简称贴花)的缴纳办法。为简化贴花手续,应纳税额较大或者贴花次数频繁的,纳税人可向税务机关提出申请,采取以缴款书代替贴花或者按期汇总缴纳的办法。

5. 土地增值税的计算

(1) 土地增值税的税率

表11-1 土地增值税税率表

级 数	增值额与扣除项目金额的比率	税率(%)	速算扣除系数(%)
1	不超过50%的部分	30	0
2	50%~100%的部分	40	5
3	100%~200%的部分	50	15
4	超过200%的部分	60	35

(2) 应纳税额的计算

① 计算增值额

增值额 = 收入额 − 扣除项目金额

② 计算增值率

增值率 = 增值额 ÷ 扣除项目金额

③ 依据增值率确定适用税率

④ 依据适用税率计算应纳税额

应纳税额 = 增值额 × 适用税率 − 扣除项目金额 × 速算扣除系数

6. 个人所得税的计算

要按20%的税率缴纳个人所得税。扣除房屋原值、合理费用以及缴纳的上述税费以后，就是个人出售房屋取得的应纳税所得额，个人就这一应纳税所得额按照财产转让所得适用20%的税率计算并缴纳个人所得税。

7. 其他交易费用

二手房交易过程中还要缴纳产权登记费、权证工本费、土地图纸费等。产权登记费，个人购买商品住房登记费为每件100元；单位产权按每件200元缴纳。权证印花税，买受方按5元/件缴纳。权证工本费，买受方按25元/件缴纳。土地图纸费，买受方按25元/件缴纳。

表11-2 上海地区二手房过户交易费用

	收费项目	出售方	购买方	收款人
1	印花税	0.05%	0.05%	交易中心
2	手续费	5元/平方米(上下家各付一半)		交易中心
3	契 税	免交	普通住房1.5% 非普通住房3%	交易中心
4	权证登记费	免 交	100元	交易中心
5	权证贴花	免 交	5元/本	交易中心

续表

	收费项目	出售方	购买方	收款人
6	土地图纸费	免交	25元~192元	交易中心
7	代理费	1%	1%	中介机构或经纪公司
8	权证工本费	免交	25元	交易中心

(二) 房屋出租时的税费计算

1. 房产税的计税依据

房产税采用从价计税。计税依据分为按计税余值计税和按租金收入计税两种。

2. 房产税的税率

依照房产余值计算缴纳的,税率为1.2%;依照房产租金收入计算缴纳的,税率为12%。

3. 应纳税额的计算

每月应纳房产税的税额 = 月租金收入 × 适用税率

如果出租的是营业用房,适用税率为12%;如果出租的是居民住房,适用4%的优惠税率。

(三) 受赠或继承土地、房屋权属时的税费计算

受赠或继承土地、房屋权属须缴纳契税。个人继承土地、房屋权属缴纳契税有两种情况:对于《中华人民共和国继承法》规定的法定继承人(包括配偶、子女、父母、兄弟姐妹、祖父母、外祖父母)继承土地、房屋权属的,不用缴纳契税;对非法定继承人根据遗嘱承受土地、房屋权属的,需要缴纳契税。

第三节 二手房交易改革与相关法律规定

二手房交易是房地产交易发展过程中的一个重要领域。随着房地产市场的不断发展和成熟,二手房交易也势必更加成熟与完善,伴随其中的,也就发生一系列的改革,包括政策上的支持与完善、政策调整以及交易便利等,从政府管理、政策提出以及法律规定等层面为二手房交易市场的繁荣奠定基础。

一、二手房抵押贷款的试行

为支持居民购买二手房屋,促成二手房交易,对于购买二手房的贷款以及二手房抵押贷款等问题,目前我国有关方面已经开始做了调整与改革。

二手房抵押贷款是指银行运用信贷资金向在房地产二级市场购买自用住房,因自有资金不足向银行申请借款,并以所购住房作抵押的购房人发放的贷款。北京市对于二手房抵押贷款事项进行了规定,按照《中国建设银行北京市分行二手房抵押贷款试行办法》(以下简称《办法》)的规定,凡年满18周岁至65周岁,具有完全民事行为能力且具有北京市城镇居民常住户口或在北京市有有效居留权的居民,在具有合法、有效的居留身份;稳定的经济收入;信用良好,有按期偿还借款本息的能力;所购房屋的产权明晰,符合法律、法规规定的可进入房地产二级市场流通的条件;有购买住房的合同或协议;同意以所购房屋及其权益作为抵押物;提出借款申请时,有不低于购房价款30%的自有资金等条件下,可以向中国建设银行北京市分行申请二手房抵押贷款,贷款额度最高不得超过所购房屋评估价值的70%,贷款期限最长不超过20年,并且按照中国人民银行规定的个人住房贷款利率执行抵押贷款利率。

该《办法》的试行,说明了我国政府对于二手房交易行为的政策支持,也是出于支持北京市城镇居民购买二手房的考虑,促进北京市房地产二级市场的发展,规范二手房抵押贷款管理,维护借贷双方的合法权益,而根据《中华人民共和国商业银行法》、《中华人民共和国担保法》、中国人民银行《贷款通则》、《中国建设银行个人住房贷款办法》、《北京市已购公有住房和经济适用住房上市出售管理办法》以及《北京市房屋买卖管理暂行规定》等有关法律、法规,制定此办法。在一定程度上说明我国二手房交易已经开始走向改革之路。除此之外,上海公积金管理中心还颁布《关于微调本市部分二手房住房公积金个贷政策的通知》,对二手房贷款进行支持。根据新的政策,借款人申请住房公积金个人购房贷款,其所购房屋的竣工年限在5年以内(含5年)的,将可以一手住房的贷款条件为参照,即住房公积金贷款额不超过总房价的80%,最长期限为30年。这一政策的颁布极大地支持了居民对二手房的购买行为。

二、二手房交易手续的简化

二手房交易手续的繁与简影响着二手房买卖的程序与进度,也反映一定时期内特定空间二手房交易市场的完善程度。在经历了多年的实践发展之后,我国二手房市场交易手续走向简化也成为必要。目前不能说全国各地的二手房交易手续均已经简化,但北京市二手房交易手续的简化在一定层面上反映出我国二手房交易的不断完善。北京市国土资源和房屋管理局为了使市民对已购公房上市的政策有完整的了解,将原京房地市字[1999]第1077号《关于实施〈北京市已购公有住房和经济适用住房上市出售管理办法〉具体问题的通知》及京国土房屋市字〔2000〕第127号《关于实施〈北京市已购公有住房和经济适用住房上市出售管理办法〉具体问题的补充通知》合并到《关于实施〈北京市已购公有住房和经济适用住房上市出售管理办法〉的若干规定》中，拟实施《北京市已购公有住房和经济适用住房上市出售管理办法》，简化已购公有住房和经济适用住房上市出售的手续，以活跃北京市的二手房交易市场。此处引用该《办法》中关于办理二手房上市交易手续程序的规定，说明北京市对二手房上市进行了相关政策调整。

　　根据修改后的管理办法，申请上市出售已购公有住房和经济适用房住房的房屋所有权人，可以到房屋所在地的区、县房地产交易管理部门领取表格，也可以到市房地局指定的17家房地产中介机构领取表格，并且明文规定发放表格的单位不得扣押房屋所有权人的所有权证件。自当事人将应具备的证件及填好的表格递交到交易管理部门之日起，交易管理部门最长不得超过3个工作日（遇有特殊情况可适当延长）完成已购公有住房和经济适用住房上市出售的审查工作，并作出批准或不予批准的书面决定。除此之外，交易管理部门自收齐二手房交易双方的交易合同和相关证件及材料之日起即为受理，工作人员即收即办，最长不得超过5个工作日（遇有特殊情况可适当延长）完成审查、评估，并按规定计收有关税费、收益等工作。

　　除此之外，北京市对于二手房交易手续问题，还将实行其他变革，如交易手续采取"一个窗口"负责制度，二手房交易双方仅需在一个窗口即可办齐所有的手续，这一新的政策将为交易者提供方便。在降低交易成本、扩大交易规模等方面提出了新的政策，倡导增加交易网点，加快交易的效率，交易点将从土地交易中心向社区、街道和互联网延伸；在扩大规模交易方面，新政策将在二手房市场上引入批发租赁企业来扩大交易规模。

三、二手房税费政策调整

　　税费是二手房交易中交易双方均需要关注的问题，对其进行调整是二手房交易改革的体现。目前，我国二手房交易的有关税费有着自有的一套管理制度。如现行契税是按照1997年7月7日重新颁布并于1997年10月1日起实施的《中华人民共和国契税暂行条例》征收。对于印花税，则按照1988年8月国务院公布的《中华人民共和国印花税暂行条例》征收。而对于二手房交易中的税费额度与收费标准等，亦有相应规定。近年来，我国开始对部分税费进行了初步调整，由于非全国性实施，此处仅以北京市为例，介绍其二手房税费政策调整的有关情况。

　　按照《国家税务总局、财政部、建设部关于加强房地产税收管理的通知》有关规定，北京市地税局、市财政局、市建委结合实际情况，作出了补充通知规定:2005年6月1日以后,本市普通住房标准依据市建委《关于公布北京市享受优惠政策普通住房标准的通知》的规定来执行,即住宅小区建筑容积率在1.0(含)以上,单套建筑面积在140(含)平方米以下,实际成交价低于同级别土地上住房平均交易价格1.2倍以下。凡在2005年5月31日(含)以前签订房屋买卖合同的,契税将按原税收政策规定执行(个人购买单价在9432元/平方米以下为普通住宅),但二手房交易双方应在2005年8月31日前办理相关的申报纳税手续,逾期不办理的,须按新的普通住房标准来执行。

根据上述通知规定:居民个人在2005年6月1日前已签订房屋买卖合同,购买单价超过9432元/平方米,面积在140平方米以下,符合新普通住房标准二手房的,可等到8月31日后再按房价的1.5%缴纳契税,而在8月31日前则需按3%的税率缴纳。

在税收优惠政策方面,北京市提出部分税收的优惠政策如下:

①自2005年6月1日起,对个人购买普通住房超过两年(含两年)转手交易的,销售时免征营业税。

②为了鼓励个人换购住房,对出售自有住房前后1年内按市场价格购房的纳税人,其出售现住房所应缴纳的个人所得税,视其购房的价值可以全部或部分予以免税。

③居民上市出售已购公有住房前后一年内新购各类商品房,按新购商品房与出售已购公有住房成交价的差额计征契税的政策。对于已购买了商品房,尚未出售公有住房的纳税人,应按房屋买卖行为规定的计税依据缴纳契税,待公有住房出售后需到主管地方税务机关办理申请退税手续。

④土地、房屋被县级以上人民政府征用、占用后,重新承受土地、房屋权属的,其成交价格没有超出土地、房屋补偿费、安置补助费的部分,免征契税。

除此之外,北京市还对纳税人的行为进行新的规定。规定纳税人必须持支付购房款的合法凭证,向主管地方税务机关申报缴纳契税,对于未出具契税完税证明或契税核定证明的,北京市各级房屋管理部门将不予受理房屋权属转移登记手续。

四、最新税费政策下的二手房税费计算

国家调整了二手房税费政策,使得税费计算成为民众关注的一个重点。故在此引用部分案例,为二手房交易税费计算提供一些指导。

(一)普通二手商品房税费计算

2005年5月29日,九部委联合出台《关于调整住房供应结构稳定住房价格的意见》其中对营业税征收标准重新规定:对购买住房不足5年转手交易的,销售时全额征收营业税,对个人购买普通住宅超过5年(含5年)转手交易的,免征营业税;对个人购买非普通住房超过5年(含5年)转手交易的,按差额征收营业税。该项政策出台以后,超过80%的二手商品房被划入征收营业税的行列。下面以房产年限是否达到5年为标准,从不同方面探讨税费计算问题。

不足5年房产:A先生于2005年5月买了一套100万元的房产,建筑面积为120平方米,欲于近期以120万元卖给B先生。该房屋房产未超过5年,需要缴纳全额营业税。买卖双方需要缴纳的税费见表11-3。

表11-3 不满5年的普通二手房买卖双方的纳税额

对象	缴税办法	金额(元)
卖方(A先生)	印花税:房屋总价的0.05%,即1200000×0.05%	600
	营业税:房屋总价的5.5%(购买不足5年的二手房在转手时增收全额营业税)	66 000
	卖方合计	66 600
买方(B先生)	印花税:房屋总价的0.05%,即1200000×0.05%	600
	契税:房屋总价的1.5%,即1200000×1.5%	18 000
	买方合计	18 600

满5年房产:C女士于2000年2月买了一套80万元总价的房产,建筑面积为100平方米,近期欲以120万元卖给D先生,其房产超过5年。则买卖双方需要缴纳的税费见表11-4。

表11-4 满5年的普通二手房买卖双方的纳税额

对象	缴税办法	金额(元)
卖方(C女士)	印花税:房屋总价的0.05%,即1200000×0.05%	600
	卖方合计	600
买方(D先生)	印花税:房屋总价的0.05%,即1200000×0.05%	600
	契税:房屋总价的1.5%,即1200000×1.5%	18 000
	买方合计	18 600

注:如果该房产为非普通住房,则需要差额征收营业税。营业税=(销售价格-原购房价格)×5.5%。以本例来说,如果该住房为非普通住房,营业税为(1200000-800000)×5.5%=22000元

(二)经济适用房税费计算

经济适用房的上市年限是以5年来区分的。

5年以内出售:E先生于2003年9月购得一套20万元的经济适用房,建

筑面积为 60 平方米，由于个人原因将于近期出售。该房产未超过 5 年。E 先生只能将该房屋出售给满足购买经济适用房条件的人，且出售价格不应高于购买时的单价。则买卖双方需要缴纳的税费见表 11-5。

表 11-5 5 年以内出售的经济适用房二手房买卖双方的纳税额

对象	缴税办法	金额(元)
卖方(E 先生)	印花税：房屋总价的 0.05%，即 200000×0.05%	100
	卖方合计	100
买方(符合购买条件)	印花税：房屋总价的 0.05%，即 200000×0.05%	100
	契税：房屋总价的 1.5%，即 200000×1.5%	3000
	土地出让金： ● 如果政府对购房人审批的总房价为 220 000 元，大于实际购买房屋的成交总价 200000 元，无须缴纳土地出让金。 ● 如果政府对购房人审批的总房价为 160 000 元，小于实际购买房屋的成交总价 200 000 元，须缴纳土地出让金。综合地价款为差价部分的 10%，即(200000-160000)×10%	3100 元 (无土地出让金)
	买方合计	7100 元 (含土地出让金)

5 年后出售：F 先生近期打算以 30 万总价卖出 2000 年购置的一套建筑面积为 70 平方米的经济适用房，当时购入价为 20 万元。F 先生买房时间超过 5 年，则该房可以市场价出售给任何消费者。则买卖双方需要缴纳的税费见表 11-6。

表 11-6 5 年后出售的经济适用房二手房买卖双方的纳税额

对象	缴税办法	金额(元)
卖方(F 先生)	印花税：房屋总价的 0.05%，即 300000×0.05%	150
	土地出让金：5 年以上按照市场价格出售的经济适用房需要缴纳合同标的额的 10% 作为综合地价款，即 300000×10%	30 000
	卖方合计	30 150
买方(任何消费者)	印花税：房屋总价的 0.05%，即 300000×0.05%	150
	契税：房屋总价的 1.5%，即 300000×1.5%	4500
	买方合计	4650

(三) 已购公房税费计算

已购公房不存在年限问题。G先生有一套1994年的已购公房，建筑面积为80平方米，当年成本价格2000元/平方米，该房产于2006年6月首次上市交易，欲以总价50万卖给H先生，则买卖双方需要缴纳的税费见表11-7。

表11-7 已购公房二手房买卖双方的纳税额

对象	缴税办法	金额(元)
卖方(G先生)	印花税：房屋总价的0.05%，即500000×0.05%	250
	卖方合计	250
买方(H先生)	印花税：房屋总价的0.05%，即500000×0.05%	250
	契税：房屋总价的1.5%，即500000×1.5%	7500
	土地出让金：当年成本价×1%×产权证上建筑面积，即2000×1%×80	1600
	产权证印花	5
	买方合计	9355

第十二章

国外及我国港台地区二手房市场交易与管理

我国二手房市场起步不久,国外二手房市场经过多年的建设与发展,已经拥有自己的一套管理办法。国外二手房市场交易与管理的模式未必完全符合我国的实际国情,但其发展过程中的经验与问题对我国二手房市场的发展与完善有一定的借鉴意义。

第一节 国外及我国港台地区房地产管理制度概述

一、国外及我国港台地区房地产评估的制度基础和准入制度

(一)国外及我国港台地区房地产评估的制度基础

1. 行业管理体制

管理体制的不同意味着管理手段的不同,而不同的管理手段则需要不同的制度,因此行业管理体制对房地产评估制度具有重要的影响。国外和我国港台地区房地产评估的管理体制主要有三种类型,它们分别是:

(1)政府独家管理的体制

政府管理模式的特点是没有民间评估机构(私营评估机构),所有的房地产评估机构都是设在各级政府机构中,评估人员也是政府工作人员。对房地产评估业实行政府管理体制的代表国家是德国。

在德国,土地估价是土地资源和土地资产管理中的一项十分重要的基础工作。根据估价目的的不同,土地估价分别由不同的部门领导进行。根据德国联邦《建筑法手册》,地产估价及其他估价由独立的专门机构——估价委员会负责实施。几十年的实践证明,这是一种行之有效的领导体制。一般在德国的市、县都设有估价委员会,地区设有高级估价委员会,负责辖区内的估价工作。估价委员会由1名主席、1~2名副主席及若干估价员组

成,他们应是房地产估价或其他估价方面的专家,委员会的主席一般由地籍局局长兼任,并且至少应有1名财政部门的估价专家作为估价员。根据当地的需要,一个月进行一次或多次碰头估价。这类估价一般包括建设用地估价和农用地产估价,以建设用地估价为代表。估价委员会的人数没有限制,各地可根据本地区的工作量确定其估价委员会的人数,一般在15人左右。各估价委员会不是一个政府在编的机构,通常都设有办公室,设在一个部门内,它是估价委员会的办事机构,一般都挂靠在同级的地籍局,负责日常组织管理工作;也有的市(县)挂靠在测量局,这时估价委员会的主席由测量局局长兼任。

(2)政府为主的管理体制

政府为主的管理体制模式的特点是,政府部门与行业协会组织根据既定的分工,均对房地产评估业进行管理,但是以政府管理为主。以政府为主管理模式的典型代表是美国。此外还有加拿大、日本、韩国和我国的台湾地区等。下面以美国、日本和我国台湾地区不动产评估业管理职责划分为例进行探讨。

● 美国房地产评估业

美国的房地产估价由联邦政府及相关机构、全国性的评估协会共同管理。在美国,有十几个协会对其会员的评估业务给以指导,通过影响大学内相关课程的设置及授课内容,为从业人员提供在职培训来保证会员的专业水平。房地产评估师的考试、注册及执业行为都由政府管理。美国的评估业协会是完全的民间性质的组织,总部设在芝加哥,靠收取会费生存,代表会员的利益,以提高评估人员的地位为目的。美国政府对评估业的管理包括联邦和州议会立法与授权、联邦和州政府管理、评估基金会进行行业规范等层次。

美国全国房地产商联合会是美国最大的行业联合组织,其下设有9个分支,其中有两个是最有声誉的估价专业协会——美国不动产估价师协会和不动产估价师学会。国会对房地产评估业的管理通过《金融机构改革、恢复、强制执行法》(又称《不动产评估改革法》)来实施;美国联邦政府则通过国会授权的联邦金融机构考试委员会下设的评估小组委员会,实施对房地产评估业的监管;对房地产评估师的具体监管则由各个州政府负责,具体监管事务由各个州依法设立的评估委员会实施;房地产评估的行业标准则由美国评估基金会(Appraisal Foundation)负责制定。美国政府希望通过行业管理促进估价工作的规范化,为市场提供更准确的信息,使得市场运作由于减少了估价的风险而变得更有效。

美国评估基金会是针对不动产金融危机,于1988年由美国的一些主要估价组织发起成立的一个非营利性教育组织。它不是一个正式的政府机构，但是美国国会授予了评估基金会相当多的职责，而这些职责在过去都属于政府的管辖范围，因此，它是一个与政府机构类似的机构。美国评估基金会下设两个独立的委员会：一是估价标准委员会(Appraisal Standards Board，简称 ASB)，它负责制定、修改和颁布全美适用的评估标准和规则，即专业评估实务统一标准(Uniform Standards of Professional Appraisal Practice，简称 USPAP)，估价标准委员会已发布了"专业估价统一标准"；二是估价资格认证委员会(Appraisal Qualification Board，简称 AQB)，它负责制定从业人员的最低教育水准和资格认证的标准，估价资格认证委员会已发布了估价师注册及资格认证的参考标准等。这两个委员会的目的都是建立一个自我约束的体制和提高全行业的业务水准。

在强调新进入不动产估价行业的人员素质和水平的同时，估价协会也重视对已从业的估价师的继续教育问题。此外，美国房地产评估的行业还有很多自律组织，主要包括：美国不动产估价者协会(American Institute of Real Estate Appraisers)、不动产估价者学会(Society of Real Estate Appraisers)、美国估价者学会(American Society of Appraisers)、美国估价学会(Appraisal Institute)和房地产估价协会(MAI)、估价师协会(ASA)、农场及土地估价师协会(MFLA)等。这些行业自律组织不具有任何行政权力，它们颁发的内部专业称号与政府颁发的执业执照没有任何关系。在美国的估价人员中，大约只有40%属于某一个专业组织，因此房地产评估师加入各类行业协会或学会完全是一种自愿行为，与他们能否执业完全无关；而且，法律规定不得强制评估人员加入协会或学会，否则将会受到处罚。

● 日本房地产评估业

日本的房地产评估师及其评估体制主要受美国评估体系的影响。日本的房地产评估由日本房地产评估协会和日本政府共同管理，但分工有所不同。在日本，房地产评估称为不动产鉴定，其不动产鉴定评估业由日本不动产鉴定士协会(Japan Association of Real Estate Appraisers)和日本政府下属的土地鉴定委员会共同管理。从事不动产估价业者，需要通过政府部门组织的不动产执业资格考试，并且向政府部门登记注册，而且其业务的行使必须受到某种限制。此外，日本还对房地产评估师规定了严格的伦理要求和伦理纲要。在日本，成立不动产估价机构(在日本称"不动产鉴定所")也需要向政府的不动产行政主管机关登记、备案，并且还需聘请一名以上的房地产评估师从事实际的评估作业才准予营业。日本全国的不动产管理组织是"不动产鉴定委员会"，该委员会由7名委员组成，委员必须从具备丰富的不动产评估经验专家学者中选拔，但选拔出来的专家必须由政府机关任命才能成为合法的委员。

● 我国台湾地区不动产评估业

在台湾,房地产评估称为不动产评估或不动产估价。在 2000 年以前的台湾,不动产估价行业可以"无证上岗,任意执业",因此在那以前,台湾基本上没有什么正式的不动产估价制度。自 2000 年 10 月 4 日颁布《不动产估价师法》起,台湾建立了较为完善的不动产估价制度。台湾不动产估价管理体制与美国一脉相承,依据该法的规定,台湾不动产估价业的岛内最高管理机构是其"内政部"。在台湾,不动产估价师的考试、注册和开业都是由政府机关负责。不动产估价师执业情况的监督检查和对违规行为进行惩处均由行业主管机关实施。台湾《不动产估价师法》规定了公会组织制度,非加入不动产估价师公会者不得执行业务。不动产估价师领取开业证书后,并不能直接执业,首先必须加入不动产估价师公会,方可执业,并按规定缴纳会费。台湾不动产估价的行业自律组织是不动产估价师公会,公会分为全岛联合公会和县(市)公会两级,并订立章程,报主管机关备查,其主要职责是不动产估价师的教育与培训,不具有行政职能。

(3) 行业自律为主的管理体制

采用这种管理房地产评估业模式的国家主要是英联邦国家,如英国,加拿大和新西兰,此外还有我国的香港特别行政区。与美国、日本等土地私有占主要形式的国家不同,英联邦诸国的土地制度有一个十分显著的特点,就是所有英联邦成员国的土地在法律上均属英王所有,英王为名义上的土地所有权者。但实际上,土地所有制仍存在公有、国有、私有等几种不同的形式。

英国的房地产估价体系主要由特许测量师协会(Royal Institution of Chartered Surveyors,简称 RICS)负责。RICS 制定的"红皮书"(房地产评估操作规范)就是皇家测量师必须遵守的行业操作规范,RICS 有权对违反操作规范和行为准则的估价师直接进行处罚。英国政府将大部分估价指导工作交给了他们。英国政府对房地产评估业只负责立法和对房地产评估师(在英国称为"产业测量师",下同)进行执业注册登记,其他事项如执业资格认证、执业技术准则的制定、执业规范执行的监督、评估工作质量的检查及估价师的教育与培训等均由 RICS 负责。

在英国,评估机构有政府评估机构和民间评估机构两种类型。英国的政府评估机构在性质上和我国的事业单位类似,其职能主要是为政府在房地产征税及为公共部门提供评估服务。政府评估机构主要服务于征税目的,在组织上分为三个层次,即中央、大区和区评估办公室。中央级评估办公室,主要职能是制定有关政策,管理大区和区的评估工作;大区级评估办公室,全国共设有 5 个,主要职能是协调其所辖区评估办公室的评估工作;区级房地产评估办公室,全国共设有 95 个,具体承担其所辖区内的评估工作。在英国,属于民间的房地产评估机构完全不依赖于任何部门,属于独立的社会中介服务组织,其组织形式以合伙制和有限责任公司为主,只有少量独资形式的评估机构。

加拿大、新西兰等英联邦国家和我国香港特别行政区的房地产评估业管理体制,基本上和英国相同。如在香港,估价制度就是承袭英国的。目前,香港主要的房地产评估师协会——香港测量师协会(HKIS),是逐渐取代 RICS 香港分会的独立协会。政府承认香港测量师学会会员或英国皇家测量师协会会员资格,政府和非政府评估机构聘请的测量师必须具备这两个学会会员资格之一,其中有些是英国估价及地产管理学学士。在香港,评估机构也有两种,一种是政府部门或者隶属于政府部门的评估单位或部门,如房屋地政署、差饷物业估价署、房屋委员会、土地审裁处、土地注册处等;另一种是非政府的评估机构,即非政府的测量师行,面向全社会服务,如仲量行、利比测量行、卓德测量行等。香港评估人员的职业道德、专业水平都是由学会(协会)自行进行管理和规定,政府不直接进行行政干预。香港注册测量师的一级管理机构——香港测量师注册管理局,在其 13 名成员中,只有 1 人由香港政府委托,其余由香港测量师学会理事会委托,但必须是学会会员。香港测量师注册管理局是政府通过立法承认的监督管理机构,但不属于政府机构,其成员的薪酬由原机构(单位)负责。

2. 行业管理模式

国外发达的资本主义国家和我国港台地区,在房地产评估业的管理体制方面已领先一步,独树一帜。虽然每个国家的评估体制不尽相同,但是各个国家在管理模式上却有共同的特征,主要的特征包括如下两个方面。

(1)以人员管理为主

在美国,建立了注册和许可证书制度,估价标准委员会对不动产估价从业人员的最低标准进行了规定,政府依据有关法律和国会的授权,对评估人员的考试和注册进行管理,且通过制定全国统一的《专业估价实务通用规范》和《专业道德法规》对评估人员的估价行为和估价技术进行管理;各行业协会则依据各自的章程对本协会评估人员的行为、技术和职业道德进行管理。但是,在强调不动产估价行业的人员素质和水平的同时,无论是美国联邦政府或州政府还是行业协会,都没有对评估机构直接进行管理,评估机构根据其业绩自行确立其市场地位。而且在香港,香港皇家特许测量师学会和有关的政府部门也都是"管人不管机构",对从业人员要求严格,但对各协会却给以充分的自由和发挥空间。

(2) 以行业法律和行业准则为依据

严格遵循行业法律和行业准则,以有效的管理房地产评估业,是国外发达国家、我国香港和台湾地区在房地产评估业管理上的最大共性。

在德国,房地产估价工作的展开具有完整的法律保证。房地产评估业管理的法律和行业准则有《建筑法手册》及其实施条例、《土地交易底价估价条例》、《地产交易价值评估规程》。《建筑法手册》的第三章对其有效范围内的估价事宜作出了法律规定,包括对地产交易底价的定义和对地产评估机构——估价委员会的设立、任务、权限等的规定;《建筑法手册实施条例》以估价委员会的设置方式和工作内容为核心;《土地交易底价估价条例》的主要目的是反映和落实《建筑法手册》对地产评估的原则要求,规范评估程序和方法;《地产交易价值评估规程》的主要作用是规定估价工作的技术细节(包括估价的技术参数),指导有关政府机关在根据《建筑法手册》进行地产评估时更好地应用《土地交易底价估价条例》。

在美国,美国国会通过专门评估立法——《金融机构改革、恢复、强制执行法》(英文简称 FIRREA),确定房地产评估业的监管方案和行业管理的授权;依据 FIRREA 中的规定,评估基金会制定了《专业估价实务通用规范》(Uniform Standards of Professional Appraisal Practice)和《专业道德法规》(the Appraisal Institute's Code of Professional Ethics),各协会则在此基础上,提出自己的补充标准。美国房地产评估业的管理就是根据 FIRREA 和这两个行业准则及各协会的自律要求进行的。

在英国,皇家测量师必须遵守的行业操作规范就是 RICS 的"红皮书";同时,还有"测量师行为准则",以保证皇家测量师在执业中真正做到独立、客观、公正,为客户提供高水准、高质量的服务。

在日本,房地产评估业管理以《不动产鉴定评价法》为主要依据,该法分为总则、不动产鉴定评价士及不动产鉴定评价士补、不动产鉴定评价业、监督、杂则和罚则6章,对"不动产鉴定评价的目的与定义、执业人员主体资格、执业机构主体资格、执业行为的管理"等内容均作了较为详细的规定。除此之外,管理日本不动产评估业的法律和行业准则还有《不动产鉴定评价法施行令》、《不动产鉴定评价法施行规则》、《不动产鉴定评价基准》、《地价公示法》及其实施令和实施细则。

在香港地区,香港皇家测量师学会于1990年1月通过《香港测量师学会条例》,1990年3月14日通过了《行为准则》(Code Of Conduct),会员受《行为准则》的严格约束。1991年7月通过了《香港测量师注册登记条例》,并成立了注册登记委员会专门负责测量师的登记注册。

在我国台湾地区,房地产评估业管理的法律和行业准则有《不动产估价师法》、《不动产估价师法实施细则》、《不动产估价技术规则》(用于规范民间估价)和《地价调查估计规则》、《土地建筑改良物估价规则》(后两者均用于规范民间估价)。在《不动产估价师法》中,对不动产估价师资格的取得、不动产估价师的主管机关、不动产估价师开业条件、不动产估价机构的产权形式、不动产估价师的业务范围、不动产估价师的执业行为规范、不动产估价纠纷的处理等行业管理问题都作了具体的规定。为了配套《不动产估价师法》的执行,台湾地区还制定了不动产估价师法相关子法,如:"不动产估价师估价经验认定标准"、"不动产估价师专业训练证明文件认可办法"等。

(二) 国外房地产评估的准入制度

房地产评估的准入制度,指的是拟成为房地产评估职业主体者进入房地产评估业的一些约束条件,它在房地产评估制度体系中具有极其重要的位置,因为它决定着房地产评估职业主体的"先天条件"。根据房地产评估职业主体的类型,可以分为评估人员准入制度和评估机构准入制度。

1. 评估人员准入制度

(1) 多数通过考试准入,个别通过评价准入

在国外主要的发达国家和我国的港台地区,都实行房地产评估执业资格准入制度,其中大多数国家和地区均实行考试准入制度,如美国、德国、日本、新西兰、韩国和我国的台湾等;英国和我国的香港特别行政区则实行评价准入制度。

在英国,土地测量师资格的确认,由英国皇家特许测量师学会负责。从事房地产评估业者,须具备知识水平、工作经验和执业能力三个基本条件,才能取得产业测量师(General Practice Surveyor)执业资格,成为英国皇家特许测量师协会(Royal Institution of Chartered Surveyors,简称 RICS)会员。在知识水平方面,只有取得 RICS 认可大学特定专业的学士学位,或者认可大学认可专业的硕士学位,或者通过认可大学认可专业硕士学位班培训的人,才具有了必要资格之一,之后才能参加三次考试;如果没有学位,则必须参加并通过学会认可的三年课程培训。在工作经验方面,必须最少有两年的专业工作经验,并提交训练日记,经审查通过,才准许参加测量师专业考试。在执业能力方面,要通过 RICS 组织的执业能力的评定。RICS 组成专门委员会对申请人进行口试考核,申请人要能够回答委员会提出的各种问题,并能对设计的模拟评估项目提出解决方案。申请人只有通过专门委员会的执业能力评价考核,才能成为一名真正的皇家测量师。

我国香港的房地产评估制度与英国极为相似。在香港,从事房地产评估的执业资格也为产业测量师(General Practice Surveyor)。只有经过高等教育并经过一定手续批准的专业人员才能取得测量师的资格。要取得该资

格,首先,要有香港测量师学会认可的大学或大专以上毕业证书;其次,学生在学会认可的大学毕业后,到一家学会认可的公司(可以是私人公司的顾问机构、政府机构、建筑公司及物业发展公司等)进行工作实践,并向学会申请学生会员资格。该学生会员资格一经批准,学会便发给他一个工作日记本及一个工作经验分析表,每天日记要记载一天的工作情况,公司要指定一位学会认可的专业测量师为督导主任,对该考生提供指导及在职训练。学生会员每星期一须把工作日记本交给督导主任签字确认,每三个月须填报一份工作经验分析表并交给督导主任及辅导主任签字确认,在实习的第18个月须向学会专业资格评核委员会提交一份中期报告。第三,期满审查合格后参加每年一度的资格考核(面试)。该项资格考核由香港测量师学会专业资格评审委员会实施,并向申请人提供专业能力评价测试(面试)结果,评价合格者即成为该学会会员,取得产业测量师资格。

(2)基本上实行分级准入,对不同层次与专业背景的考生采取不同的考试要求

国外和港台地区对房地产评估执业资格,基本上是实行分级准入制度,对不同级别的执业资格提出不同的要求,并赋予不同的权力。

在美国,各州政府根据评估人员接受教育和实践能力状况,对估价师执照实行分级管理,一般为G、R、L三级。其中G级执照必须有180小时的理论学习和3000小时的实践,可对任何物业进行评估;R级执照必须要有120小时的理论学习和2500小时的实践经验,可对20万元以下的商业物业和居民住宅评估;L级为有限执照,可对一定金额以下的物业进行估价,具体金额由各州自行确定。

美国的民间协会组织对其会员也实行分级管理。例如,美国最权威的房地产评估行业组织——美国估价学会(Appraisal Institute),对其会员授予的专业资格称号有两种:一种是高级住宅估价师(Senior Residential Appraisers Membership,简称SRA),高级住宅估价师授给那些在居住用房地产评估中有经验的估价师;另一种是估价协会会员(Member of Appraisal Institute,简称MAI),这是美国房地产评估行业中最高的专业资格,估价协会会员授给那些在商业、工业、住宅及其他类型的房地产评估中有经验的估价师和在房地产投资决策中提供咨询服务的估价师。

在日本,房地产评估执业资格分为不动产鉴定士和不动产鉴定士补两个级别。其不动产鉴定士即相当于我国的房地产估价师或土地估价师;其不动产鉴定士补不能单独经营不动产鉴定评价业务,相当于我国的房地产评估员或个别省份曾经实施过的助理房地产估价师。根据1963年日本第43届国会通过的《关于不动产鉴定评价的法律》(*Laws Concerning of the*

Appraisal of Real Estate)的规定,在日本从事不动产评估要通过三次考试,三次考试合格后才能获得不动产估价师的资格(法律第四条)。在日本每年都进行一次以上、由三次考试组成的不同层次的不动产估价师全国统一考试。第一次考试的目的是让从事不动产估价的人员要达到大学文化水平。本次考试及格后获得第二次考试资格。第二次考试通过后,要从事不动产评估工作三年以上,才具备助理房地产评估师(日文为"不动产鉴定评价士补")的资格。第三次考试是判定是否具有不动产鉴定士所具有的高级专业能力的考试。以不动产评估的实际业务为主进行考试,并测试评估报告的写作。第三次考试通过后,才具备不动产鉴定士资格。

在英国,测量师分为技术测量师(Technical Surveyor)和特许测量师(Chartered Surveyor)。技术测量师相当于执业助理,在特许测量师的指导下从事一些辅助性的工作。特许测量师共分为两种:执业会员(Profession Associate Member,简称PAM)和资深会员(Fellow Member,简称FM)。执业会员和资深会员具有正式执业资格,从执业会员到资深会员,一般需要15年左右的时间。

在我国香港,测量师学会的专业会员分为资深会员(Fellow)及会员(Associate),他们都是已取得测量师专业资格的人士,资深会员可以采用FHKIS名衔,会员则可以采用AHKIS名衔。

(3)均要求房地产估价师具有大学水平,且均实行注册管理制度

在国外发达国家和我国港台地区,都要求房地产估价师具有大学水平,这可以从各国或地区的房地产估价师报考学历条件或资格认证条件中得到说明。

美国的"不动产估价者学会"和"美国估价者学会"要求其准会员大学毕业;而"美国不动产估价者协会"则要求其候选会员是四年制的大学毕业生;由"美国不动产估价者协会"和"不动产估价者学会"合并成的"美国估价学会"对其较低级的会员资格——高级住宅估价师,则要求有受承认的教育机构颁发的大学学位。

在英国和我国的香港,虽然房地产估价师执业资格不是通过考试取得的,但是申请房地产估价师执业资格认定,首要的一个条件就是取得其测量师学会认可的大学的与房地产测量(估价)有关专业的大学学位。

在我国的台湾,《不动产估价师法》规定,参加不动产估价师考试的报考者应符合下述两个条件之一:第一,公立或立案之私立专科以上学校或经台湾教育主管部门承认的外国专科以上学校不动产估价、地政、土地资源、土地管理、不动产经营、土地管理与开发等专业毕业,领有毕业证书者;第二,公立或立案之私立专科以上学校或经台湾教育主管部门承认之外国专科以

上学校相当科、系、组、所毕业,领有毕业证书,并曾修习过不动产估价理论、不动产管理、不动产经济、土地测量等学科至少五科,每学科至多采计3学分,合计15学分以上,有证明文件者。

在德国,成为公立估价师的首要条件是:建筑学、经济学或其他相关专业的大学毕业生;对想成为私立估价师者虽然没有在专业上进行限制,但仍然要求有大学毕业学历。

在日本,虽然没有要求报考不动产鉴定士或不动产鉴定士补的人必须具有大学学历,但是对不具备大学学历的人必须参加第一次考试,而第一次考试考"国语、数学、论文",通过这次考试使不具备大学学历的人达到大学水平。

在美国,房地产评估师的注册登记部门都不是房地产评估的行业主管部门。各州政府对各自管辖范围内的房地产评估师进行注册登记,具体负责房地产估价师注册登记的部门是一个由5~10个成员和候补成员组成的评估委员会;联邦政府则负责对全国的房地产评估师进行注册登记,具体负责机构是联邦金融机构下设的评估小组委员会。

在英国和英联邦国家及我国的香港,也不是由行业主管部门(如房屋地政署),而是由测量师注册管理局负责产业测量师注册、登记。但日本、德国和我国台湾的不动产估价师的注册、登记是由行业主管部门负责,它们的共同特点是:都属于大陆法律体系国家或地区。

(4)考试涉及的知识宽泛,且均注重房地产市场分析知识的考核

国外和我国港台地区房地产估价师执业资格考试涉及的知识,除房地产评估的原理、实务和法律法规,还需要考核考生在"通用法律"(特别是民法)、"建筑技术"、"经济学"、"城乡规划"等方面的知识。

深入了解国外和我国港台地区的房地产评估师执业资格考试,还可发现不仅其涉及的知识面广,而且特别注重房地产市场分析知识和能力的考核。例如,在英国,不但要考核房地产投资市场的知识,也要考核房地产市场、利率与房地产市场、通货膨胀对房地产持有与买卖的影响、住宅与商业用地的区位理论及收益分析,此外,政府政策与财政措施对投资决策的影响、市场调查技术、英国房地产市场的特性也是考试内容。德国房地产估价师的知识结构中的"经济知识",要求房地产估价师必须掌握地产市场方面的知识,必须了解地产市场、建筑市场和资本市场的发展和最新动态,尤其是必须了解和能够评价区域地产供求情况及发展趋势。而我国台湾则把"房地产投资与市场分析"列为单独的考试科目。

(5)通过登记注册控制房地产估价师的准入

世界上许多国家和地区对欲从事房地产评估的人员,不仅设立了严格的考试准入制度,而且还要履行严格的登记注册手续,只有经审查符合要

求,予以登记注册的考试合格人员,才具有从事房地产评估的执业资格。

(6)行使执业资格权力须取得资格后实习一年以上

在国外发达国家和我国港台地区,考试合格并完成注册的人员,即使在考取前有多年的实际操作经验,也必须在指定的机构实习一年以上才有权在评估书上签字盖章或成为房地产评估机构的出资人。

在英国,要想成为RICS的会员,须具备最少两年的专业工作经验,并提交训练日记。在这期间,RICS将派人对其业务能力进行检查,并根据其水平,对其下一步的实践过程提出建议。整个实践过程,包括从事的业务数量和业务能力,RICS都要委派测量师做记录。

在韩国,取得了资格许可证的土地评价士,必须在建设部长官指定的机构经过一年以上的实习,才能开设事务所,从事土地评价士的业务;欲接受实习的土地评价士(以下简称"实习者")须向建设部长官提交实习申请,并须附上建设部长官指定的实习机构之负责人的同意书;建设部长官接到实习申请后,可参酌实习者拟接受实习的机构、实习者的居住地及其他情况,变更接受实习的机构,变更后,须分别向该实习机构之负责人和实习者通报;实习者在实习开始前,须在建设部长官指定的实习机构进行实习注册,被指定为实习的机构,须对该实习者进行切实的实务指导。

在香港,要成为香港测量师学会的会员,必须完成由香港测量师学会认可的大学测量专业学位课程。其后,必须在指定的评估公司进行不少于两年的在职专业工作实习,该公司要指定一位认可的专业测量师为督导主任对该考生提供指导及在职训练,训练的内容须符合学会预先印制的工作规范要求。实习期满,考生可以向学会报考专业能力评价(Assessment of Professional Competence,简称APC)作为最后考核。

在台湾,不动产估价师须具有两年以上估价实务经验,才能依规定申请发给开业证书,执行业务。

2. 评估机构准入制度

在国外和我国港台地区中,对房地产评估机构管理比较重视的是大陆法律体系国家或地区,如美国、日本、德国、韩国以及我国的台湾等。因此,下面就逐一分析一下这些国家的评估机构准入制度。

(1)机构无等级之分

我国房地产估价资质实行的是等级制,但在国外发达国家和我国港台地区,基本上不对评估机构划分资质等级。在美国,评估机构按从事业务范围,可以分为商业物业评估机构和居民住宅评估机构,较大的评估机构兼营这两类物业的评估;在日本,评估机构只分在一个都道县的事务所和在两个以上的都道县设立的事务所,也没有划分资质等级;在德国,评估机构(估价委员会)是各级政府的一个部门,没有等级之别;在英联邦国家和我国的香港,对评估机构基本上不管理,更没有评估机构的等级之分;在韩国,不动产评估机构仅分为土地评价士事务所和土地评价士共同事务所,但两者的资质没有什么差异;在我国的台湾,不动产评估机构只有事务所与联合事务所之分,没有资质等级之分。

(2)一个人也可以开设房地产评估机构

在我国内地对机构的股东或合伙人的数量有一定的要求,但在国外不少国家或地区单独的一个人也可以开设房地产评估机构。例如,韩国的土地评价士个人可以开设"土地评价士事务所";日本的不动产鉴定士个人可以开设"不动产鉴定士事务所";我国台湾的不动产估价师个人可以开设"不动产估价师事务所";我国香港的测量师个人可以开设"测量师行"。

(3)成立评估机构要进行备案、登记

在国外和我国港台地区中,除实行行业自律的管理体制的国家或地区外,成立评估机构都需要到政府有关部门登记、备案。

在日本,《不动产鉴定法》规定:欲经营不动产鉴定业者如在两个以上的都道府县设有事务所,则应向国土厅登记,其他则向事务所所在地的都道府县登记。不动产鉴定业者开业应向主管机关备案,登记簿及各项文件应提供公众阅览。日本民间从事不动产鉴定评价的公司行号,通常称为不动产鉴定所,这是一般人都可以申请设立的,但要向政府机关登记,而且必须聘请一名以上的不动产鉴定士从事实际的估价作业,才准予营业。当然不动产鉴定士本身也可以设立不动产鉴定所。

在韩国,不动产评估机构有两种:一种是由一位土地评价士开设的事务所,称"土地评价士事务所";另一种是由数位土地评价士开设的事务所,称"土地评价士共同事务所"。不论开设哪一种形式的不动产估价事务所,均须向建设部长官报送开设事务所的注册申请书。建设部长官接到提出的申请后,认为合适时,在事务所开设注册簿上记载必要的事项后,将土地评价士事务所开设注册证交给申请人(土地评价士事务所)或将土地评价士共同事务所开设注册证交给其代表者(土地评价士共同事务所)。

二、国外及我国港台地区房地产的期间管理制度

房地产评估期间管理制度,指对拟成为房地产评估职业主体者进入房地产评估业后的执业行为或经营行为进行约束及对执业质量进行管理的各项制度。国外和我国港台地区的房地产评估期间管理制度不尽相同,但概括起来也具有许多共同特点,下面我们就从国外和我国港台地区房地产的执业行为管理制度、经营行为管理制度以及执业管理制度三方面来分析一下它们的共同特点。

(一) 国外房地产的执业行为管理制度

1. 评估师必须遵守统一的专业技术标准

国外发达国家和我国港台地区，为了规范评估人员的技术行为，均制定了统一的技术标准，要求评估师在执业时必须遵循统一的专业技术标准。

在美国，货币监理署（OCC）、储蓄监管办公室（OTS）以及国家信用合作社管理局（NCOA）为联邦相关交易的评估建立了评估标准。各联邦监管机构可以为其监管的机构设立附加标准，但是所有标准必须与评估基金会的评估标准委员会建立的专业评估实务统一标准相一致。国会授权评估基金会制定、修改和颁发评估行业标准及评估从业人员最低教育水准与资格认证的标准，所有评估师都必须遵循评估基金会颁发的各项标准。

在我国台湾，《不动产估价师法》规定：不动产估价作业程序、方法及估价时应遵行事项等技术规则，由台湾主管机关制定；不动产估价师受托办理估价，应依台湾主管机关之规定制作估价报告书交付委托人，并签名以示负责；不动产估价师间对同一标的估计价格达百分之二十以上差异时，土地所有权人或利害关系人可以请求土地所在之直辖市或县（市）不动产估价师公会协调相关的不动产估价师决定其估定价格，必要时，也可以指定其他不动产估价师重新估价后再行协调。

2. 严重违规者要被吊销执业资格

国外及我国港台地区对违规房地产评估师的处罚方式有很多种，其中最为严重的是吊销或收回其执业资格，而且有些国家的房地产评估师被吊销执业资格后，将不得再从事房地产评估业务。这可以从日本、韩国、我国港台地区的有关规定得到证实。

在日本，不动产鉴定士及不动产鉴定士补的行为必须符合如下两项规定：①诚实进行不动产的鉴定评价，不得有损伤不动产鉴定士及不动产鉴定士补信用的行为；②如无正当理由，不得将其业务上所得的秘密向他人泄露，如违反上述规定，则视其程度而被告诫或除名，被除名者不得再担任不动产鉴定评价工作。

在韩国，当土地评价士出现下列情况时建设部长官可以取消其土地评价士资格：按规定不能取得土地评价士的资格许可者，如未成年者等四种情况；用诈骗及其他不正当手段获得土地评价士资格许可的事实已判明者；未按规定进行事务所开设注册，擅自从事土地评价士业务；接到取消事务所开设注册或停止业务的命令后仍继续从事其业务；不诚实地履行其职务，进行虚伪或不正当评价；把许可证借给他人或者不正当地使用许可证。其中出现上述前两种情况时，必须取消其资格许可。

在我国台湾,《不动产估价师法》规定:不动产估价师有违反规定者,应依其情节轻重予以警告、停业、除名等处罚。

在我国的香港特别行政区,测量师一旦被投诉,香港测量师注册管理局可设立专门的研讯委员会对其进行研讯。凡研讯委员会裁定其有违规行为,经复核委员会确认后,将给予不同的制裁,情节严重者取消其注册资格。

(二) 国外房地产的经营行为管理制度

1. 资质证书具有有效期,日常管理与年检相结合

在大陆法律体系的国家和地区中,评估机构的资质证书是其机构经营具有合法性和技术水平的重要标志。考虑到评估机构的技术人员无法固定及约束机构经营行为的需要,有关部门向机构颁发的资质证书都具有有效期,有效期满需继续从事房地产评估的机构必须办理续期登记或重新登记手续,不合格者将被取消其资格。

在日本,开业证书登记的有效期间为三年,期满后如果希望继续营业则需要重新登记;在有效期内不动产鉴定业者如果违反了不动产鉴定评价法的规定或主管机构的处分命令,或者不动产鉴定评价士或不动产鉴定评价士补因从事不动产鉴定业者的业务而未受处分,但其责任归之于不动产鉴定业务时,将会受到一年内停止业务的全部或一部分,或被取消登记资格的处罚。此外,不动产鉴定业者应每年一次于一定时间向国土厅或都道府提出下列文件:记载过去一年来事业实际概要的书面报告;记载不动产鉴定评价士及不动产鉴定评价士补变动的书面报告以及其他总理府令所规定的书面报告。

在韩国,已经进行"土地评价士事务所"开设注册的土地评价士或已经进"土地评价士共同事务所"开设注册的土地评价士代表,当其已注册的事项发生变更时,须自该变更之日起14日内向建设部长官申报。当事务所开设注册者出现以下任何一种情况,建设部长官都可取消其事务所的开设注册,或者决定在1年以内的期间命令其停止业务:在土地评价中有重大过失或者其评价的土地价格非常不当;用诈骗及其他不正当手段进行事务所的开设注册;违反事务所名称使用的规定;违反关于土地评价士的职业守则规定;由于与评价业务相关联而被作为刑事案件起诉;其他违反《国土利用管理法》或依据该法发布的命令。

2. 业务范围不一定限于价格的经济性鉴证

国外不少国家或地区的房地产评估机构的经营范围十分广泛,不仅仅限于房地产价格的经济性鉴证。

在英国,评估机构除做评估业务外,还承揽许多相关的服务业务,如接受委托从事房地产购买、销售、出租、承租、投资等业务。英国的房地产评估师(产业测量师)的主要工作除房地产估价外,还包括房地产投资咨询,即为诸如养老金基金会、保险公司、慈善机构及其他投资机构提供房地产买卖的咨询,帮助这些机构从中获得最大的收益;物业管理,即代理客户洽商房地产的购买、销售、出租、承租等业务,并代理客户洽商有关租金调整、续约及楼宇转租等事宜。大多数情况下,房地产评估是整个房地产中介服务的一个组成部分,其收费也是针对整个中介活动,很少单独对评估收费。

在美国,房地产评估机构除从事估价业务外,还从事房地产顾问、咨询业务,房地产顾问咨询业务包括:最高最佳使用分析、市场分析、销售分析、价格及租金预测研究、吸纳率分析、可行性研究、经济基础研究、消费者描述研究、土地使用策略研究及其经济特性研究、开发项目风险分析以及房地产投资研究等。

在我国的香港特别行政区,产业测量师除进行物业估价外,还提供发展顾问、产业租售、物业管理、规划等方面的服务,他们的工作涉及产业的规划、发展、用途、管理,以及土地及楼宇估价,为客户提供以私人协商、招标或拍卖方式租售物业,处理物业投资的财务及经济事务等服务。在产业租售中,他们提供的服务包括:评估客户的物业组合及建议买卖的可行性;对换地及修订租契条件提出可行性建议;对私人条款、拍卖、招标和换地提供出售策略建议;出售物业时作为拍卖者和业主的代理,提供市场策略、筹备出售细则、购买报告、收购目录、招标文件和租售文件;识别潜在买家、卖主、合资伙伴和租户;建议交易价、条款和卖地条件;对建议的租金、批租期、免租期、可选择续约及其他条件提出建议;代表客户商讨权益;检讨法律文件;建议租售策略等。

3. 收费并不一定具有统一的标准

在国外发达国家和我国港台地区中,各国或各地区的收费制度不完全一样,有的有统一的收费标准,有的则没有统一的收费标准;即使在有统一收费标准的国家和地区之间,具体的规定也有差别。现在就以美国、德国和中国香港的收费制度为例来加以说明。

美国评估机构收费没有统一标准。评估机构是根据工作量来决定收费的,如何收费与评估机构对物业的掌握和了解情况关系密切,因此收费可以协商,一般要收取50%左右的预付款。

德国地产估价的收费标准是以《建筑师和工程师酬金条例》为依据,按照估价员所确定的地产价格为基础进行计费的,但是德国的房地产评估收费区分了一般估价的收费和特殊估价的收费,并划分了最低标准、平均标准和最高标准,具体收费标准见表12-1。

表 12-1 德国地产估价的收费标准　　　　单位:马克

地产价格	一般估价收费			特殊估价收费		
	最低	平均	最高	最低	平均	最高
50 000	420	480	540	520	665	810
100 000	610	675	740	720	865	1010
200 000	1030	1145	1260	1220	1470	1720
300 000	1370	1520	1670	1620	1950	2280
500 000	1840	2045	2250	2180	2625	3070
1 000 000	2480	2755	3030	2930	3530	4130
2 000 000	3340	3720	4100	3960	4770	5580
4 000 000	4720	5420	5760	5560	6700	7840
5 000 000	5400	6000	6600	6400	7700	9000
10 000 000	8200	9100	10 000	9700	11 700	13 700
25 000 000	15 800	17 550	19 300	18 800	22 650	26 500
50 000 000	25 500	28 500	31 500	30 500	36 750	43 000

其中特殊估价的收费要比一般估价的收费高20%左右。德国的最低的收费标准是被强制执行的,德国联邦法院于1985年6月14日规定,收费额不许低于最低收费标准。此外,德国还规定:如果委托人为银行、保险公司和建筑储蓄银行,收费标准则降低30%。

香港房地产评估收费标准由香港测量师学会制定,主要按委估对象价格的定额收取,根据委估对象价格从低到高(100万港元至2亿港元),收费为1000港元至45000港元,具体见表12-2。

表 12-2 香港房地产评估收费标准　　　　单位:万港元

估 值	收 费	估 值	收 费	估 值	收 费
100	0.1	1100	0.8	2500	1.375
200	0.2	1200	0.85	3000	1.5
300	0.3	1300	0.9	4000	1.75
400	0.4	1400	0.95	5000	2.00
500	0.5	1500	1.0	6000	2.25
600	0.55	1600	1.05	7000	2.5
700	0.6	1700	1.10	8000	2.75

续表

估 值	收 费	估 值	收 费	估 值	收 费
800	0.65	1800	1.15	9000	3.00
900	0.7	1900	1.2	10 000	3.25
1000	0.75	2000	1.25	15 000	3.85

尽管香港的房地产评估收费与评估标的额相关，似乎缺乏独立性，但由于香港测量师协会的严格约束与管理，香港各测量师行都以公正、中立的身份从事各种服务工作，凭借其实力、专业知识、服务质量在激烈的竞争中争取客户，赢得声誉。

(三) 国外房地产的执业管理制度

1. 针对某类评估项目的评估人员提出具体要求

在国外和我国港台地区，为了确保评估的质量，并不是只要是评估师就可以评估任何类型的项目，而是对有些类型的项目提出具体的要求。

美国联邦政府在1989年颁布的《金融机构改革、复兴和强化法案》(英文简称FIRREA)规定：在1991年7月1日后，如果房地产评估涉及与联邦相关的抵押贷款交易，必须使用州注册或者许可的评估师；如果使用非注册评估师或者非许可评估师将被罚款，初次罚款25 000美元，以后各次为50 000美元；评估20万美元以下的商业物业或居民住宅不能聘请L执照的估价师，评估特殊物业和20万美元以上的商业物业或居民住宅，只能聘请C执照的估价师；对涉及联邦权益评估的注册人员分为A级和B级两个级别，对涉及联邦权益的价值100万美元以下的交易评估和4口之家以上的单户住宅评估及4口之家以下(包括4口之家)大面积或结构复杂的住宅必须由A级注册评估人员进行，所有涉及联邦权益的不强制要求A级评估人员完成的评估项目，可以由B级评估人员来完成，也可以由A级评估人员来完成。

在美国，对复审估价师的使用也有标准，它包括教育水准和经验水准及能力三个方面。对复审估价师教育水准的最低要求是：具有估价技术的学术训练；成功地完成估价课程；具有受承认的估价组织的会员资格，而且该估价组织有严格的考试入会标准；积极参与继续估价教育(continuing education program)课程。对复审估价师经验水准的最低要求是：在复审估价师工作领域中有数年专业估价工作经验；复审估价师负责审查土地征收估价报告时，须有有关法院工作经验(court experience)；须有行政复审经验，以确保完全了解估价的目的与用途。对复审估价师能力的最低要求是：遵守专业道德及专业估价实务规范；具有专业声誉及高尚的操守；具有分析能力及成熟的判断能力;具有客观性及公正性。

2. **评估人员要定期接受继续教育**

国外和我国港台地区,为确保评估人员在专业上的胜任,以确保评估工作的质量,普遍要求评估师必须定期接受继续教育。

在我国台湾,不动产估价师的开业证书有效期为四年,期满前必须办妥换证手续,才能继续执业。在开业证书有效期内,须完成主管机关认可的专业训练,时间不能少于36小时,方能办理开业证书之换证,主管机关应派员检查不动产估价师的业务或其报告,不动产估价师不得规避、妨碍或拒绝。

在香港,房地产评估工作是为社会所羡慕的职业,而评估人员由于素质好,待遇好,也普遍受到社会的尊重。为确保会员应具有的专业水平,香港测量师学会和英国皇家测量师协会要求每名会员每年必须参加专家讲座形式的若干小时的在职培训。

第二节 国外二手房市场[①]

国外二手房市场的发展程度或者称之为发展状况,有着自身的特点,也反映出国外房地产市场的发展规模。下面以几个较具典型的国家为例,对其现状特点进行概括分析。

一、美国二手房市场

(一) 美国二手房市场交易数量大

根据美国全国房地产经纪人协会的报告显示,2005年1月份美国二手房销量比2004年12月份增长了3%,达到609万套;每套住房的平均价格为16万美元,比2004年同期上涨6.7%。其中,二手房与新房的交易比例为3.22:1。同时根据美国房产交易的有关统计资料,在大城市中,所成交的4套房产中,二手房至少占到3套。由此可见,美国二手房市场较具规模,且市场交易量大。并且二手房交易的真实目的越来越多样化。许多人以二手房交易为投资契机,改变自己的经济状况。美国居民买房子,首先关注二手房市场,二手房的交易量大大超过新房交易。高收入群体购买新房,换大房;中低收入的人群购买二手房,住旧房,住小一些的房子,形成了住房消费的

[①] 王倾雨. 国外二手房市场什么样[J]. 北京房地产,2006(1):110-111.

梯次结构。①

（二）二手房受欢迎程度以年代久远为参照

美国房地产市场中交易量比重较大的成分是二手房交易。因为美国近年来开发的新房大多建在新开发区，交通不太便利，且价格高于二手房，因此在美国买房子，大都是买二手房。美国消费者比较青睐于二手房市场中的老房子。据有关人士分析，建筑年龄在50年以下、价格在30万美元以内的二手房，比较受欢迎。

（三）贷款购房比例大

在美国贷款买房是最主要的购房形式。美国公民只要能够提交相应的信用证明，就可以在银行贷到购房款。银行支付的第一笔购房贷款一般是房屋总价的10%或20%。近年来，美国连续降低利率的政策，为购房者提供了便利。美国银行不断推出各种优惠措施，刺激贷款购房，从中赚取利润。

二、澳大利亚二手房市场

澳大利亚住房质量高，在世界范围内具有领先地位，无论是新房还是二手房，房屋内基本设施都齐备。同我国房地产市场一样，澳大利亚房地产市场信息传播渠道一般也是媒体广告或者房地产经纪人，通过这些渠道可以了解到众多的房屋信息。除此之外，澳大利亚二手房交易的一个显著特点就是所交易的二手房基本设施具备，并且购房者可以购买到装修齐全的二手房。同时，购房人可以向银行贷款购买二手房，贷款金额可占到整个房价的95%，贷款期限长达25年。

三、法国二手房市场

在法国，由于房屋居住紧张，很多没有自己房屋的居民通常是租住私人住宅或者租住公有住房，也有购买二手房的，但多是购买城市郊区的二手房，因为郊区二手房比较便宜，较受欢迎。同时，政府在居民购买二手房问题方面，也提供住房抵押贷款，并根据各个家庭的收入和人口情况给予补贴。由于价格较高，法国房地产市场中房屋租赁占比重较大。但郊区二手房比较容易卖出，且与澳大利亚不同的是，所购的二手房需要自己装修。

四、英国二手房市场

虽然英国70%的人拥有自己的住房，许多人不到30岁就能有自己的房

---

① 边防伟.房地产顾问曾斌宪国外考察谈——美国房地产给我们四点启示[J].广西城镇建设,2004(2):42-43.

子,但是英国二手房市场也较活跃。即使是租房住的人,只要租住达到一定年限,都可向英国的半官方机构——房屋管理委员会提出申请,经审核符合条件后即可按比市场价低40%到50%的价格购买租住的房子。除此之外,英国中央银行不断下调贷款利率,也在一定程度上对居民购房起到督促作用。英国居民购房贷款期限一般为25年。正因为如此,英国房地产市场活跃。另外,英国民众经常更换自己所居住的房屋,一般是每隔七八年就换一次,因而二手房市场发展空间大。

五、德国二手房市场

与其他国家相比,德国二手房市场不活跃。一般民众不具备购房的实力。根据有关统计,德国有实力购房的人不足半数,大多数德国人选择租房住。

在政策以及管理制度方面,德国多数城市的住房管理机构在对住房情况进行综合评估后共同制定了"房租明镜"的价目表,列出本城市各种房产的大致租价。买卖双方最终达成交易的价格必须是在这个价目表范围之内。

第三节 国外二手房经纪

国外二手房交易多半是通过经纪人完成的,经纪人在美国房地产市场中占据重要地位。调查数据显示,国外的房产二手交易,85%以上通过经纪公司完成。经纪公司是经纪人的一种,属于经纪机构,拥有专门的经纪工作人员,接受客户委托,代理各种受委托的业务。国外二手房经纪的业务有以下特点。

一、重视连锁经营

连锁经营成为目前世界范围内企业扩张自有品牌的重要渠道。二手房经纪人或者经纪机构同样有着自己的品牌,因而也需要通过扩张自己的品牌来获得市场关注。国外二手房经纪人发展至今,品牌意识已经提升到较高层次。而扩张品牌或者维持自有品牌的一条重要渠道就是发展连锁经营,通过连锁机构或者连锁公司来维持品牌效应,因而二手房经纪人不断扩张连锁店数量,以此为竞争的内容,随着业务扩张以及市场需求者的多样化、需求的复杂化,竞争也日益激烈。同时另外一种"集中式连锁"经营模式也将有所突破,这种经营模式追求的不是外在的数量形式,而是单店的利润最大化,并将更多的精力投放到客户服务中去,而非连锁网络的搭建上。

二、追求市场占有率

如前所述,国外经纪人追求连锁经营,提高自身市场竞争力,归根结底是在追求市场占有率,扩大市场份额。国外二手房经纪人有着自有的发展规模,其经营目标不仅是抓住目标顾客,在市场中挤占一定的空间,获得属于自己的利润,从二手房交易中获利,而且更加看重的目标是在市场中稳住地位,赢得长久的顾客支持,进而长久地占据较高市场份额。可以说,国外二手房经纪人企业化经营程度较高,并且在战略实施方面较具长远眼光。

主要参考书目

[1] 陈柏东. 房地产估价. 武汉:华中理工大学出版社,1999.
[2] 杜伟,曹洪. 二手房交易的策略与技巧[M]. 成都:四川大学出版社,2000.
[3] 葛颂茂. 房产交易入门[M]. 上海:上海社会科学院出版社,1998.
[4] 廖俊平,孙晓霞,方建国. 房地产中介实务[M]. 广州:广东经济出版社,2001.
[5] 刘秋雁. 房地产投资分析[M]. 大连:东北财经大学出版社,2003.
[6] 沈源,等. 买房致富姐妹篇——玩转二手房[M]. 北京:机械工业出版社,2004.
[7] 孙弘. 置业兵法——个人购买商品房的操作艺术[M]. 北京:中国人民大学出版社,1998.
[8] 王红,等. 二手房经济适用房一日通[M]. 北京:中国对外经济贸易出版社,2003.
[9] 文林峰. 买卖二手房[M]. 北京:中国劳动社会保障出版社,2003.
[10] 吴庆玲. 房地产价格评估[M]. 北京:经济科学出版社,1998.
[11] 小文托洛 W L. 房地产估价原理[M]. 7版. 上海:上海人民出版社,2005.
[12] 张东祥. 房地产评估新制度研究[M]. 北京:中国经济出版社,2005.
[13] 郑颖辉. 购房指南[M]. 北京:中华工商联合出版社,1998.